澄舍文录

陈长荣 著

苏州大学出版社

图书在版编目(CIP)数据

澄舍文录/陈长荣著. —苏州：苏州大学出版社，2015.6
ISBN 978-7-5672-1342-5

Ⅰ.①澄… Ⅱ.①陈… Ⅲ.①社会科学－文集 Ⅳ.①C53

中国版本图书馆 CIP 数据核字(2015)第 109077 号

澄 舍 文 录	陈长荣 著
责任编辑	许周鹢

出版发行	苏州大学出版社 (苏州市十梓街1号　215006)
经　　销	江苏省新华书店
排　　版	镇江文苑制版印刷有限责任公司
印　　装	苏州恒久印务有限公司
开　　本	700 mm×1 000 mm　1/16
印　　张	18.25　插页 4
字　　数	280 千字
版　　次	2015 年 6 月第 1 版　2015 年 6 月第 1 次印刷
标准书号	ISBN 978-7-5672-1342-5
定　　价	35.00 元

目 录

·文史杂论·

中国谋士论 …… 003
论围棋文化与中国智慧 …… 024
 一、围棋之道 …… 025
 二、弈家风韵 …… 036
 三、纹枰之用 …… 042
接受美学与中国古代文学研究 …… 048
陶渊明的创作个性与诗歌之艺术特色 …… 055
 一、魏晋风度与陶渊明的生活情趣 …… 055
 二、陶渊明诗歌意境的美学风貌 …… 065
  1. 真趣满诗篇 …… 066
  2. 意象浑成与境外传神 …… 072
  3. 适性抒怀与缘意写景 …… 080
  4. 简语写深思 …… 087
 三、陶渊明诗歌的美学风格 …… 090
  1. 田园咏唱与悲慨怨歌 …… 090
  2. 优美与壮美的结合 …… 100
  3. "高情逸想"与"自然流出" …… 110
  4. 诗格与品格 …… 123

苏州评说

苏州人：人文风貌与文化底蕴 ·· 135
 一、源远流长的历史积淀 ··· 135
  1. 水文化的孕育 ·· 136
  2. 园林气韵的渗透 ·· 137
  3. 状元风采的流溢 ·· 139
 二、包孕丰富的文化蕴涵 ··· 141
  1. 小巧精细的传统 ·· 142
  2. 柔和淡远的风格 ·· 143
  3. 雅致秀丽的特质 ·· 146
  4. 灵动飘逸的神韵 ·· 149
 三、生生不息的现实流变 ··· 151
  1. 从吴音异化看文化迁移 ·· 151
  2. 文化辩证法：苏州人性格的另一面 ······························ 153
  3. 集体无意识：深层文化的探询 ·································· 157

苏州现代化建设的文化蕴涵 ··· 162

走向二十一世纪的苏州文化 ··· 175

关于苏南文化现代化的思考 ··· 188

走出苏州 ·· 197

再造苏州 ·· 200

再造苏州在造人
 ——《人的现代化与苏州》读后 ··· 202

文化和合与苏州再造 ·· 205

三重奏下的和合苏州 ·· 208

苏州有多大 ·· 211

苏州发展升级 经营理念转型 ··· 214
 一、树立"文化立市"理念 促进苏州发展转型 ···························· 214

二、大力发扬精致精神　变换苏州经营方式 …………… 217

三、努力打造精致产业　助推苏州城市升级 …………… 219

文化苏州：在圆融会通中综合创新 ……………………… 222

· 出版漫谈 ·

走向精致出版 …………………………………………… 231
一、精致，作为一种出版理念 …………………………… 231
二、精致，作为一种出版策略 …………………………… 234
三、精致，作为出版人的一种职业素质 ………………… 237

全面推进出版文化建设 ………………………………… 240

地方高校出版社的定位与选题战略 …………………… 243

服务地方建设　增强办社特色
——关于地方高校出版社发展战略的思考 ……………… 249
一、准确定位，树立为地方建设服务的自觉意识 ……… 249
二、精心设计，开发具有鲜明地方特色的出版选题 …… 250
三、调动一切积极因素，充分发挥地方综合优势 ……… 252

读解扬州
——"扬州文化丛书"编辑手记 ………………………… 255

竹西佳处话扬州
——"扬州文化丛书"编后记 …………………………… 257

深度开发地方文化出版资源
——"扬州文化丛书"出版手记 ………………………… 259
一、出版"扬州文化丛书"之缘起 ……………………… 259
二、"扬州文化丛书"的出版过程 ……………………… 260
三、"扬州文化丛书"的几个特点 ……………………… 261

读解苏州
——"苏州文化丛书"编辑手记 ………………………… 264

全球化数字化下的中国基础教育
　　——读《基础教育再把脉》 …………………………… 267
我们如何面对知识经济
　　——读《知识经济概要》 …………………………… 270
吴经国的五环人生
　　——读《奥林匹克中华情》 ………………………… 275
《做人与做事》编辑感言 ……………………………… 277
编辑看书展　感悟自不同 ……………………………… 280
地名的文化意蕴
　　——"地名文化丛书"总序 ………………………… 282

无怨亦无悔　编辑三十年
　　——后记 …………………………………………… 285

文史杂论

中国谋士论

在漫长的中国封建社会里,有一群人物伴随着君主活跃于社会的舞台上,这就是本文所要论及的谋士。中国谋士属于一个特殊的文化阶层。虽然在数量上他们的人数甚微,但其身上释放出来的能量不可低估,从后世对诸葛亮、刘基等谋士人物的津津乐道来看,亦可以见出其影响之广大和深远。从文化心态上来看,中华民族是一个崇尚实用理性的民族,她对于实际事功中所表现出来的聪明才智是无比倾慕的。中国古代经典《周易·系辞》中有"穷神知化,德之盛也"的说法,就是看重在复杂的政治、军事、外交等社会环境中把握规律的能力和智慧。俗话说,三个臭皮匠,顶个诸葛亮。这固然是说人多主意多,但亦可从中看出中国人是把诸葛亮当作智慧之化身,他们对谋士一类人物所表现出来的"智"是持赞赏态度的。本文拟对谋士人物在封建社会中所扮演的角色和所发挥的作用、他们与君主之间的复杂关系以及其自身的一些特点做初步的探讨,以期增进对于这一特殊人物阶层的了解和把握。

一

从一般的意义上来说,谋士就是智囊之士,是指那些足智多谋的人。《史记·樗里子甘茂列传》记载:"樗里子滑稽多智,秦人号曰'智囊'。"《汉书·晁错传》亦有"太子家号曰:'智囊'"的记述,颜师古注曰"言其一身所有皆是智算,若囊橐之盛物也"。由于这类人物常在君主左右为之出谋划策,故亦被称为军师、策士等,他们的角色相当于现在所说的"参谋"。中国古代也是有"参谋"这一头衔的。例如《三国志·程郭董刘蒋刘传》记载:刘放为秘书监,"辽东平定,以参谋之功",得到了封赏。这里的"参谋"即参与中枢谋划之意。《新唐书·百官志》记载:"天下兵马元帅"下设"行军参谋",也是指参与军中机密。由此可见,中国古代对参谋一类的谋划人物已采用了一定的组织手段,不过,这种机构还不如现代参谋机构那样有一套完整严密的制度,因为这套机制是直到19世纪才得以在西方首先形成的。而今,国外的所谓"思想库"、"智囊团"、"外脑"则在制度和功能上均更趋完善了。中国古代的谋士就扮演着智囊的角色,只是比起那些带着"参谋"等头衔的中国古代官员来,他们的地位要高一些,作用要大一些;比起时下国外的"智囊团"来,他们与君主之间的关系要更密切一些,在决策中的影响也要更大一些。从实质上看,谋士人物是环绕在君主身边搞战略性谋划的人才,是随时以供咨询的高级顾问,也是君主处理政治、军事、外交等重大问题的得力助手。谋士人物靠出售自身的智慧以求得君主和社会的接受与承认,而在为君主出谋划策的过程之中,他们也就实现了自身的价值和完成了在社会中的角色功能。

纵观历史,常见有这样的现象:在社会动荡不安和政治、军事等斗争异常紧张而激烈的时刻,往往会涌现出一批批杰出的谋略人物,他们犹如团簇的群星辉映照耀在广袤的夜空。在战国争雄、楚汉逐鹿、三国鼎立、元末纷争那样风云变幻、惊心动魄的年代里,有多少谋士人物活跃于风口浪尖上,或驰才逞辩于唇枪舌剑的外交战场,或刻骨镂心地运机谋于帷幄之中,无不竭尽腹中之谋,献出全身之智。时代需要这样的谋略家,也造就了这些精研覃思的谋略之士。试看战国时代:七国争雄,中原逐鹿,于是,一面是战场上征尘滚滚,刀光剑影,一面是帷幕中不动声色,审时度势;一面是战场上的"斗力",一面是幕后的"斗智"。在风云际会之时,谋士们的用武之地是无比广阔的。君主们大搞结盟、"伐交",一时盛行"连横"、"合纵"之举,谋划之士巧运机心、纵横捭阖,竭尽角逐之能事,一部《战国策》充分表现出了这批策士人物"度时之所能行,出奇策异智,转危为安,运亡为存"①的情形。可以说,战国

---

① 《战国策》刘向序。

时代是一个崇尚智力超过崇尚武力的时代,只要看一下那些朝为布衣、暮为卿相的纵横智谋之士的发迹图,就不难了解到君主是越来越看重谋士的功能了。其实,早在春秋时的齐国管仲就已经指出:"正四海者,不可以兵独攻而取也,必先定谋虑,便地形,利权称,亲与国,视时而动。""夫争强之国,必先争谋争刑争权。"①他又说:"故计必先定而兵出于境,计未定而兵出于境,则战之自败,攻之自毁者也。"②管仲强调"先定谋虑"、"利权称"、"计必先定",他看到了斗智在诸侯争霸中的巨大作用,这是对战国斗智时代即将到来的伟大预言。战国时的韩非在其著作中记载了赵简子的话:"与吾得革车千乘,不如闻行人烛过之一言矣。"③烛过何许人也?只不过是赵简子身边的一位谋士,可在赵简子看来,他的计谋竟胜过千军万马的功用。自然,这种形容有夸张的成分,但谋臣的非同寻常的功用自可由此窥见一斑。战国时期"士"阶层(谋士是这个阶层中的重要成员)的崛起,正顺应了时代之趋势。这是一个需要巨人而又产生了巨人的时代。

一代之治有一代之才。先秦之后的每一时代也都有顺应其需求的人为之服务。总的说来,谋士阶层均是以其"智"参与到社会这个大系统中去,并在政治、军事和外交等领域里发挥其独特之作用。

在开国君主那里,总战略是与其事业成败攸关的生命线。制定好总战略,是君主面临之关键问题,也正是谋士们得以驰骋运思、施展才智的广阔战场。他们在《孙子兵法》称之为"庙算"的问题上无不全力以赴,以其精湛的深思来把握时代的脉搏,开出疗治的良方妙药。在这种极为复杂而艰苦的智力运思中,他们犹如解牛之庖丁,从容往来而游刃有余,显示出雄才大略。每每于君主疑难之际,谋士们总能熟筹深运而适时提出宏谋远略以排忧解难。三国时诸葛亮隆中决策就是这样一个著名的例子。在刘备兵少将寡而几陷穷途末路的时候,诸葛亮提出了鼎立之策,从而有似茫茫大海上导航的灯塔,为刘备指明了摆脱困境

---

① 《管子·霸言》。
② 《管子·参患》。
③ 《韩非子·难二》。

的出路,使其感到"顿开茅塞"。《隆中对》中的方略真可谓字字良言、句句金石。诸葛亮首先分析天下大势:曹操"拥有百万之众,挟天子以令诸侯,此诚不可与争锋";孙权"据有江东,已历三世,国险而民附,贤能为之用,此可与为援而不可图也";接着,他又为刘备分析了"将军既帝室之胄,信义著于四海,总揽英雄,思贤如渴"等自身的情形。正确的现实形势分析是制定正确对策的基础和前提,他从而向刘备提出"跨有荆益,保其岩阻,西和诸戎,南抚夷越,外结好孙权"以北向抗曹的重要对策。刘备采纳了这一对策,由漂泊四方、寄人篱下的刘皇叔一变而成为称霸一方的蜀国君王。如果没有军师的隆中对策和以后的多次献计,刘备要在群雄混战中鼎立一方是难以想象的。

凡是带有战略性的基本方针,谋士们均能积极地提出高见和长策,而君主对此亦会极为重视,往往与谋臣切磋再三,以期使主观指导方面尽可能符合于客观实际,充分把握事态发展的内在规律,顺利地达到预期之目的。宋朝开国君主赵匡胤寒夜踏雪访赵普,围在炉边有一场夜话,其话题就是商讨用兵北汉的问题。这在当时是一个带有全局性的战略决策。起初,赵匡胤曾设想以北汉(太原)为首要打击目标。他曾和一些人商量过,没有得到赞同的意见。他想进一步征询赵普的看法。赵普认为,太原当西、北二面,太原既下,则我独当之。就是说,先打太原,有害而无利;不如等待削平南方诸国,则"彼(太原)弹丸黑子之地"将无处可逃。这就是著名的"先南后北"的战略决策。赵普的精当分析使赵匡胤胸中的疑云顿消,两人就这样共同拟定了后来取得巨大成功的重要决策。谋臣赵普的"襄赞定策"之功是不可埋没的。

这里还有一个典型的例子。在建立明王朝的过程中,谋士群的战略性建议对朱元璋夺取天下起到了关键性的作用,于此仅举其三次牟牟大者:第一次,谋臣冯国用等人向朱元璋面陈夺取天下之计,认为:"金陵龙盘虎踞,帝王之都,拔之以为根本,然后四出征伐,倡仁义,收人心;勿贪子女玉帛,天下不足定也。"他们指点朱元璋将金陵建为根据地,这是很有战略眼光的一着高棋。后来朱元璋西讨东伐,得力于有了这块比较牢固的根据地。第二次,谋士朱升向朱元璋提出"高筑墙,广积粮,缓称王"的九字对策,言简意赅,意义深远。当时正值面临重大转机之时,朱升及时向朱元璋敲响了警钟,希望他有长远之图,不要患上近视症,这一宏图大略引起朱元璋深深的共鸣。第三次,刘基为朱元璋提出了"先陈后张"的重大对策。其时,朱元璋的地盘仍然仅有"江东数郡而已","陈友谅据上游,张士诚吾腹心之患,一有警报,首先牵制,吾居中应之,实为艰难"①。两面作战为实力所不允许,且从斗争策略上讲亦很不高明。那么,是先西向进行解决陈友谅的战斗,还是先东向消灭张士诚呢?这不是随便可以落子的一步棋。刘基精辟地分析道:"(张)士诚自守虏,不足虑。(陈)友谅……地居上游,其心无日忘我,宜先图之。陈氏灭,张氏势孤,一举可定。然后北向中原,王业可成也。"②刘基分析陈、张的战略态势,认定:如先伐张,则陈将袭其后,我将陷于两面作战的境地;若先攻陈,张士诚目光短浅,会苟安而不出兵救援。后来的事态发展证明刘基的分析是有根据的。他的"先陈后张,先西后东"的作战方针得到朱元璋的首肯,获得了巨大的成功。

  为了进一步说明问题起见,我们还可以为谋士人物在平定天下中的作用提供一些反证。纵观中国封建时代的农民起义战争,固然由于得不到先进政党的领导等因素,因而没有能取得成功,但在重大战略问题上的失误亦是导致失败的重要因素之一。而在战略问题上的失误,与在农民起义军队伍中缺乏有远见卓识的智囊团或者没有很好地运用这些谋划人物的智慧有着较大的关系。政策和策略是生命之线。同样,正确的战略指导亦是农民起义军成败的关键因素之一。有没有这样一个谋略家阶层,这个谋略家阶层的战略水平有多高,以及能否采用其提出的正确主张,这些都不是无足轻重的小问题。同样是农民起义的首领,刘邦开始较弱小后来反而成功了,项羽起初颇强大尔后反而失败了,这与刘、项各自能否任用人才,包括能否重用谋略人才有着重大的关系。项羽手下的范增是个足智多谋的谋划人才,他多次向项羽提出比较好的战略性建议,但大多未能被采纳。后来,项羽中了刘邦一方的反间计,他怀疑起自己的谋臣来,范增被迫离开了君主。项羽之举

---

① 《太祖实录》卷二十。
② 《明史·刘基传》。

无异是为渊驱鱼,为丛驱雀,砍掉了自己一得力之臂。相反,刘邦则深知谋臣作用之奥妙。在得天下之后的一次宴会上,他与列侯诸将讨论这样一个问题:我刘邦为什么能得天下,而项羽又为何失去天下?有人答了一通"项羽妒贤嫉人"而陛下与之相反之类的话。刘邦说:"公知其一,未知其二。夫运筹策帷帐之中,决胜于千里之外,吾不如子房(张良);镇国家,抚百姓,给馈饷,不绝粮道,吾不如萧何;连百万之军,战必胜,攻必取,吾不如韩信。此三者皆人杰也,吾能用之,此吾所以取天下也。项羽有一范增而不能用,此其所以为我擒也。"[1]刘邦这番话可谓说得一针见血。谋臣进退与事业成败之关系,通过这位君主之口是说得再清楚不过了。再看李自成农民起义军的例子。李自成能够顺利地攻取北京城,与他有一套比较正确的战略方案有密切的关系。在李自成转战鄂豫川而计划今后的作战方向时,谋士们内部曾有不同的意见。牛金星认为应"先取河北,直走京师";杨永裕则认为应"下金陵,断燕都粮道";另一位谋士顾君恩分析道:"金陵居下流,事虽济,失之缓;直走京师,不胜,退安所归,失之急。"他认为前二策一失之太缓,一失之太急,经过权衡比较,他提出了第三种方案:"关中,大王桑梓邦也,百二山河,得天下三分之二,宜先取之建立基业,然后旁略三边,资其兵力,攻取山西,后向京师,庶几进战退守,万全无失。"[2]这个方案考虑了轻重缓急,进退有序而攻守有节,应该说是周到严密而切实可行的。李自成采纳此说,从而一环扣一环地顺利实现了攻占明王朝京都的战略目标。然而,在此以后,李自成周围的伙伴耽于安乐,头脑昏昏然起来,就连那些理应比别人站得更高、看得更远的谋士人物也没有保持住应有的清醒意识,跟着别人一起陶醉在天下太平曲之中。谋士们没有看到:在明王朝灭亡之后,虽然他们与明王朝的矛盾算暂告一段落,但随之而来与清军的矛盾急剧地上升了。他们没有及时地提出适应新形势的战略方针,在虚假的歌舞升平中迷失战略指导方向,终于为清军所乘。这时的谋士中只有李岩尚比较清醒,他看到了潜在的危机

---

[1]《史记·高祖本纪》。
[2]《明史·李自成传》。

并提出一些对策,可惜其时的李自成已听不进这些意见。与之相反,当时清人皇太极正虎视眈眈地窥视着关内的态势,他迫不及待地召见了时正养疴的谋臣范文程,范文程纵论天下大势,明白无误地指出:我方虽与明王朝争夺天下,但实际上现在已转移为与李自成的较量了。他不失时机地提出了诸如拉拢明朝官吏、进军关内等一系列对策。相比之下,李自成的战略就显得相形见绌,其失败的命运就是自然而然的发展了。在战场上烽火连天之前,双方谋士互相斗智较量的战略天平已经发生了倾斜。《孙子兵法》云:"上兵伐谋,其次伐交,其次伐兵,其下攻城;攻城之法,为不得已。"信哉斯言!

谋士们不仅在纷纭的战争风云里运筹帷幄,为君主的建国定邦立下汗马功劳,而且在治理天下、为王朝谋求长治久安方面亦贡献了其杰出的才智。他们往往以其慧眼精到地剖析天下大势,向君主进献各种远谋长策。汉初谋臣陆贾和刘邦曾有一段对话,陆问刘何以得天下,刘颇有点自得地说:"乃主马上得之?"陆贾反问道:"马上得之,宁可以马上治乎?"这话把刘邦给问住了。陆贾实际上提出了在新王朝建立以后如何实行重大战略调整以适应所面临任务的问题,而在这一点上刘邦当时还有点茫茫然,他的思想步履还没有迈出戎马倥偬的战争岁月,对历史转折新时期局面的来临有点准备不足。陆贾这位谋士悠长的思虑有助于刘邦正视新的历史现实。再如,汉文帝时政治舞台上的重要谋臣贾谊是一位在皇帝身边时备咨询的博士,后被提拔为议论政事的太中大夫,为汉王朝的长治久安提出了不少著名的建议。在《论积贮疏》中,他指出其时社会上重商轻农的"背本趋末"现象,并积极提出预防性的对策。在《治安策》中,他痛陈天下的积弊,指出那些认为天下"已安且治"的人是不懂得治乱大体的人,警告汉王朝统治者:"夫抱火厝之积薪之下而寝其上,火未及燃,因谓之安,方今之势何以异此!"贾谊这种深沉的忧患意识绝非杞人忧天,而是基于对时势的深刻洞察。这位谋臣对历史上的治乱十分熟悉,献计献策,忧国忧民,痛哭流涕,热诚难得。他十分敏锐地看出西汉王朝政治上的不安定因素是诸侯王的存在,并提出"众建诸侯而少其力"的巧妙对策。这种居安思危的清醒意识是十分难能可贵的。毛泽东称赞说:"《治安策》是西汉一代最好的政论,贾谊于南放归来著此,除论太子一节近于迂腐以外,全文切中当时事理,有一种颇好的气氛,值得一看。"①后来事态的发展证明贾谊是非常富于洞察力的,他的建议虽在生前没有得到应有的重视,但在他死后才四年汉文帝就分齐国之地为六国,分淮南国之地为三国,这实际上就是采用了贾谊"众建诸侯而少其力"的对策。贾谊这种透过表面繁华现象而见出问题所在的忧患意识正是历代杰出治国谋臣的共同特点。与此遥遥相对的类似情形是谋臣赵普的对策。宋太祖在建国以后曾向谋臣赵普提出过两个问题:为什么自唐末以来争战之事无休无止?有什么办法可以从此息天下之兵而国家得以长治久安?赵普毫不含糊地指出,这个问题的症结在于方镇之权太重而君弱臣强,根治的办法在于削夺方镇之权,制其钱谷而收其精兵,如果能做到这些,天下自然就会安定。还没等赵普说完,宋太祖已是"心有灵犀一点通",他果断地采用了"强干弱枝之术",这与所谓的"杯酒释兵权"之法一起,对于加强和巩固皇权起到了很大的作用。

二

谋士角色在中国封建社会里被赋予了重要的功能,其特殊的角色扮演是以抛售自身智谋功能而得以完成的。但是,他们从来就不是具有自身相对独立性的阶层,而必须依附于"人主"即他们所事奉的人物阶层才能实现其自身的价值。固然,就每个具体的人来说,有些谋士比较注意自身的所谓"独立人格",例如,诸葛亮未出茅庐之时躬耕于南阳田亩做卧龙先生,前秦王猛在遇苻坚之前隐居于华阴山,元代耶律楚材未遇时在家中打坐参禅度日,他们不肯轻用其锋,在得到能赏识其才干的知音之前是不肯轻易抛出自己的,也就是如孔子所说的"隐居以求其志"。而在另一方面,这些怀荆负璞的谋士大多是有志于大济苍生的宏图之士,历史的风云赋予他们以深沉的使命感,其暂时的隐居不仕实出于无奈,表面之退正是待时以进。孔子云:"沽之乎?沽之乎?

---

① 《毛泽东书信选集》,中央文献出版社2003年版,第539页。

吾待沽者。"谋士们的隐居求志正是待价而沽,他们希冀遇见明君,寻找到能得以施展其胸中韬略的君主。这是"君择臣"且"臣亦择君"的君臣双向互相选择的过程。不过,我们不应忘记的是:在这双向互择之中起主导作用的显然是在君主一方。

诸葛亮在《前出师表》中曾自表胸臆说:"先帝(刘备)不以臣卑鄙,猥自枉屈,三顾臣于草庐之中,咨臣以当世之事,由是感激,遂许先帝以驱驰。"刘备求贤若渴的肝胆之诚和三顾之恩,深深地打动了这位旷代谋士的心。东晋时太尉桓温率军北伐,王猛曾衣衫褴褛地前去扣虱倾谈,桓温亦有意邀他南下东晋,但偏偏被王猛谢绝了。为什么呢?史料虽语焉不详,但揆时度势王猛的心曲还是不难度料的。东晋门阀制度森严,有他这个寒士的立足之地吗?更不用说得到全力施展其浑身解数的舞台了。后来他选择了后秦的苻坚,君臣甚为相得,《晋书》云:"(苻)坚闻其贤,招为谋之,若玄德之遇孔明也。"元代耶律楚材遇成吉思汗的情形亦与之相似。一次,成吉思汗指着耶律楚材对其子窝阔台说,此人乃天赐我家,尔后军国庶政可以全都委托给他。这些明智的谋士都选择了"自己"的君主,因而也就在某种程度上实现了他们的自身价值。设想一下:刘备若遇不到诸葛亮这样一位谋士为其筹划,那他的鼎足大业是难以建立的;同样,诸葛亮遇不到刘备这样一位开明的君主,那么,他恐怕也难以尽展其自身才干吧?这位南阳卧龙先生恐怕还得卧下去,正所谓"何世无奇才,遗之在草泽"。所以,君臣之遇是至关重要的。从时代的要求看,才智之士应运而生,这是必然的规律,而君明臣贤亦是普遍的现象,但之中总还有不可忽视的各种偶然性因素在起作用。往往由于君主和谋臣各自某种性格、气质等方面的特点,即便是有所作为的君主遇到才华横溢的贤臣,也可能或者交臂失之,或者"遥闻声而相思,日进前而不御",前者如贾谊之与汉文帝,后者如韩非之与秦王嬴政。对于贾谊与汉文帝之间不甚相得一事,宋代大才子苏轼曾发了一通议论,他在《贾生论》中提出:"非才之难,所以自用者实难。"他为贾生能遇到汉文帝这样的明君却不能自用其才而深深地惋惜,并责备贾谊说:"若贾生者,非汉文之不能用生,生之不能用汉文也。"苏轼敏锐地看出贾生身上"志大而量小"等弱点,但他把君臣不遇之缘由归之于谋臣贾生一方,却是有失公允的。唐代的李商隐曾就此事在《贾生》一诗中咏叹道:"宣室求贤访逐臣,贾生才调更无伦。可怜夜半虚前席,不问苍生问鬼神。"尽管贾生胸藏治策,无奈君主其时不愿听,则谋臣何以自用其谋呢?再比如,那个以自荐闻名于后世的毛遂,假如孟尝君后来不让其处于囊中,则他何以脱颖而出呢?在君主与谋臣角色互动关系之统一体中,矛盾的主导方面往往在君主一方,他们对谋士能否尽展其才的命运起着支配性的作用。

有诗云:智囊纵然多妙计,主人不用也枉然。谋士献策而人主能否采用,这涉及君主如何对待智囊和如何择善而从的问题,也就是君主运用智囊的方式方法问题。例如,在用谋士的方式上,曹操与袁绍就是截然不同的两类君主。东汉建安元年(196),汉献帝由长安逃回洛阳,对于曹操来说,这是给他提供了利用汉献帝的名义以号令四方的好机会。可是,当时曹操周围的人意见不一,有人反对迎立汉献帝。谋士荀彧坚决主张迎帝,提出:"诚因此时,奉主上以从民望,大顺也;秉至公以服群雄杰,大略也;挟弘义以致英俊,大德也……"①曹操毅然采纳荀彧的意见,利用了汉献帝这一政治资本,在尔后的东讨西征中于舆论上占了主动。荀彧是曹操智囊团中的核心人物,常为其出谋划策,而曹操对他亦多言听计从,并嘉许说:"吾之(张)子房也。"可见其倚重之深。以君主的雄才和谋士的卓见,达到了某种"共识",其合作是富有成效的。再看袁绍:同是在对待汉献帝一事上,袁绍的重要谋士沮授亦曾献策说:"会州城粗定,宜迎大驾,安宫邺都,挟天子而令诸侯,畜士马以讨不庭,谁能御之!"②但袁绍犹豫彷徨,结果未用其计。荀彧与沮授,其计一也,其遇则不同;谋士们的见解是"英雄所见略同",但一用一不用,效果自然就大相径庭了。所以,作为谋士人物来说,不但其腹中要有计,而且身外要有遇,这个"遇",就是君主对其谋划意见的重视与采纳。再比如,袁绍与另一谋士田丰之间的关系亦可说明此点。东汉建安五年(200年),曹操征讨刘备,后方出现空虚。田丰劝袁绍乘机袭击

---

① 《三国志·荀彧荀攸贾诩传》。
② 《三国志·董二袁刘传》。

其后方,袁绍则以孩子生病为托词,不从其谋。田丰喟然叹息说:"夫遭难遇之机,而以婴儿之病失其会,惜哉!"①这个"失其会",不仅表明袁绍一方失去了战略性的机会,而且亦象征着君主与谋臣之间的难以沟通和际合。在官渡之战前,田丰力陈出兵之不可,指出:"今释庙算之策,而决成败于一战,若不如志,悔无及也。"②这样的逆耳忠言惹得袁绍发了怒,竟然杖击了田丰。后来,袁绍兵败,有人对田丰说,你的话灵验了,必然会得到主上的器重。田丰此时对其君主的性格已经了如指掌,他淡然地回答说:"若军有利,吾必全,今军败,吾其死矣。"③一如田丰所言,袁绍回来果真把田丰杀了。无怪乎在官渡之战的关键时刻袁绍的谋士许攸要跑到曹操的营帐下自效其用,像袁绍这样的君主,即使有如田丰、沮授那样的杰出谋士,又如何能用其谋、展其才呢?古人就曾评论道:"观田丰、沮授之谋,虽(张)良、(陈)平何以过之?故君贵审才,臣尚量主;君用忠良,则伯王之业隆,臣奉阇后,则覆亡之祸至:存亡荣辱,常必由兹。"④就谋臣与君主的关系而论,这是说得很深刻且很沉痛的。

　　在君臣遇合即决策者与智囊的关系问题上,还有一个决策者如何辩证地对待谋士所献谋略的问题。君主身边往往有许多谋略人物,对于他们所呈的对策就有个如何择善而从的问题,并不是每一对策均言必有中而应为君主所采纳,我们也不能一概以谋士所献之策的被采纳与否以定其与君主之间关系的亲疏离合。例如,战国时张仪为秦国在外交上搞连横,取得显著成功,但在就伐蜀还是攻韩逼周的战略方向问题上,他的见解就并不怎么高明,另一位谋士司马错与他在秦惠王面前争执了起来。张仪认为应"亲魏善楚"、攻韩逼周,说了一通"挟天子以令天下,天下莫敢不听"的利处,又讲了一番蜀地荒僻而征伐无益的话。司马错针锋相对地论述了伐蜀的可行性和有益之处,并指出:"今攻韩劫天子,劫天子,恶名也,而未必利也,又有不义之名。"⑤秦惠王觉

---

　　①②③ 《三国志·董二袁刘传》。
　　④ 《三国志·董二袁刘传》注引孙盛语。
　　⑤ 《战国策·秦策》。

得攻韩逼周一策的确远下于伐蜀之谋,两相权衡,果断地采纳了司马错的计策,摒弃了张仪之议。在谋士们的议论中择善而从,这正是高明的君主充分、正确、有效地利用智囊团的重要一环,而谋士们各自竭尽其智,从不同的角度积极向君主呈献其策,提出各种比较可行的方案以备采择,正体现出决策过程中谋士之谋与君主之断这谋与断两者之间的完整统一,呈现的是良好的合作情形。

在君主与谋臣之间人际关系的问题上,一般来说,他们在某段时期内均能建立起较好的私人关系,尤其是那些具有雄才大略的君主,他们往往与谋士们保持着较为密切的情感联系,谋士成了其得力的助手和诤友。例如,刘邦与张良之间就有比较好的信任,因而张良能竭尽腹中之谋,在平时亦无所顾忌。公元前203年,刘邦与项羽在战场上正激烈争斗,就在此时,韩信攻占齐地后派人给刘邦送来书信,要求封他为齐国假王。刘邦看信以后勃然大怒说:我被困在这里天天盼你来帮助,他却想自立为王。就在这一时刻,张良用手拉了拉刘邦的衣袖,悄声地对他说:现在战场形势于我不利,怎么能阻止韩信称王呢?不如顺应他的要求,立其为王以稳住其心,否则他会倒戈作乱的。刘邦这才恍然大悟,忙改口对使者说:大丈夫平定诸侯,就当他个真王,哪有当假王的呢?这一着棋对稳定韩信是起了作用的,而刘邦与张良之间亲密无间的情状亦昭然可见。另一位君主与谋士之间也有这么一幕场景:刘基随朱元璋收复九江之后,陈友谅的江西守将胡廷瑞观望徘徊而欲向朱元璋一方投降,先派使者来做试探性的商谈,条件是保持原有的部队不予改编。对此,朱元璋一时深感为难。其时,在一旁的刘基忙用脚踢了踢朱元璋坐的胡床,示意他赶快答应其条件,朱元璋猛然领悟,一口应允对方的要求,终于促使对方来降,收到了颇好的效果。朱元璋平时尊称刘基为"老先生",《明史》记载:朱元璋对刘基"敬而信之,用其宏谋","西平江汉,东定吴会,天下大势固定矣。于是席卷中原,群雄归命,混一四海,大抵皆先生之策也"。君主与谋臣之间的关系是心心相印而甚为相得的。

但是,也正是在刘基与朱元璋两者之间的私人关系上,我们看到了君主与谋臣之间关系的另一面。在朱明王朝建立以后,刘基预感到不好的兆头,他见机思退,告老还乡,在故乡谢绝官府往来,终日饮酒弈棋,读书吟诗,不言往年盛事。即便如此,后来还是被朱元璋借他事牵连其身,刘基只得忍辱入京请罪,最后郁郁抱病而终。一代功名赫赫的谋臣竟落得如此的境地,这到底是什么原因呢? 自古代起,人们对这一现象就做过探讨和总结。韩信在刘邦用陈平计谋捉拿了他以后,喟然长叹曰:"果若人言:'狡兔死,良狗烹;高鸟尽,良弓藏;敌国破,谋臣亡。'天下已定,我固当烹!"①"敌国破,谋臣亡",这似乎是一种带有规律性的普遍现象。不少谋臣虽满腹奇谋,但往往只善谋国而不善谋身,或者不善于处理好自己与君主之间的关系,前者如吴越纷争时的谋士大夫文种、汉初谋臣晁错、北魏谋略家崔浩、明代重臣李善长等,后者如郁闷而死的汉代博士贾谊、"愤悱"而死的耶律楚材等,还有那一度是曹操心腹谋臣的荀彧,他也因反对其主公称王而导致君臣关系疏远,最后落得个被迫自尽。在这方面,最幸运的要数三国时的诸葛亮和秦府十八学士之首即唐太宗的重要谋士房玄龄。但刘备先于诸葛亮而死,诸葛亮其实是从谋士跃居为托孤之臣;房玄龄之所以在临终前还得到唐太宗的亲临垂顾,"太宗对之流涕,玄龄亦感咽不能自胜"②,实在是因为李世民不愧为难得的英明之主。而不少谋士人物在助成君主的业绩之后就无形中被迫走上范蠡的道路,急流勇退,散发扁舟,"太湖烟波何处寻",当他的隐士去了。这是范蠡一类谋士人物比文种、伍子胥等在谋身问题上高明得多也幸运得多的地方。汉初的重臣张良在刘邦得天下之后托词说要去"从赤松子游",这所谓的学道实际上是巧妙的避祸之法。陈平的办法则是向刘邦求田问舍,沉湎于享乐之中以此自污,也是怕引起君主猜忌而采用的韬晦安身之术。曹操的谋士贾诩数出奇谋,后来"自以非太祖(曹操)旧臣,而策谋深长,惧见猜疑,阖门自守"③。他在这方面与刘基相似。清代的范文程深谙明哲保身之道,他知道自己一生所上奏章均系军国的重大决策问题,为了不彰显本人的

---

① 《史记·淮阴侯列传》。
② 《旧唐书·房玄龄传》。
③ 《三国志·荀彧荀攸贾诩传》。

功绩,他在监修清太宗实录时,把自己草拟的奏章付之一炬,似乎是不要留下突出他个人的记录,是谦虚之美德,实质上更多的则是为了避免将来君主猜忌。谋士人物从期得明君一展其胸中宏图到退而为缩回自身以求自保,这进退之间似乎有冥冥之数在主宰着他们的悲凉命运。这种悲剧性现象的反复出现,常常引起人们无限的感伤、叹息与深深的思索、玩味。

问题就在于:随着一个旧时期的结束和一个新时期的到来,谋士与君主之间的关系会发生某种戏剧性的变化,谋士人物会面临着重新调整与君主之间关系的重大转折。如果他们不能适应这个转变,则可能会遭遇到挫折和陷入被淘汰、洗刷的危机。这不是说谋划人物的功能有什么丧失或退化,不是他们缺乏了谋划能力,而恰恰是由于他们有着太多谋划才能的缘故,只不过这种谋划功能在新的环境下可能会发生价值趋向上的潜在转化。朱元璋为了推翻元王朝而招用了那么多的谋略人物和儒生,让他们进了礼贤馆,可是,得天下不久他就开了杀戒,连很多重要的谋臣也未能幸免。朱元璋在这方面是一个典型。他深知谋划人物的重要作用,既然这些人物的才智能帮助他朱元璋开创和巩固朱明王朝,那为什么就不能通过这些人的脑袋去为别人筹划一个新的王朝呢?况且,这些谋士人物长期在君主身边,洞晓军国大事,机心颇深而又不易捉摸,不像那帮武将军们易于被把握和控制,这就更触犯人主的忌讳了。那么,对于谋士人物来说,由功高震主的易惹是非之位及早抽身而得功成身退之美名,似乎就成为既合乎逻辑又现实可行的选择了。

谋士——这些属于古代中国上层知识分子阶层的人物被注定了是一种悲剧性的命运。谋士阶层是依附于君主统治者这张皮上的,他们能暂时地与君主共赴患难,但往往难以长久地与其同享荣华。这是由封建时代的深层逻辑所决定的。封建专制王朝是以能否最大限度地有利于家天下的利益为其着眼点的,为了维护和保持王朝的尊严和千秋地位,君主们是不惜牺牲几个谋士人物,不惜浪费和压制一批人才的。尽管由于在君主和谋臣的际合关系上相互耦合的因素有具体的不同,因而表现为某种偶然性在起作用,呈现出多种不同的情形,但是,对于谋士这一整个阶层来说,其悲剧性的命运则大体上是被决定了的。它是一种逻辑的必然。

三

我们探讨了谋士精英阶层在社会大系统中的地位和作用,考察了他们与君主之间的个人际遇等与王朝治乱有较为密切关系的问题。那么,人们会问:作为一个精英人物阶层来说,谋士人物自身有着哪些特点呢?这些内在的因素是如何规范其在社会系统中所扮演的角色,制约其与君主的际合,从而对政治、军事、外交诸方面产生深远影响的呢?

从人格特征上来看,谋士人物身上都有较强的依附人格色彩。这是由其特定的身份、地位所决定的,并且,在历史长河的流变中这种依附人格的形成和发展有其轨迹可寻。从历史上看,随着周王朝的崩溃,"士"的人格获得了解放,特别是在战国时代,君主都有养士之风,谋士人物的社会地位得到了空前提高,那些纵横捭阖的辩说之士和谋略人物风云一时,真可谓"附秦则秦重,去赵则赵轻",君主之间的争夺往往就是人才的争夺,在某种程度上也可以说是谋臣策士之间的你争我斗。其时的谋士与整个士阶层一样,有一种叱咤风云、自立为主和舍我其谁的大丈夫式的人格特征,虽不无投机取巧的奸诈小人,但大多则是有独立人格的不同流俗之士。在与君主的关系上,谋士们奉行不合则去、来去自由的信条,天马行空而落拓不羁,在弥漫着宽松氛围的环境中,他们身上焕发出了光彩照人的智慧和才华。先秦以后特别是汉武帝独尊儒术之后,儒家意识形态的强化扼杀了整个士阶层身上所蕴藏的活力,知识阶层的人格遭到了严重的扭曲,谋士人物的心态亦是如此。固然,在未出山之前他们可以在优悠岁月中表现出自己的某种独立性,但为了实现平生的抱负,他们在"学好文武术"之后,也只得"售与帝王家"了;而一旦投入某位君主的怀抱,他们很快就被"忠"这一儒家信条的笼头羁绊住了。虽然谋士们有良禽择木而栖的念头,但是,第一,真正能一出山就遇到明君如诸葛亮与刘备那样鱼水相逢似的,那真是凤毛麟角;第二,如果投了暗主,那么弃暗投明也殊非易事,儒家的忠君意识亦不允许他们有许多的非分之想。所以,谋士人物的"选择"实际上常常是别无选择。这就渐渐滋生和培植出他们的依附人格意识。后来有人曾对田丰被袁绍所杀一事发了一通感想:"(田)丰知(袁)绍将败,败则己必死,甘冒虎口以尽忠规,烈士之于所事,虑不存已。夫诸侯之臣,义有去就,况丰与绍非纯臣乎!《诗》云:'逝将去汝,适彼乐土。'言去乱邦,就有道可也。"①话虽说得不错,但毕竟已不是春秋战国的诸侯时代了,时移事异,田丰这位谋士在进退取予之间恐怕也不是那么容易放得开手脚的吧?

归根结底,谋士人物阶层是依附于统治者这张皮上的,这是其身上依附人格之由来。同时,儒家文化对他们人格之影响确实又是异乎寻常的。在对谋士人物的文化熏陶上,儒家、道家、法家、纵横家和兵家等各家均有其影响,尤其是兵家辩证法和道家黄老之术是潜入于谋士人物谋略之精髓深处的,但就对他们人格的熏陶而言,儒家文化的渗透则无疑占着首位。千古共仰的谋臣诸葛亮,不仅以他的奇谋韬略,而且更以其鞠躬尽瘁的人格力量赢得了后人的一行同情之泪。所谓"出师未捷身先死,长使英雄泪满襟",人们为他雄图未展、人未尽才而深深地惋惜,更对他那种矢志不渝的赤胆孤忠行为而发出由衷的喟叹。诸葛亮的忠于其主是儒家主忠信文化的人格化形态显现,我们从中亦正可见出儒家文化意识形态对谋士人物阶层的渗透和影响。后来的史书往往将杰出的谋略人物与诸葛亮相比,如《晋书》和《明史》分别将王猛和刘基比之于诸葛亮,说明人们已将他当作谋士的最高典范,这不仅是就谋略方面的意义而言,而且主要的乃是着眼于行为规范和人格特征诸方面。这表明儒家思想对谋士人格的塑造更趋深入和内在化了。从人格意识上讲,从先秦的策士到秦汉以后的谋士,他们的人格依附性渐趋增强,而独立的自我主体意识则渐趋减弱。

当然,谋士在人格特征上被深深地打上了"忠"等儒家文化行为规范的烙印,但这并不等于说一般谋士人物在人格形态上已经萎缩到唯唯诺诺、一无所是的地步,有如清代的不少幕僚那样只成了座主可怜的

---

① 《三国志·董二袁刘传》注引孙盛语。

应声虫和帮闲之士。"达则兼济天下",拯天下苍生于水火倒悬之中的用世之意仍然是一大批杰出谋士人物内心的主旋律。如果说,谋士人物都很难不带有获取个人名位利禄等功利主义欲望的话,那么,不少杰出谋士顺应时代潮流,为万千生民谋得某些利益,其功绩就是值得肯定的,在人格上亦是崇高的。诸葛亮固然带着对刘备的三顾之恩而踏上征途,之中有愚忠的成分在,但他"非惟天时,抑亦人谋"那种顺应历史规律而又高扬主体人格的主动参与的创造精神,同样是天地间的阳刚之美。谋划之士要借助于君主的旗帜才得以售其智,不得不表现为外在被动性的形态特征,但他们殚精竭虑、勇于献计、以天下为己任而体现出来的主体性人格亦属可歌可泣,与那些明哲保身、推卸对人世间应负责任的退隐之士的所谓清高人格或者争名于朝、争利于市的猥琐之士的人格是不可同日而语的。

　　从谋士人物的内在素质来看,情形虽比较纷呈复杂,但亦可概括出一些较为突出的特征。杰出的谋士人物一般都具有超凡的胆略和积极进取的心理素质,因而他们的谋划往往表现出高屋建瓴的气势。例如,官渡之战是曹操一方以弱对强的战争,在整个战役过程中,曹方的智囊团表现出了非凡而宏大的远略。最初,袁绍声势浩荡地渡河南下,在敌强我弱的情势下,曹操初不欲战,"恨力不及"。谋士郭嘉果敢地呈上十策,全面而具体地剖析了袁方外强中干的实质。这种在敌方气焰方炽而咄咄逼人的情形下鞭辟入里地抓住其弱点的能力,正源于谋士自身的胆略,也就是人们通常所说的"胆大艺更高"。如果为敌方的气势所震慑,惊慌失措而惶惶不安,那就谈不上有什么好的谋略和对策了。假如没有谋士郭嘉呈策以定主帅曹操之心,那么,能否抓住这一转瞬即逝的重大战略机缘,进而去夺得胜利,恐怕就是一个未知数。后来,在官渡对峙最为困难的时候,曹操又想退兵许都,谋士荀彧写信来耐心劝说并呈策予曹操,曹操终于在坚持和努力之中取得了大胜。再比如,孙权、刘备的谋士人物鲁肃、周瑜和诸葛亮等以压倒敌方的气度和胆量,镇定自若,巧于筹划,这才使得"谈笑间,樯橹灰飞烟灭"。谋士们的胆略与其"计将安出"是有其内在关联性的。正由于有蔑视强敌、征服对手的磅礴气势,才可以收揽全局于胸中,熟筹深虑,从而做到"锦囊遗计人难料,却见成功在马前"。

　　冲天的胆略又是与谨慎、从容等性格特征互为表里而相得益彰的,"胆欲大而心欲小",正可移来作为这些谋士人物的写照。"诸葛一生唯谨慎",不是说他没有远大的志向,他的三分天下之略是有扛鼎的力度的,而是对其性格风貌的概括性勾勒。诸葛亮的性格是"淡泊"、"宁静",前人评之为"极冷、极闲"。这种性格特征在其用兵权谋上的投影就形成了谨慎从事的风格。《孙子兵法》云:"兵者,危事也。"谋士们所参与的决策皆系于兴败存亡和国计民生,故而不得不"如临深渊,如履薄冰",慎之又慎。中国谋士的这一特征,是与其清醒、冷静和持重等非常富于理性的性格特点联系在一起的。史学家陈寿在《三国志》中评说诸葛亮"奇谋为短",并将其归之于性格上的"拘谨"。就从性格上探讨谋略人物谋划决策的特色这一点来说,陈寿是有眼光的,他看出了问题之所在;但是,能否说诸葛亮"奇谋为短",这仍是需要仔细研究的问题。笔者认为,与其说这是诸葛亮用兵上的欠缺,毋宁说是他独特的战略风格,这是中国杰出谋略家共有的风格,是自伟大谋略家孙武以来的优良文化传统。中国谋士在思维素质上的一些特征也是值得注意的。谋略人物在思考问题时应有全局性、深刻性和预见性等,这是中国谋士均要具备的能力。从更为基本的情形来看,中国谋士在谋虑问题时一般均呈现出周密、严谨、深邃的特点。例如,张良在刘邦撤至汉中时,献计让其烧毁所过栈道。这一着棋不仅可以作为防止项羽尾随西来的预为设防措施,而且亦表示自己不东向与项羽争天下,从而蕴藏有麻痹对方的深远含义。这些擅长于谋划的人物之某些招法看似寻常,但在深藏不露中往往留有出人意料的妙招。面对这种玄机莫测高深的斗智,人们往往对之流露出惊叹和倾慕之情。历代民间流传的诸如诸葛亮、刘基等谋士人物的神奇故事以至荒诞不经的传说,就产生于对斗智场上那种大匠运斤式用谋角逐的惊异,从而给其玄机莫测的深奥再添上一道神秘的光环。其实,谋士们那一篇篇得意之作既非神来之笔,又非信手拈来的即兴篇,而是包含着绞尽脑汁、呕心沥血的周密运思与异常艰苦的精心筹划和富于创造性的思维劳动。这也表现出了他们非凡的智慧和良好的素质。

"运用之妙,存乎一心。"中国谋士身上的这种周密、严谨、深邃的特点,突出地表现为不走极端,是一种既积极又稳妥的风格基调。它常常先求自己一方"为不可胜",以待"敌之可胜","立于不败之地,而不失敌之败"①;"无恃其不来,恃吾有以待也;无恃其不攻,恃吾有所不可攻也"②。这是力求使自己先处于不败之地而后发制人的做法。人们熟知战国时代的谋士孙膑助田忌赛马的故事,除开其具有现代对策论意义上的内涵之外,这位谋士在谋略指导思想上的特色也是颇令人深思的。他以上等马对对方的中等马,以中等马对下等马,如此连胜两场,再以己方的下等马对对方的上等马而输一场,终以一负二胜而赢得胜利。他不把赌注押在指望赛马的三战皆胜上,而是十分清醒地把谋略注意方向集中在稳操胜券上。中国谋士的谋划特色在于不是为求得全胜而孤注一掷,而是以稳健的老谋深算见长。战国时有这样一个例子,张仪为秦国说楚怀王绝齐,他以六百里地为诱饵引诱楚怀王上当。其时,谋士陈轸向楚怀王分析说,秦王之所以重视楚国,是因为害怕齐楚结盟,假设我楚方与齐国绝交的话,楚国就只剩孤单一方了,并且,张仪回秦以后,必然会赖掉割地六百里给楚以作为绝齐之条件的诺言,这样我方就既会失掉齐国这个盟友,又会与秦国发生正面冲突,势必陷入两面受攻的困境。陈轸分析形势后向楚怀王献策说:我们可先向齐国打招呼,假装与之绝交,再派人跟张仪到秦国去取地,如果秦真的割地给楚,我方就再当真联秦绝齐,否则的话,继续奉行联齐的政策。应该说,陈轸所提出的策略是极为稳妥而又万无一失的。如果楚怀王听从了他的话,就确实主动在我、左右逢源,绝不至于做出既闹翻盟友齐国又上了秦国大当的蠢事。再如,前面提到过的诸葛亮之隆中决策,刘基先陈后张以避免两线作战之方略,直至谋士顾君恩向李自成提出的先取关中、次取四边、再取北京的对策,无一不带有以稳健见长的色彩。如果追溯此种风格之缘由,则当然与中国人求中、求适度的思维特征有关,谋士们高度地集中了劳动人民的聪明和智慧,这才绽放出灿烂的思

---

① 《孙子兵法·形篇》。
② 《孙子兵法·九变篇》。

维之花。

最后,我们还要讨论一下谋士人物的流品问题。正像评价任何历史人物一样,撇开其才能大小姑置不论,谋士阶层中的人物亦有政治倾向的进步与落后、道德品质的高尚与卑劣之分,如此等等。这对于从总体上把握这一人物阶层来说是必不可少的。如前所述,谋士的人格依附性就意味着其君主事业的方向在很大程度上客观地决定了谋士活动的价值和意义,或者即使退一步讲,他们的政治倾向性也起码与所事之主有着一定的关联性。这似乎是在一般谋士人物身上所共有的情形。而在道德品质即所谓"德"的方面,在每个人那里具体的情形有很大的差异。有的人如诸葛亮、刘基等不但计谋过人,而且德高望重,特别是诸葛亮似乎已成为中国智慧的化身和垂范后世的完人。有的谋士则是有才能而"德"不足以配其"才"。例如,汉初的重要谋士陈平在佐助刘邦定国安邦方面做出过巨大贡献,《史记》说他"凡六出奇计,辄益邑,凡六益封",刘邦"用其计谋,卒灭楚",但其人在品行方面就很成问题,史载他在未发迹时曾有逆伦盗嫂的丑事,归汉后又私受贿金。有人曾因此而对他提出异议,但其时正值用人之际,刘邦还是用了他的才。三国时的曹操为了罗致人才,对那些"或堪为将军,负污辱之名,见笑之行;或不仁不孝,而有治国用兵之术"的人也要加以重用,曾几次下求贤令,提出:"今天下得无有被褐怀玉而钓于渭滨者乎?又得无有盗嫂受金而未遇无知者乎?二三子其佐我明扬仄陋,唯才是举,吾得而用之。"①例如,戏志才、郭嘉等人名声都不太好,杜畿这个人则是简傲少文,但这些谋划人物"皆以智策举之,终各显名"。像陈平、郭嘉这样的谋士,有才而德行不佳,但在有雄才大略的君主之任用下,他们各自得以献出了其聪明才智。对于这种德与才未兼备的非完全性人物,我们确实应该以辩证的眼光看待和评价之。

谋士人物是中国古代历史上重要的精英文化阶层。无论是从谋士人物在社会上的地位、影响和作用,还是从他们自身与众不同的某些特

---

① 《三国志·武帝纪》。

点来说,这都是很值得注意的一个阶层。他们作为其时在社会上有较高文化素养的知识分子中的一员,具有中国封建时代知识分子身上的一般特点;但是,作为与所事之主特别是与君王有着极为密切联系的一面,他们又属于社会系统中上层的核心人物,因而在中国古代知识分子群体中又占有着特殊的位置。从历史学、政治学、社会学和文化学等角度综合性地、系统性地研究这一人物阶层自身的内部特点及其社会地位、角色规范和人际互动等外部情形,不仅可以使我们深入地了解这些靠运用自身创造性的谋略智慧以取得声名的才智之士,而且可以从这一特定的侧面增加对封建时代整体历史的把握。并且,如果作进一步更为广泛的理解的话,那么,谋士文化中所体现出来的某些动人心弦的智慧和实用理性,仍然可以给我们提供一些有益的启示。中国古代优秀文化遗产中这一不可或缺的部分,应该也能够为我们所全面性地理解和批判性地继承。

原载《苏州大学学报》(哲学社会科学版)1989年第2、3期合刊,《新华文摘》1989年第10期转载。

论围棋文化与中国智慧

在 20 世纪 90 年代的中国,讨论围棋文化这样一个饶有兴味的课题,似乎是合乎时宜而又很有必要的。围棋这一富于科学性、艺术性、竞技性和趣味性的文化样式,千百年来曾博得多少人的喜爱与迷恋,形成了颇为壮观而绚丽的文化系统,给中华民族的文明史添上了生动的一笔。然而,令人遗憾的是,在自古及今人们爱之好之的同时,它亦经历了一个被非难、被误解的过程,甚至一些著名人物(如贾谊、陶侃等)对之也颇有微词。古代传说尧造围棋是为了教子之愚,这当然是人们对围棋起源的一种猜测,文献不足征,本不足以取信。唐代文人皮日休却断然说:"弈之始作,必起自战国,有害诈争伪之道,当纵横者流之作矣。"他认为:"尧之有仁、义、礼、智、信……岂区区出其纤谋少智以著其术,用争胜负。"[①]如果尧造了这种"有害诈争伪之道"的围棋,似乎就损害了这位在儒家心目中被视为至尊至上的圣人形象。诸如此类的错误认识并未能妨碍围棋文化的发展与进步。明代学者谢肇淛在《五杂俎》中说"古今之戏,流传最久远者,莫如围棋"。围棋以其内在所具有的动人魅力呈现出经久不衰的勃勃生机。时至今日,它的内在意蕴和深厚之文化精神愈来愈为人们所认识。以探寻莫测高深的基本粒子世界而饮誉学坛的杨振宁教授指出,围棋是最佳的智力游戏和竞技,对于这一优秀的闪耀着科学智慧而富有生气的瑰宝,必须珍视而发扬光大。发掘和开拓围棋文化,这是围棋走向世界之新形势对古老中华民族的召唤,也是弘扬中国古代的优良文化传统和发展富于时代精神的新文化的题中应有之义。本文拟就棋道、棋家和棋用这三个方面对中

---

① 黄俊:《弈人传》,岳麓书社 1985 年版,第 58 页。

国围棋文化作一初步探讨。

一、围棋之道

围棋作为中国古老文化的形态显现,其中蕴藏着深厚的内涵,纹枰纵横的黑白世界里,包孕了中国智慧的基因,复制着中国文化的密码。汉代马融在《弈旨》中说其"上有天地之象,次有帝王之治,中有王霸之权,下有战国之事,览其得失,古今略备"。南齐文人沈约说:"弈之时义大矣哉!体希微之趣,含奇正之情,静则合道,动必适变。"①更说:"天下唯有文义、棋书。"北齐名将魏子建认为:"棋于机权廉勇之际,得之深矣。"②元代的虞集则以为:"世道之升降,人事之盛衰,莫不寓是。"③这是把围棋说得很高的了。清代诗人尤侗更盛赞道:"试观十一九行,胜读二十一史。"④看来,这些都不是无稽之谈。围棋文化确乎是一个斑驳陆离的世界,围棋之道也是谜一样的令人神往而又玄妙莫测之所在。

面对这样一个无比丰富的纹枰世界,令人感到惋惜的是,从发生学的角度去看,由于文献阙如之缘故,我们对其形成之机制尚缺乏明晰的了解。诚然,这并不排除人们根据文化艺术发生之一般规律去合理地类推其文化样式产生的渊源。譬如,有人曾联系到在奴隶社会里部落首领用堆石子的方法象征双方兵力之部署和战斗之进行,推测这或许就是围棋的萌芽形式。应该肯定地说,这是一个很富于启发性的猜测,联系到中国古代兵、农、医、艺四大实用文化之一的兵家文化尤其发达,因而在游戏竞技中亦深深地打上其文化之烙印,它至少是一个颇为诱人的假设。但由于尚缺乏可靠之事实根据,故可存而不论。那么,换一个角度,用比较文化形态学的方式来探讨围棋与中国古代(尤其是先秦时代)某些思想文化流派之关系,以求把握其总的文化特征和内在

---

① 黄俊:《弈人传》,岳麓书社1985年版,第36页。
② 黄俊:《弈人传》,岳麓书社1985年版,第42页。
③ 黄俊:《弈人传》,岳麓书社1985年版,第127页。
④ 黄俊:《弈人传》,岳麓书社1985年版,第209页。

精神，这或许亦不失为一种办法吧。

正如中国古代文学中有"文以载道"的传统一样，古人也讲究"技进于道"。《庄子》里的"庖丁解牛"和"佝偻承蜩"就是以技进乎道而现身说法的例子。围棋这种技艺亦然。我们可以从中国围棋史上找出大量的杰出人物，他们是怀着一种真诚的献身于艺术的精神去追求围棋之道的，也就是探寻围棋内在之客观规律和创造性地开拓围棋之艺术境界的（值得指出的是，这个"道"在中国古代是有颇多含义的，在各家思想流派那里的用法也大相径庭。例如，儒家讲的"圣道"与道家讲的"道"就不是一回事。这是在考察各思想流派论及围棋之道时所应当注意到的）。从历史材料的记载看，与围棋文化样式发生较多联系的主要是儒家、道家和兵家。当然，这并不是说其他各文化思想流派对围棋就没有什么认识。例如，名家对围棋就有很好的理解。尹文说过："以智力求者，喻如弈棋，进退取与，攻劫放舍，在我者也。"①他是看到了围棋中所包孕着的智慧的。再如，佛家对围棋文化也并非视而不见，有不少佛门高僧，如鸠摩罗什等就曾是弈林好手。唐代张乔《咏棋子赠弈僧》诗云："黑白谁能用入玄，千回生死体方圆。空门说得恒沙劫，应笑终年为一先。"②看来空门中也有不耐寂寞者，遇上这种有着强烈诱惑力的雅戏亦难忍技痒。宋代法远和尚曾应欧阳修之邀借弈说法云："且道黑白未分时，一着落在什么处？"③吐语满含机锋，无疑当头棒喝，不愧为既精禅理又通弈道的名僧。但是，佛门终究难免有"四大皆空"的味道，除了给玄远的弈家境界添上那么一点禅机佛趣的色彩以外，还谈不上对弈道之发展有多大的增益。以儒家在汉代以后定于一尊的显赫地位，我们先考察一下儒家文化对围棋之影响和作用。

纵观历史，似乎儒家对发展围棋文化并不那么热心。大成至圣先师孔丘说过这么一段话："饱食终日，无所用心，难矣哉！不有博弈者乎？为之，犹贤乎已。"④虽然并未全盘否定围棋，但评之不高，大有其

---

① 厉时熙：《尹文子简注》，上海人民出版社1977年版，第58页。
② 黄俊：《弈人传》，岳麓书社1985年版，第59页。
③ 黄俊：《弈人传》，岳麓书社1985年版，第95页。
④ 杨伯峻：《论语译注》，中华书局1990年版，第189页。

"无可无不可"的味道。此论一开,后来的儒士就纷纷跑出来卫道。比较著名的有吴国的韦曜,此公说围棋"以变诈为务,则非忠信之事也,以劫杀为名,则非仁者之意也",其面目似乎比孔夫子还要孔夫子。不过,值得庆幸的是,孔子以后的众多士大夫并未将孔夫子的那句话当真,汉代的杜陵杜夫子爱围棋,竟宣称"精其理者,足以大神圣教"①,说得那么认真,似乎不应是调侃的话。而在儒雅风流的氛围中,就连大儒纯臣欧阳修"六一居士"亦把围棋作为其六中之"一"了。实际上,从儒家的观点看待围棋且爱而论之者代不乏人。汉代班固的《弈旨》是一篇探讨围棋之道的最早专论。虽然他在文中说了一通"成败臧否,为仁由己"意即行棋的成败好坏取决于弈者是否具有"仁"这样近乎迂腐的儒家看法,但认为弈之"厥义深矣",并且以周文王之德和秦穆公之智比喻围棋上的"中庸之方"和"智者之虑",对弈道还是十分推崇的。北宋大臣潘慎修与宋太宗论弈时说:"棋之道在乎恬默,而取舍为急,仁则能全,义则能守,礼则能变,智则能兼,信则能克,君子知斯五者,庶几可以言棋矣。"②这是大儒重臣尊崇并积极探求棋道的一则例子。特别值得一提的是,理学家陆象山把围棋与被儒家作为其世界观基础并奉为六经之首的《周易》相提并论,认为:"此河图数也。"③这一方面固然表明陆象山看到了围棋之道与易家辩证法的息息相通,另一方面也见出其对围棋的高度评价。元代的虞集则是在《玄玄棋经》序中发了一通感慨云:"尧舜之作岂徒然哉!或者以为纵横之术者,非知道者也。"这是来自儒学内部对皮日休说法的批驳,正表达了对棋道的礼赞。当然,儒家的某些哲学观念确实也妨碍了人们对弈旨的正确推求和棋道的弘扬,这是其有消极影响的一面。譬如,就连像清代施定庵那样的大国手,在为《弈理指归》的题诗中也说自己"不似孙吴多诡诈",要"堂堂正正自天然",并且以"儒雅风流胜算全"为自况,其中总见出儒家哲学观念对弈道之不良影响的那么一点影子。

---

① 黄俊:《弈人传》,岳麓书社1985年版,第4页。
② 黄俊:《弈人传》,岳麓书社1985年版,第73页。
③ 黄俊:《弈人传》,岳麓书社1985年版,第120页。

道家文化作为与儒家文化相互补充之形式,在中国文化思想史上具有重要的意义。但是,道家人物见诸围棋论述甚少,它主要体现在以老子那种幽远遥深的"道"之境界诱发棋家探求弈旨的心理和以其朴素辩证法的文化精神对围棋之道的化育上。著名的《玄玄棋经》之所以取名"玄玄",是因为"其学之通玄,可以拟诸老子众妙之门,扬雄大易之准。且其为数,出没变化,深不可测"。从中我们可以窥见一点信息。道家辩证法的精义是渗透、融化到围棋理旨之骨髓深处的。围棋中有所谓"流水不争先"的平淡一派,执持淡泊无争、以静制动和不战而屈人的信条。例如,清代著名弈家徐星友就强调"冲和恬淡"和"闲淡整容",认为在棋局中"其弃也乃所以为取,其退也乃所以为进","制于有形,不若制于无形,臻于有用之用,未若臻于无用之用"。① 还有一位唐代道士,他奉行"不敢先"那种与世无争的黄老哲学,曾作了一则围棋隐语:"彼亦不敢先,此亦不敢先,惟其不敢先,是以无所争,惟其无所争,故能入于不死不生。"他们都采择老子《道德经》中的哲理入于弈旨。清代国手梁魏今在《弈理指归》序中还记载了这样一件事:他曾与一位老丈去游赏山水,见到山下流水徐缓绕行,老丈因之开导梁魏今说:"子之弈工矣,盍会心于此乎?行乎当行,止乎当止,任其自然,而与物无竞,乃弈之道也。"老丈点出了梁魏今当时于行棋中"锐意深求",有过犹不及之嫌,从而使他领略了"化机流行,无所迹象;百工造极,咸出自然"的道理,悟出了"棋之止于中正,犹琴之止于淡雅也"的心得。梁魏今后来那种清淡高雅的棋风正得力于道家文化之熏陶(顺便提一句,梁魏今对道家的长生之术亦颇有研究,可见其浸染之深)。以上所述,仅就围棋中的某一风格流派而言,实际上,在整个围棋文化中我们无处不见道家文化的无形之影子。

兵家文化对围棋之影响,似乎既昭然可见也顺理成章。只要留意黑白世界攻杀争斗的外在形态,人们即可强烈地感受到其兵家文化之精神。马融在《围棋赋》中说"略观围棋兮,法于用兵",这是汉代人的看法;《隋书·经籍志》列围棋方面的著作入兵家一部,亦可见出其意

---

① 黄俊:《弈人传》,岳麓书社1985年版,第205页。

向。一代英主唐太宗在诗中赞美围棋之戏有"孙吴意",杜荀鹤则说其"用心如用兵",宋代诗家王禹偁称道云:"乃知棋法通军法",明代叶颙咏棋曰:"古今豪杰辈,略谋正类棋",清文人魏禧说:"弈,攻围冲击,变化通于兵法",可谓历代论者所见略同。许谷在《石室仙机》的序中指出:"弈谱之设与兵法同。古之论弈者多引兵家以为喻……谛观其取予进退,攻劫放舍,变化万状,莫不有法存焉。大将舍是,何以鞠旅登坛!"可谓说得斩钉截铁。宋代国手刘仲甫在论说自著《棋诀》时亦道出其写作意旨:"棋者,意同于用兵,故此四篇,粗合孙吴之法。"而历代无数的军事谋略家"纹枰对坐,从容谈兵"的举动,更给围棋增添了浓厚的兵家文化色调。谢安石逍遥手谈之间大败苻秦之军,宗泽超然对客围棋顿退敌方之旅,其兵机的深不可识与弈棋的玄妙之道融为一体而高深莫测。有好事者甚至把诸葛亮这位大兵家搬来为围棋助兴,找到一块"棋盘崖",清代《宝庆府志》上明明白白地记载:"相传武侯宴兵着棋于此。有石盘广六尺,棋痕尚存。"其说诚属姑妄听之之列,但还是相当准确地把握住了围棋文化与兵家精神相符这一主旨的。

这里,最引人注目的当然是《棋经十三篇》与《孙子兵法》之间的渊源关系了。从形式上看,它十分明显地存在着刻意仿效《孙子兵法》的痕迹,在篇幅上它们都是十三篇,就连篇章结构也有某种程度上的相似之处。《棋经》作者夫子自道云:"……弈棋之道,从来尚矣。今取胜败之要,分十三篇,有与兵法合者,亦附于中云尔。"篇中引用了不少《易经》《老子》《论语》《孟子》中的话以证成己说,更引用了大量的孙子之论述。例如,文中仿照《孙子兵法》"计篇"而作"得算篇",这就是明显的一例。作者提出"计定于内,而势成于外",认为:"战未合而算胜者,得算多也。算不胜者,得算少也。战已合而不知胜负者,无算也。"这其实就是孙子在"计篇"中所着重阐发的意旨。《棋经》作者在文中也正是引用孙子的话作为全篇结语:"兵法曰'多算胜,少算不胜,而况于无算乎?由此观之,胜负见矣'。"《棋经》作者对孙子是十分敬慕的,这不但表现在谋篇布局、用词遣句上仿效孙子的论述,而且更主要的是《棋经》的字里行间弥漫着兵家文化的精神,跃动着兵家智慧的火花。这一点,十分典型地体现出围棋与兵家之间息息相关的联系。

中国古代各学派思想文化对围棋之发展是起了促进和推动作用的。这是各种文化流派相互渗透和影响的一个例子，从中亦可见出围棋之道的涵茹广大和包容百家之精神。但应该指出的是，如果只是停留在各家思想文化流派对围棋文化的外部支援之认识这一点上，那么，我们对围棋文化之理解就还是外在的和表层的，或者可以这么说，那还是徘徊于围棋大厦这座殿堂之外去观赏它，对其深厚内涵之了解还远未登堂入室。

　　应该是郑重地提出并认真地探讨"围棋辩证法"这一问题的时候了。尽管国内的不少围棋著述中常见到诸如"围棋中的辩证法"这样的提法和论说，其中亦有许多不失为精辟的见解，但令人感到不足的是，从总体上把"围棋辩证法"作为一个哲学概念提出来予以探讨的，似乎尚未曾见过。有人曾指出过《棋经十三篇》是"继《易经》《老子》《孙子兵法》之后高水平的哲学著作"①。虽然文中未能展开充分论述，但这个看法是相当敏锐而深刻的。将《棋经》陈列于哲学殿堂，貌视之似荒诞不经，究其实亦合乎情理。在中国哲学思想史的研究中，我们不也是逐步地才理解到《孙子兵法》这部兵家著作在哲学史上之独到地位的吗？对兵家哲学思想的探讨，由学界附庸而成蔚为大观，正表明人们认识的进步与深化。本文之所以提出"围棋辩证法"这一哲学思想流派意义上的概念，是因为比之于易家辩证法、道家辩证法和兵家辩证法来，它们有很多相通之处，但其自身亦有着独特的内容。尽管围棋之道曾从别的思想流派那里借鉴和吸收过某些有益的精神养料，但其自身的思想光芒是不可掩盖的，它自身就构成一个有着丰富内容的辩证法系统，为人们提供了别家别派所没有的东西，这是其得以存在的内在价值，也是弈道得以亘古长新的活水源头。这些独特之处，是弈道的精华之所在，也是围棋文化富于创造性的光辉之所在。我们完全有理由相信，在未来的中国哲学思想史特别是辩证法思想史的鸿篇巨制中，人们会看到围棋辩证法思想的一席地位。

　　全面而详尽地阐释"围棋辩证法"问题，超出了本文的主旨和笔者

---

① 李毓珍：《〈棋经十三篇〉校注》，蜀蓉棋艺出版社1988年版，第2页。

的能力。在惊叹弈道之博大、精微和玄奥之余,在此仅概括性地简要勾勒其粗略轮廓。

一般说来,我们可以在相通的意义上使用"围棋辩证法"、"棋家辩证法"和"棋道辩证法"这样的提法。如果考虑到与习称的"兵家辩证法"、"道家辩证法"相对举的话,似乎用"棋家辩证法"一词来称谓更为方便。不过,严格地说,它们之间的意义并不完全相同。"棋家辩证法"的提法有较浓厚的主观成分色彩,或可称为"主观辩证法";而"棋道辩证法"属客观之范畴,是一种"客观辩证法"。这两者合起来可称为"围棋辩证法"。当然,以上是在对概念定义细加区分的意义上而言的,实际上我们常常可以忽略其区别而通用这些说法。

围棋之道,首先或者从根本上说是一种客观存在之"道"。纹枰19路、黑白361子(毫无疑问,它还包括各种规则和规定)这样一个文化系统构成了现实的存在,围棋辩证法就植根于围棋天地这一本体性的实存之中。说起围棋,人们都被它那无穷的变化所深深地吸引。诗豪刘禹锡咏唱道:"因君临局看斗智……千变万化无穷已。"范仲淹则因其"精思入于神,变化胡能拟",竟一度萌生出"成败系之人,吾当著棋史"的宏愿。弈道变化的丰富性、深刻性、激烈性和复杂性,令人叹为观止。棋坛上流传有"自古无同局"即没有一局棋会重复雷同的说法,宋代大科学家沈括还兴致勃勃地计算了棋局的变化,慨叹说:"但数多,非世间名数可能言之。"① 如今,有人用计算机模拟棋手下围棋,虽说是一项值得肯定的尝试,但设计者亦感到颇伤脑筋。据有关人士估计,要计算机模拟人下象棋而达到基本水平尚需20年左右时间的研究,而模拟围棋则至少要花40年至50年时间,于此亦可见出弈道之浩博广大。更主要的,围棋之道还以它的精深入微而引人流连忘返。谢肇淛《论棋》云:"观其开阖操纵,进退取舍,奇正互用,虚实交施,或以予为夺,或因败为功,或求先而反后,或自保而胜人。幻化万端,机会卒变,信兵法之上乘,韬钤之秘轨也。"既精兵道又通弈理的陈毅元帅以其戎马生涯的亲身经历概括出这么一句意味深长的话:一局出色的棋

---

① 黄俊:《弈人传》,岳麓书社1985年版,第100页。

谱等于一部兵法。棋道辩证法比之于军事辩证法来是毫不逊色的,它们交相辉映而相得益彰。

棋局之制,子分黑白,这个如阴阳对立、两极二分的规定本身就表明了它那无穷无尽的矛盾变化。敌方与我方、全局与局部、大棋与小棋、形势与实地,等等,这一对对矛盾范畴生动地体现出棋道之内在辩证性,其矛盾变化是那么丰富多彩,在这里任何僵化的、形而上学的头脑都是难以理解其中所蕴藏着的对立统一矛盾法则之真髓的。譬如,棋手们在实战中常常碰到要处理好实地与外势两者之间矛盾关系的问题。围棋本来就是要围取实地的,抢占实地固属当然,但是,如果在这方面做得过了"度",事情就会向反方向转化。一味注重实地,从地盘上来看可能一时占着优势,却会因此而造成全局形势之局促,带来后续战斗之难以展开,从前期的地盘占优势转化为尔后的地域狭小,终至丧师失地,这就叫作以贪占实地始而以损空少地终。反之,如果光注重外势,把一块块实地先拱手让给对方去抢占,尽管没有贪得实地之嫌,且有形势斐然可观和"高者在腹"的美誉,但这种"势"终究尚未转化成地域,不如对方实地之来得实实在在,倘再有失手,可能势破形坏,如意算盘落空,在实地上终于落后。而如果能正确地利用形势,则有可能以局部实地的稍损为代价而换来全盘棋势之生动,再利用这种"势"并因势利导地将其转换为实地,可以从一度看似实地略少的情形转变为终局在全盘上的领先。这种实地与外势的转换,从哲学上来讲,就是在特定条件下矛盾的"转化"。此类实地与外势即实与虚、有形与无形以及局部优劣势与全局优劣势之矛盾统一关系,再加上其在时间与空间范围内展开的不断变换,就构成了每一棋局内无比生动的辩证变化之历程。它是棋道辩证法的光辉范例之一。这种辩证性,是存在于棋局中的客观内在之情形,高明的弈家就是在服从于围棋变化客观规律之前提下,创造性地发扬主体能动性,将棋局引向有利于自己一方,直至取得终局的胜利。

弈家必须在围棋这一客观存在及其规律所提供的舞台范围之内去活动,这是毋庸置疑的。不过,这并不意味着弈者只是机械地执行其客观规律指令的被动接受者,提出棋家主动创造精神的问题,与客观的棋道并不是不相容的。之所以笔者在"棋道辩证法"以外还要提出一个"棋家辩证法"的概念,是因为虽然棋家辩证法是棋道辩证法在棋家头脑中的反映,但是,棋家主体在铁的必然规律面前并不应该是无所作为的。成熟的棋手之独特之处正在于他服从、利用这种客观必然性,并且高度发扬其主体创造性和能动性,以实现从必然王国到自由王国的飞跃。这正体现出围棋文化的辩证性。这里,我们就围棋着法中的"唯一性"问题也就是人们通常所说的"唯一解"问题谈一点理解。常常听到有人对某一手棋提出:这是不是最佳的着法?它是一个相当复杂的问题。从唯物主义的观点来看,我们应该毫不犹豫地认为,在每一特定的棋局情境之下,有这样一个最佳解或者说唯一解之存在。至于说能否在某种情形之下寻找到这个唯一解,那是另外一个问题,即棋手们在某种限定性条件下的认识能力问题,也就是一个棋道认识论的问题。这里,弈道之整体无限性与某一特定时刻弈家认识能力之有限性之间构成了一对矛盾,而其外在形态在某种情况下(比如说在时间的流程中)又表现为古典棋理与现代棋手对之所做的创造性理解和继承性发展的矛盾。正是这种矛盾性,成为推动弈道不断发展之内在生命力。把寻求"唯一解"问题放到围棋认识论之辩证发展的哲学背景下去把握,我们就可以对之做出辩证性的理解。从宏观上来看,一方面,正如我国当代一位著名棋手清醒地认识到的那样,弈道无垠而深邃,一名棋手即使穷尽一生又能探求到几分真谛?另一方面,尽管人们或许会永远达不到对其"绝对真理"的完全把握,但在围棋文化日益发展的长河中,一代代棋手无穷的探索正无限地逼近围棋之道的"真谛"。因而,就"唯一性"问题而言,在某一时代条件下所得出的解答并不具有终极性的意义,而在另一方面,它在当时的认识能力之条件下又表现了认识主体所能求得的最佳解答,这样,它就既是"唯一"的又是不"唯一"的。这正是棋道认识论的深刻之处。清代棋圣范世勋(西屏)在《桃花泉弈谱》序中说过:"以心制数数无穷头,以数写心心无尽日。勋生今之时,为今之弈,后此者又安知其不愈出愈奇?"这是棋家对弈道之深刻的辩证理解,是他们不断地超越自我而献身于棋道的真诚而伟大的信念之所系。

棋家辩证法具有无比的丰富性，它既是棋道辩证法广大无垠之反映，又体现了各个时代棋手的独特性创造。当然，这种创造性和丰富性之中又蕴藏了规律性，唯其如此，才有《棋经十三篇》这样对围棋规律的探索和总结，而棋手们亦可通过理论的掌握与实践的磨炼，逐步加深对棋道之理解。《棋经》十三篇之"杂说篇"认为，"《棋经》，盘也。弈者，丸也"，"犹盘中走丸，横斜曲折，系于临附，不可尽知，而必可知者，是丸不能出于盘也"。它既考虑到弈者的主观独创性，又阐明了弈道的客观内在性，的确是一种较为正确的辩证认识。从一般的基本情形来看，我们可以从"围棋思维"这个角度来窥见棋家辩证法之一斑。

正如各种专业都有独特的思维习惯一样，棋家亦有其自身的思考问题之方式（即便同样是棋类，围棋与象棋、国际象棋的思考特点亦不完全相同）。这就是本文所要说的"围棋思维"。围棋思维是一种创造性的思维，就其作为一种思维样式而言，它具有人类思维规律之一般的共同形式。人们常常争论：围棋究竟是一门科学抑或是一门艺术？其实，从围棋的思维特点来说，它既是科学性的思维活动（逻辑思维），又是艺术性的思维活动（形象思维），二者的特点均兼而有之。说它是一种科学性的思维，是由于棋家需要高度的计算能力，尤其是在中盘的角斗中，其计算的复杂性往往异乎寻常，高明的弈家其算路之精准与深远常常令人叹为观止。他们能算清楚几十步之外的变化，否则，往往是"一着不慎"即导致"满盘皆输"，漏算一步而铸成败局，所以，其对于计算精准之要求是相当苛刻的。逻辑推理亦是围棋中时时使用之方式，有时在盘面十分复杂的情况下，弈者运用推理形式成功地将局面予以简化，从而求得正确的着法。总之，没有科学的思维寓于其中的着法是不可想象的。说围棋是一种艺术的思维，这是由于在围棋思维中又有着大量非逻辑性的因素在起作用。譬如说想象能力在对局中起着很重要的作用，这对于每局棋之开局阶段的影响尤为明显。在布局之初，面对空无一子的棋盘，棋家即开始构思其战略意图、设计其盘面结构、筹划其行棋方向，这种棋家想象比之于大文论家刘勰在《文心雕龙》中描述的文学家创作中那种"神思方运，万途竞萌，规矩虚位，刻镂无形"的形象思维来，是有异曲同工之妙的。没有想象力的棋家是呆滞的，缺乏生气的,当然也就谈不上有什么棋家的独创性可言。所以,逻辑思维与形象思维是围棋思维之双翼,而围棋思维也就是科学与艺术的光辉结晶,是其灿烂的思维之花。

　　从实际的情形来看,情况往往可能更为复杂,每一位棋手表现出来的思维特点也各有不同。棋家中有所谓的长考型与天才型。长考型棋手往往精于计算,似乎偏重于逻辑思维的成分更多一些;而天才型棋手则常常是天马行空、神思飘逸,有着较多的形象思维或者说凭感觉下棋的成分,这又涉及棋风与棋手心理素质诸方面的问题。如果从围棋思维这一大概念出发,就可以将之看作两种特殊的形式。实际上,无论是长考型还是天才型的棋手,他们在思考时都有着科学(逻辑)与艺术(想象)的成分。没有纯粹的科学型或艺术型的棋手,有的只是将两者综合运用的弈家。常常听到一些棋手讲,面对某种局面,他往往是凭着第一感觉即直觉去下棋的,我们也经常说某棋手的棋感如何如何,这种直觉实际上是以长期的周密计算和大量的先行实战为基础的,是其自身逻辑计算能力在思维中的积淀和生成,貌似神秘的对于棋形之感觉能力是其内在科学计算能力和逻辑推理能力之某种外化。在围棋思维中,科学与艺术表现出了它们之间的水乳交融与不可分割。

　　在论及围棋思维时,我们还要考察一下弈家之选择性问题,这与前述的"唯一性"问题也有着某种关联性。如果从棋盘上出现的某一局面来着眼分析的话,那么,我们就面临着"选择"的问题。在每一待审局面中,往后的着法可以说是有无数之棋路可供选择,正是在这种有着无数分支点的情势下,棋手们有了凭借想象力驰骋纵横的用武之地。尽管在每一个分枝点上其局面的客观价值实际上是内在地被确定了的,但是,就具体的棋手而言,其主观上对局面形势之价值判断正确与否以及棋手自身对下一手棋价值之理解,仍然是一个内容非常丰富而难以言说的课题,即使在高手之间也往往是仁者见仁、智者见智而莫衷一是。这里有棋手对棋道理解之深浅,有其个人偏好和独自的审美要求诸方面的内涵,它正体现出棋道之深奥和机趣。所谓围棋"下一手"的唯一性问题,常常是出自某一棋家的独自认识和理解。并且,即便从棋家的个人理解方面去审视,在其特定之棋路思考宽度与思考深度这一辩证关系中,也往往是以"满意"的选择原则即下这一子就满意了来代替"最佳"即唯一性的选择原则。这是围棋实战中更为常见的基本情形。它表现了寻求"最佳"那种理想形态与求得"满意"这种实际情状两者之间的辩证统一性,是围棋认识论中辩证法的表现形式之一。此种选择中的满意原则与寻求最佳的愿望之间的矛盾统一关系,也就逻辑地蕴含了诸如棋手的可错性等一系列问题。棋是绞尽脑汁的对手双方共同下的,而他们相互之间的每一手实际上又不可能是最优(满意)的,从而决定了棋手都会犯错误,即便是一方棋手的某手棋下得是满意的,但对方下得更精彩、棋子的效率更高,因而前者的那一手就可能会成为败招,如此等等。由于棋道之广大无垠,就人们的已知与其未知相比毕竟还是微不足道的,从而即便是高明的弈家也常常会有"盲点"和迷误之处,他还只是相对地达到了对围棋之道的某种认识,尚远未进入从心所欲不逾矩的自由境界。当年,有人问清初国手周懒予:"子于弈至矣乎?"对曰:"今之弈者,虽不见加我,然竟局复观,顾尚有所悔,至者当无此也。"①这是十分清醒而深刻的认识。实际上,没有全能而永不犯错误的弈者。棋手们都深谙此点,他们在如《孙子兵法》中所说的"先为不可胜"即力求自己一方不犯或少犯大的错误,"以待敌之可胜",即抓住对方的失误出击以求得胜局。增加己方每一子的效率,破坏对方的构想与好形即竭力削弱其棋子的效率,耐心待机,积极创造使对手犯错误的条件,在对方无心之配合下乘隙而入,诸如此类,围棋实践中充满了这种棋手运用辩证思维来斗智的例子。这是棋家辩证法的生动展示,也是棋道广博无际而深奥莫测的深刻体现。这种辩证的矛盾运动永远也不会完结,因而棋道将呈现日日新、又日新的无限之发展过程。

二、弈家风韵

当我们把目光投向围棋人物的天地,它展现出一幅令人眼花缭乱的画卷。在这里活跃着各个阶层的人物,上自帝王后妃,下到市井间

---

① 黄俊:《弈人传》,岳麓书社1985年版,第193页。

巷,文人仕女,僧陀隐者,无不在此咫尺之地上龙腾虎跃,争强斗胜。这些弈家的智慧才情和风貌神姿,给黑白世界添上了一派斑驳陆离的景象。这条千百年来不断延伸拓展的文化画廊显示出围棋文化极其诱人的境地。

　　围棋作为一种极有趣味性的文化生活方式,吸引了一代又一代的人们。由于其所具有的平等竞争性,不论尊卑高贱、男女老幼,均可在纹枰之上一比高下,因而它有着极强的文化普及性和流传性,对于中华民族人格形态之塑造有着广泛的影响。这一重要的社会文化过程,对中国古代文化的发展和弘扬有着不可低估的作用。毋庸置疑,正像历史上任何文化情形一样,这里也呈现了上层围棋活动与民间围棋活动之分野,并且,历代流传下来的关于棋人与棋事的记载都以前者为主要内容。但是,同样不应忽视的是,那些史书文献中记载下来的又是整个围棋文化活动的一个缩影,故而其本身就具有某种程度上的典型性与代表性。就实际情形来看,历代士大夫与围棋文化紧密相关的联系以及其独到的文化修养和地位都是围棋活动得以有声有色地开展的一个重要原因,而士大夫围棋活动在某种意义上说也事实上成了围棋弈者这支庞大文化队伍的主体。有人做过统计,中国历代的围棋人口以知识分子为主要方面军。探求他们在追求棋道中的风神,正好可以给我们提供棋家行为方式的一个侧影。

　　有诗云:幽人斗智棋。如果把这句诗理解为棋者主体对围棋客观之道的追求与逼近,理解为儒雅风流的士大夫专心致志于棋局上的争斗,那么,它颇能传神写照地勾勒出弈家的风貌和其所向往的玄远境界。就围棋之道所蕴含着的幽玄高远的境界来说,它却是与士大夫们所着力追求的高风逸韵甚相契合的。不能不看到,之所以围棋从晋代起被称为"坐隐"、"手谈",是因为与魏晋时代在文人中所崇尚的谈玄、尚隐一类的魏晋风度不无关系。"王中郎以围棋为坐隐,支公以围棋为手谈。"这则记载出自采录魏晋遗风逸韵的《世说新语》中似乎也顺理成章。魏晋人物是能够理解围棋的,而围棋亦成了他们追求某种境界、实现其神超理得的自我超越的有效形式。魏晋时代是围棋文化活动得以大发展的年代,高人雅士们嗜棋好弈的事例不绝于书。曹操以相王之尊,雅好围棋,并且棋艺颇佳。建安文人七子大多爱棋,竹林七贤中的王戎、阮籍也均称好弈。《晋书·阮籍传》记载,阮籍性至孝,其母终,"正与人围棋,对者求止,(阮)籍留与决赌。既而饮酒二斗,举声一号,吐血数升"。这可谓是酷弈了。《晋书·祖纳传》中说,东晋时期闻鸡起舞的名将祖逖之兄祖纳嗜棋,有人劝他留意建功立业,勿以围棋虚度时日,祖纳答曰:"我亦忘忧耳。"《俗说》一书中记录了这样一件事,《易》学名家袁羌恋弈,殷仲堪往见,时值他与人在窗下共围棋,殷仲堪在窗里问他《易》义,袁"应答如流,围棋不辍"。这里,从"忘忧"到"坐隐",从"手谈"到玄言,正典型地昭示出外在的棋家风貌与内在的现实人生功能之完满结合。这正是魏晋风度的一个重要侧面。深入地去看,围棋这一文化工具恰恰成为魏晋人士从山林之隐转为朝市之隐的一个护身法宝,成为其挥动麈尾玄谈不辍的同构之替代物。在纹枰对坐之间,他们尽情地感受着无声的内心交流之回旋,享用着心超神逸的隐者之乐趣。魏晋时代流传了那么多的动人传说,诸如:天台山上王质烂柯,巴邛橘园老叟对弈,一时竟以为"围棋初非人间之事……仙家养性乐道之具也"(《梨轩曼衍》),"橘中之乐,不减商山"(《幽怪录》)。这些神仙佳话正形象地折射出人世间那种从官场角逐到棋坛坐隐的时代风尚。围棋具备如此文化功能,是一个颇值得玩味的历史现象。虽然说到底它是为围棋文化样式客观系统自身的高远幽深之境界所规定的,但实际上亦是植根于时代与社会之现实土壤,其中有着丰富的社会学与文化学的内涵。

弈家风神是多姿多彩的,其行为价值取向亦是各有千秋的。这里有阮简的真率,《水经注·陈留志》记载他为开封县令时一则轶事:"有劫贼,外白之甚数。阮(咸)方围棋长啸。'吏云:劫急',阮曰:'局上有劫亦甚急'。"虽说是玩物误事,却也见出其醉心棋局而落拓不羁之逸状。这里有王彧的超脱与达观,值其围棋之时,皇上派人送信与药酒来让其自尽,他"扣函看,复还封置局下,神色怡然不变,方与客棋思行争劫竟,敛子内奁毕",才对棋友说:"奉见赐以死",方以敕示客,并边酌酒边谓客曰,"此酒不可相劝"①,自仰而饮之。超脱于生死之际,可知围棋诱人之深,亦见得棋家镇定从容的风范。这与蜀国将军费祎、吴国将军陆逊、东晋将军谢安于军务倥偬之际神态自若、谈笑围棋的大将风度,都表现了弈家那高迈不群的博大而精深之境界。

如果说,魏晋时代人物所向往的那种精神境界与围棋之道是甚相契合的话,那么,自此以后特别是从宋代以后士大夫们所追求得更多的则是那种飘逸自得的情味,即人们所称说的"棋趣"。从唐代诗人李远咏唱的"青山不厌三杯酒,白日唯消一局棋",到杜甫的"老妻画纸为棋局,稚子敲针作钓钩",再到白居易的"映竹无人见,时闻下子声",从元稹的"此中无限兴,唯怕俗人知",到刘禹锡的"因君临局看斗智,赌取声名不要钱",再到杜牧的"别后竹窗风雪夜,一灯明暗复《吴图》",骚人墨客的文人雅致在诗文中不曾绝响。宋代王安石的围棋赌诗,体现出这位重臣与诗家的雅情高致,而苏轼的《观棋诗序》更流露了他对司空图"棋声花院闭"那种颇带禅味的领悟。苏东坡似乎并不善弈,但以其大才子的情怀颇领略得棋中三昧。其"不闻人声,时闻落子。纹枰坐对,谁究其味?空钩意钓,岂在鲂鲤……胜固欣然,败亦可喜"的优美诗句,正传达出棋人中最幽深、最高远的美妙情趣。黄庭坚咏唱"席上谈兵较两棋"的著名诗句,"心似蛛丝游碧落,身如蜩甲化枯枝",则是把棋家对弈之乐描状得摇曳生姿,非深于弈者不能道。宋代士大夫对围棋艺术氛围细致而入微的追求,表现出他们深厚的艺术才情,并且与自唐宋以后人们审美感觉偏重于向追求情趣、意味一路的发展是相对应的。

明清以降,棋趣愈增。明代文坛领袖屠隆纵情诗酒,"与人对弈,口诵诗文,命人书之,书不逮诵"②,活脱脱地写出其诗、棋、酒三者皆臻佳境的神貌。吴中才子唐寅"酒散风生棋局,诗成月在梧桐"的佳句,不但是自道胸臆,也如一幅写意画似的把那棋家风情状写得如在眼前。汤显祖的"深灯夜雨宜残局",写出了他对于围棋那"一局且优游"的一

---

① 《南史·王彧传》。
② 黄俊:《弈人传》,岳麓书社1985年版,第151页。

往情深。吴承恩的弈术颇佳,信笔写道:"下到玄微通变处,笑夸当日烂柯仙",无怪乎他屡屡对"一枕梦江南,棋声在秋寺"的棋友盛会流露出反复的萦怀追忆。而叶颙的诗句:"围棋白日静,举袂清风吹。神机众未识,妙着时出奇……局终一大笑,惊起山云飞",其中交织的棋趣禅理、机心幽情,道尽了坐隐手谈之乐。清代人于棋艺日臻妙境,棋家之神姿亦更加超迈前贤。士大夫们不但在棋枰上各擅胜场,且更有善观弈助兴者。张翰在《幽梦影》中提出,"虽不工弈,而楸枰不可不备","若无翰墨棋酒,不必定作人身"。此公把围棋简直看作是生活中的必具之物了。而钱谦益"余不能棋,而好观棋,又好观国手之棋"的名言,似乎见得他对棋趣的领略并不稍浅,其"坐隐浑如禅定人"的诗句,表明了在棋之境界与禅之意境的优游中他同样是高人一筹的。李渔那"善弈不如善观,人胜而我为之喜,人败而我不必为之忧,则是常居胜地也"的好棋之法,则又是其独特的闲情之寄托了。清代风流倜傥的才子袁枚,于弈道亦是孜孜以求的。他赞叹:"艺果成皆可以见道。"这说出了他对棋艺的倾心。袁枚为棋圣范西屏作墓志铭,将其比为孔门的颜回、曾参,以赞扬的口吻颂曰:"将以棋名,松风丁丁。"而他那些"悟得机关早,都缘冷眼明。代人危急处,更比局中惊"、"非常欢喜非常恼,不着棋人总不知"的吟咏围棋的诗句,把弈者与观者的神情状写得无不曲尽其妙。从这些诗家文人的描绘歌咏中,我们看到了棋家那一具具有情有趣的侧影,进入了一重重优雅闲逸的境界,领略了一种种深远有致的风味。从魏晋文人的手谈坐隐,到唐代诗家的幽人斗智,再到苏轼乐趣、张翰摆设、袁枚风韵,展示了棋家在各个时代的风貌神姿,也形象地表露了历代文人士大夫的心态历程。这些棋家的行为方式千姿百态,却都指向了追求棋境、棋趣的总目标。作为一种文化生活方式来说,这种内在之价值指向性正是围棋文化丰富性与深刻性的重要方面,也是我们在考察这一文化样式时不可不注意的地方。

棋道亦人道,棋品即人品。棋枰之上体现了棋家的价值与追求,棋艺之境界高低也往往映现出棋家风格与品格之差异。"棋虽小道,品德最尊。"围棋作为古代琴、棋、书、画四大艺术之一,它对中国人格形态之塑造发挥了一定的积极作用。人们不但对许多围棋大家的高超棋艺十分推崇,因为它代表了一种深厚的文化素养,而且对他们在对弈中表现出来的良好风格即棋德尤为赞许。被一代学术宗师阎若璩列为清代十四圣人之一的黄龙士,棋艺精湛,棋德甚佳。国手徐星友在未成名时得其栽培,他指导下手不惜倾其胸中所有悉心相教,奖掖后进,兢兢业业,曾与徐弈了授三子十局,这些著名的"血泪篇"不仅表明了其棋艺之极致,从中也显示了一位艺术大师追求棋道、棋德之极境的大家风范。一代棋圣范西屏"为人介朴,弈以外,虽饫之千金,不发一语,遇婺人子显者,面不换色。有所蓄,半以施戚里"①,这在古代有围棋赌彩的不良风气中确能砥柱中流,起到了扭转风气之作用。在士大夫中,一贯就有人反对赌彩这种不良习气。宋代徐铉写诗云:"本图忘物我,何必计输赢。赌墅终规利,焚囊亦近名。不如相视笑,高咏两三声。"这种良好的棋风,正是围棋文化得以健康发展的主流之所在。在对弈中,高手们大多正襟危坐,"五岳不动四目动","寂寞亲遗景,凝神入过思",表现出弈家专注棋境、物我两忘的良好行为规范。这种深厚的定力是透彻棋境、了悟弈理的外在形态之显现,亦是弈家博大浩渺之胸襟和修养的自然流露。《棋经十三篇・杂说篇》写道:"胜不言,败不语。振廉让之风者,君子也;起忿怒之色者,小人也。高者无亢,卑者无怯。"对比起那些以手复局、用种种盘外招企图扰乱对方心思而侥幸取胜的恶劣棋品来,他们也就很难深入体会到高手们在优游棋局中所领略到的深邃哲理与情趣了。明末文人王思任有感于弈家中某些不良风气,以诙谐幽默之笔调作了一篇《弈律》即棋家之外在道德规范,其意在希冀形成良好之弈家风尚,这对弘扬围棋文化的艺术精神和保证这一文化样式的健康发展是不无意义的。它从一个侧面反映出一代棋家对围棋文化的关心和爱护。围棋文化植根于中华民族这一礼仪之邦,充分体现了中华民族的良好精神风貌,而一代代优秀棋家的实践,也不断地为之增添了新的华章。

---

① 黄俊:《弈人传》,岳麓书社1985年版,第227页。

三、纹枰之用

　　从棋道到棋家,从围棋境界到弈者风貌,我们可以约略见出围棋在哲学与文化学上的重要意义。作为一种文化,它有其独特的功能和社会作用。对于这一点,那些否定、诋毁围棋文化样式的人当然是看不到或者说是不愿看到的。诚然,历史上有沉溺于棋戏之中而误事的记载存在,但这并不能成为否定围棋的充分理由。吴国韦曜在《博弈论》中以为其"空妨日废业,终无补益"。东晋王隐也以"禹惜寸阴,不闻数棋"来作为其立论之依据,却是犯了有违于逻辑的错误。陶侃固然是值得称道的勤于职守之名将,但《晋中兴书》中记载他斥责下棋的人说:"围棋尧舜以教愚子,诸君并国器,何以此为?"把围棋作为无用甚或有害之物来看待,正表明了他对围棋文化的缺乏了解与态度之偏激,与千百年来围棋文化实践所表现出来之作用的事实相悖。那么,围棋文化的社会功能或者说围棋之作用表现在哪里呢?

　　明代许谷在《石室仙机》中认为:"于修德辑文之暇闲,展楸枰,结高贤,以消余暑,亦可开拓性灵,遣谢尘俗。"这代表了古代人对围棋文化的一种基本看法,也是比较符合实际情形之认识。从心理学的角度看,围棋竞技是一项积极的心理活动过程,它在很大程度上满足了人们向往紧张、激烈的心理趋动之意向。有人认为,围棋之战是人生竞斗场上的一种预演与替代物,在未来的岁月里,它可以代替人们在实际战场上的角逐,而在黑白争斗的游戏世界中得到极大的情感上之满足,从而收到积极的平衡心理需求之效。这是深得围棋文化之某些底蕴的。而从更为广泛的意义上去理解的话,围棋文化活动对于人们智、情、意等各方面的熏陶和磨炼均具有不可估量之积极功效。

　　围棋活动对于增益智力、启迪智慧有着良好的功用,因而它对于人们的思维能力具有极大的开发性。我们知道,围棋思维兼有逻辑思维与形象思维二者之特点,在长期的对弈实践中,它对于人们感受力、想象力、思考力(包括判断、推理和计算能力)等各种思维能力均具有潜移默化的磨炼作用。有人把棋类活动形象地称为"精神体操"或"智力体操",这是恰如其分的。有统计材料表明,在中小学生中开展围棋教育活动,不但不妨碍其学业,而且对他们在数学上的计算和推理等能力都有明显的增益。尽管在这方面还需要做更加仔细的研究,但围棋确能培养和提高精确计算与合理推理之能力,这是有事实为依据的。围棋所要求于棋手的良好之感觉能力、判断推理能力等则往往更为复杂而深奥。在激烈的"一着风云变色"的对弈中,弈家对于局面棋形"好点"的鸟瞰式的直觉洞察,对双方形势及其发展趋向之准确而及时的判断,对因下一手而影响整个棋局的通幽入微的预见,都对棋手的思维能力提出了严峻的考验。布局构思的指向,打入侵凌的着点与时机,攻击与对杀的设计,局中先后手的移位与取舍腾挪的转换,收官时刻的掌握与官子大小的判断,如此等等,都在这以坐谈为形的无声之争斗中,使一名棋手的内在思维力以有形的棋子活脱脱地表露了出来。它对于人们思维方式的全面性、深刻性、严谨性、灵活性与敏捷性都是极大的砥砺。陈毅元帅在围棋实践中深入地理解和阐释了毛泽东同志倡导的灵活机动的战略战术,不但是围棋文化对于军事学予以启示的一则例子,而且也说明了围棋思维对于一个高明的军事家之内在影响与现实功用。

围棋活动可以涵茹情性、砥砺品格,因而它表现出一种陶冶性。围棋对弈对于人们意志之磨炼、情操之培育与性格之涵养的作用是甚为突出的。中国历史上有不少关于军事家、政治家围棋生活之记载。例如,蜀国大将军费祎于"羽檄交驰,人马擐甲"之际,留意围棋而"色无厌倦",人们赞叹说:"君信可人,必能办贼者也。"[1]事实果然如此。宋代宗泽在金人入侵将抵都城而"都人震恐,僚属入问计"的危急时刻,"方对客围棋",笑曰:"何事张皇,刘衍等在外,必能御敌。"[2]其实,他早有全局安排在胸,于手谈笑语之间使强虏败归。幽人斗智,棋家须静。弈者在"向静中参妙理"之际,也就培养出了其"以镇其动"的"静泰之风"。这种围棋内在要求弈者的素质影响了棋家的外在言谈举

---

[1] 《三国志·费祎传》。
[2] 《宋史·宗泽传》。

止,受之浸染与作用,它对其人格形态也发挥了一定的影响力。《世说新语补》中记载,李纳为仆射,"性褊急",但在弈棋时,"每下子,安详极于宽缓",家中人知其特性,每于其急躁发怒之时"密以弈具陈于前",李纳"睹便欣然改容,取其子布弄,忘其恚矣"。如此之行为方式可谓是一桩趣事。此种棋家之静与人们自制力和意志力上的坚毅精进是分不开的,其对于棋艺之影响又是莫甚大焉。围棋之争,不但斗智,亦在于意志力等心理素质诸方面之较量,从古代的"血泪篇"到当今之"擂台赛",呕心沥血的杰出对局,既是智力思维绽开之花朵,又是心理素质交锋之结晶。当代棋圣聂卫平说过,急躁正是棋家之大忌。关键之局,镇静者常胜。聂棋圣之所以每每在中日围棋擂台赛陷于不利态势之危急关头反败为胜,与他高超的棋艺,也是与他良好的心理素质和坚韧不拔的斗志等人格力量分不开的。无怪乎日本方面的一些棋界人士说,聂旋风的冷静到了令对手望而生厌的地步,可见棋家定力之雄伟深厚。我们再来回味一下历史上谢安赌墅的佳话。谢安与其侄谢玄受命与强盛的苻秦作战,在命驾出征之时,亲朋毕集,谢安与谢玄围棋赌别墅。平日间谢安之棋逊于谢玄,因谢玄是日临敌而感到恐慌,竟"便为敌手而又不胜"。后来,谢玄等破了苻秦之军,有捷书报来,时谢安"方对客围棋,看书既竟,便摄放床上,了无喜色,棋如故。客问之,徐答云:'小儿辈遂已破贼。'"①这样冷静的自控力是其镇物取胜之缘由。由此可见,围棋于意志力之严格要求是不可须臾或缺的,而其在实践中对于人们这方面心理素质之培养也就不言而喻了。

围棋活动具有怡悦身心、频添乐趣的愉悦性,这是其又一特点。围棋对弈之诱人的趣味性,为有目者所共睹。在古人中嗜棋如命的人比比皆是,不绝于书。例如,据《册府元龟》记载,五代时的郑云里"好棋塞之戏,遇同侣则以昼继夜,虽朔风大雪,亦临檐对局,手足皲裂,亦无倦焉"。清末曾国藩晨起必围棋,只要棋瘾发作,以总督之尊也常常屈驾到僚属门上斗它几局。棋迷中更有一流人物,其情状真令人忍俊不禁。陆放翁在《渭南文集》中记载,郑侠"好强客弈棋,有辞不能者,则

---

① 《晋书·谢安传》。

留使旁观,而自以左右手对局,左白右黑,精思如真敌,白胜则左手斟酒,右手引满,黑胜反是。如是凡二十年如一日"。可谓一生与围棋相始终了。清代的文学家魏禧在《魏叔子文集》中有一篇《独弈先生传》的趣文,说的是黄在龙"常闭户居,户外人闻子声丁丁然,窥之,则两手各操白、黑子,分行相攻杀。或默然上视而思,或欣然笑也。人称'独弈先生'"。围棋作为一种消遣的娱乐形式,为人们提供了极大的乐趣。观棋局中之千变万化,可以排忧解闷,驱除寂寞,亦可以在劳作之暇解疲劳,得机趣。胸中块垒,借围棋化之,消解郁结,开阔心胸,使人乐以忘忧,于健康养生之道亦不无助益。日本棋院有一条幅,上书下围棋有五得,"得天寿"即其中之一。联系到弈家高寿的大量事实,可信此语不虚。

  围棋活动还可以交流切磋,广结友情,这又是其社会性的功能表现。高朋满座,席上校棋,一枰之中其乐融融,手谈似无形的纽带联系着人们的情感,棋艺并进,友情日增,得棋趣,得好友,得人和。不少组织机构将开展棋类这项文体活动作为其社区文化、企业文化和校园文化建设的重要内容,还通过结棋社、搞棋类活动中心来提供场所和机会,就是看到了它在对人们扩大交友圈、增加社会活动面方面的沟通和桥梁作用,是增进群体向心凝聚力和认同感的重要而有效的生动活泼之形式。在提及围棋之积极的社会性影响方面,人们常常援引这样一句俗语:下围棋的人当中没有坏人。那意思是说,由于棋手都把坏点子用于棋盘上的钩心斗角,因而剩下来的就都是好心眼了。这当然是一句笑谈。但是,联系到开展围棋这项高尚的文化活动对于人们情志的熏陶和修养的涵茹,更加之它有化解郁闷、泄导人情等积极平衡心理之作用,因而它对于消除社会中的某种不安定因素、增进社会内部的团结有着意想不到的功用,那么,这句笑话又具有了某种程度的真理性。列宁在苏联十月革命以后提倡在广大群众中普及国际象棋活动,因为这会有助于使人们摆脱沙俄时代遗留下来的酗酒、迷信和流氓等不良习惯。吸引那些因游手好闲而无事生非的人到高雅的棋类活动中来,这可以消除某些社会隐患。革命导师以深邃的目光看到了开展棋类活动所隐含的丰富的政治意义,这对于我们大张旗鼓地开展和普及围棋活动是一个宝贵的启示。对于围棋文化的社会性功能,我们应当有充分的认识并积极地予以利用。这里还应提到的是,在很早以前,围棋就从故乡中国向朝鲜、日本等国输出,增进了我们与这些国家的联系,促进了相互之间的文化交流。特别是近年以来,围棋活动在世界范围内的兴起与传播,更使其具有了政治上的重要意义。通过国际围棋活动的友好交往,它对于增进友情和相互之间的了解、增强中华优秀文化的辐射力和影响力,均会发挥独特的作用。这也是围棋文化活动的一种重要功能。

围棋文化源远流长,围棋文化功能多种多样。弈道日新,其文化功能也随之而日益增进。今天,如何充分发挥和弘扬这一文化形式之内在功能,使其在物质文明与精神文明建设中得以尽其应有之作用,是我们面临的时代之新课题。围棋文化这样一种竞技性的体育形式应该而且也能够在生活实践中发挥更大的现实功用。譬如,我们认为,在当前企业管理的实践中就可以引进"围棋思维"这样一种思想方法之形式。联系到《孙子兵法》和《三国演义》等古代典籍中的文化精神被企业家成功地运用于企业管理之实践,就可以相信这并非是天方夜谭式的海外奇想。当今世界,企业竞争之紧张激烈,真是瞬息之间风云万变,这与棋家在纹枰上所经历的奇正幻化就具有很大的相似性,而企业家与弈者在面临复杂局面时的竞争对抗性之情状,两者之间亦相去不远。应氏杯围棋大赛的组织者应昌期是经营有素的企业家,他把围棋之道吸收融化进其经营管理之中而卓有成效。他认为:下围棋的人,一是条理分明,分析详细周全;二是当机立断。这些都是企业成功的不二法门。并且,围棋需要的深谋远虑,心平气和,也是有助于企业在各种冲突中求取平衡。应昌期的说法可谓是心得之谈和见道之言。创立中国式的"围棋文化管理学派",这是一个具有诱人前景的实践课题,也将是围棋实用性的又一重功能。

围棋是中华文化中的一枝奇葩。围棋之道经由一代代棋家追求、探索的实践,转而产生了巨大的作用和功能。棋道、棋家和棋用三者之间耦合为一个辉煌的文化系统,它对于中华民族的思维方式、行为价值取向和人格形态等均发生过重要而积极的影响。正如当代中国著名棋手陈祖德所指出的那样:中华民族是一个擅长棋类活动的民族。围棋文化已成为中华文化大系统中不可或缺的一因子。这在过去是如此,现在是如此,将来仍然会是如此。"提倡下棋",这是我们国家长期以来的呼唤。今天,我们需要进一步地普及和提高围棋文化,全面而系统地总结和研究围棋文化,深入而扎实地挖掘和开拓围棋文化。在围棋文化走向现代、走向世界、走向未来的伟大实践中,我们很高兴地看到了它包蕴着中华民族的智慧,向着一个更优美、更高远的天地与境界迈进!

原载《苏州大学学报》(哲学社会科学版)1990年第2期。

接受美学与中国古代文学研究

目前,学术界有不少人撰文评价了国外关于接受美学研究的情况,这为我国文学研究工作者提供了一个新的视角。之前,我们对接受美学知之甚少,其实,它在国外特别是西欧已有了多年的发展历史,为文学史研究提供了新的方法论,并成了文学研究领域内的重要流派。今天,对于中国古代文学研究工作者来说,如何对其进行批判性的分析,吸取其中可取的成分,是一个值得认真探讨的课题。

何谓"接受美学"?简言之,即在作家、作品和读者三者之关系中研究文学,注意从读者对作品之审美反应的角度来探讨问题。接受美学认为,仅仅从作者和作品的角度去研究文学是不够的。读者在阅读和欣赏文学作品的过程中不是被动的接受者,而是积极的参与者。不但作品内容的揭示有待于读者的阅读与理解,使其潜在的价值变为现实的效果,而且在读者的阅读即接受过程中还将丰富和加深原作的内涵,当然,在这里也可能会出现改造、扭曲原作内容的情形。这是从作品的欣赏过程出发——也就是对于作品作为一个已完成的形态来进行考察的。进一步地看,对于作品尚未完成之形态即从创作过程来说,读者作为作品未来的"消费者",也不能不对作者的"作品生产"发生潜在的影响。日本学者室井尚对作品的内在层次("文本")、鉴赏层次(作者与读者)、创作层次(作者与"文本")这三个方面展开研究,从而构成其批评理论的系统。德国学者罗伯特·尧斯(H. R. Jauss)则主要从文学史的角度研究文学的接受过程,考察文学史上作品在流传过程中的情形,"揭示对一部作品过去的理解和现在的理解之间的阐释差距,并且使我们意识到它的接受历史"①。

对一部文学作品的接受,实际上也就是如何对之进行阐释的问题;不同的阐释导致不同的理解,从而造成不同的接受。有西谚云:说不尽的莎士比亚。之所以"说不尽",固然是因为莎士比亚的无比丰富,但亦表明每个时代甚或每个人对之都有其各自的理解。中国亦然,自古就有"诗无达诂"的说法。一方面,从文学形象的特征来说,不能用概念来穷尽对形象的把握("言不尽象"),在对形象的理解上,各人总还是或多或少地有自己的话可说;另一方面,每个时代总会对这些形象的理解增添进新的内容,这样,对文学作品的评价就表现为一个动态的过程,倘能用动态的观点考察文学作品接受史的过程,那确实是一项饶有兴味的工作。在这方面,程千帆《张若虚〈春江花月夜〉的被理解与被误解》一文为我们提供了一个范例。② 张若虚的这首诗开始为什么被人"误解",后来又为什么被"理解"？其深刻的含义就在于:这不是偶然的失误,而是有着某种必然性的因素在起作用,从中可表明审美思潮的变迁和文学史的流变进程,而这也正是中国古代文学史研究中所要探讨的问题。

书有它自己的命运。这句平淡的话概括了多方面的丰富内涵。作者总是希望自己的作品能为别人所理解和接受。唐代诗人贾岛写成两句绝妙的诗句后,又自题一首诗云:"二句三年得,一吟泪双流。知音如不赏,归卧故山秋。"大文论家刘勰在《文心雕龙·知音》中曾慨叹道:"知音其难哉! 音实难知,知实难逢,逢其知音,千载其一乎!"但他又指出,"夫缀文者情动而辞发,观文者披文以入情,沿波讨源,虽幽必显",强调了作品的可理解性和提高欣赏者的个人素养对理解作品的重要性。不过,要做到对文学作品的真正理解,并不是一件轻而易举的事。文学史上种种作品被误解的事例之存在,就表明此种情形并非为某些高明的鉴赏者所能左右。刘勰自己也已看出:"然而俗监之迷者,

---

① 转引自《仁者见仁,智者见智——关于阐释学与接受美学》,《读书》1984 年第 3 期。
② 载《文学评论》1982 年第 2 期。

深废浅售,此庄周所以笑《折扬》,宋玉所以伤《白雪》也。"① 用接受美学的术语来说,是由于有着"解释群体"的存在,所以每一位读者的个人理解都在不同程度上体现出他所处的那个社会群体共同具有的某些观念和价值标准。

确乎是有一些反常的现象。纵观中外文学史,赫赫有名的莎士比亚曾一度不受人们重视;同属浪漫主义流派的杰出的文学艺术家歌德并不能理解和接受贝多芬;中国唐代的诗僧寒山在国内文学史研究的著作中并未占多高的地位,而如今在太平洋彼岸的美国却掀起一股推崇和研究他的热潮。再以大诗人李白和杜甫而言,其崇高地位也并非一开始就那样不可动摇,唐人选唐诗甚或有不取他们之诗的。还有的人则在李、杜孰高孰低问题上费口舌,惹得韩愈发了一通牢骚:"李杜文章在,光焰万丈长。不知群儿愚,那用故谤伤。"后来此桩公案并未了结。这是大家所熟知的事实。本来,对李、杜的评价可以有各自不同的看法,这是正常的。但是,或"扬李抑杜",或"扬杜抑李",如此大起大落,有时甚至弄到势不两立的地步,并且持续了千余年之久,这就不能不引起人们的深思。这种在读者接受过程中出现的,表面上看似奇怪的现象,却在其偶然性的表象下面隐藏有文学趣味变迁的"深层结构"。虽然并非每一偶然现象里面都有深刻的内涵,但是,排除那些完全属于偶然性质的东西,探寻其中必然性的环节,却可以为中国文学史规律的研究提供新的内容。

在这方面,富有典型意义的例子恐怕要数对陶渊明诗歌的欣赏、理解的接受了。翻开《古典文学研究资料汇编·陶渊明卷》,我们仿佛打开了一部陶诗接受史。一千五百多年以来,几乎每个时代的文人代表都在上面写下了各自的一笔。他们仁者见仁,智者见智,众说纷纭而斑驳陆离,无怪乎清代诗评家温汝能感叹地说:"诗品至陶尚矣,评诗至陶亦难矣。"有趣的是,陶渊明在《咏贫士七首》中有这样的诗句:"万族各有托,孤云独无依。暧暧空中灭,何时见余辉?"诗人不但说出了他身处当世的寂寞,而且也仿佛说出了其诗歌的命运。他的歌唱在晋宋

---

① 刘勰:《文心雕龙·知音》。

那个时代里是没有知音的。颜延之评之曰"文取指达",是好友而不是诗友;沈约把他送进《宋书·隐逸传》,是慕他的为人而不是赏他的诗。渐渐地才有鲍照的《学陶彭泽体》,江淹的《拟陶征君田居》,昭明太子为其编集作序,简文皇帝将之置于案头讽咏。尽管从陶渊明自身来说,他在《自祭文》中说"匪贵前誉,孰重后歌",然而,由于时代之推移,人们的审美趣味在随之而变化与进步,陶诗的内在价值开始为人们所认识和接受,不过,这个历程仍然不是一帆风顺的。虽然陶诗的"庐山真面目"在逐步地被揭示,但是,终六朝时期,文学仍处于错彩镂金的时代风尚之中。谢灵运的"池塘生春草"固然在"庄老告退而山水方滋"之后受到激赏,而陆机、潘岳的那种雕绘满眼、辞彩华丽之作仍为人们所津津称道,且被钟嵘的《诗品》列为"上品"。以刘勰之卓识,没有重视陶诗;而钟嵘仅评陶诗为"中品"。这或许都不奇怪。本来,以六朝的时代条件与审美观念而言,还不具备充分认识陶诗之价值的社会历史土壤。有唐一代,对陶诗接受的情形有了明显的转机,但总的说来,陶诗的地位并不显赫,以王维、杜甫而言,甚或对之还偶有微词。这大概是由于在盛唐气象的时代精神笼罩下,陶诗那种平淡旷远的风韵并不怎么令人神往,无怪乎杜甫说:"观其著诗集,颇亦恨枯槁。"就是倾心于陶渊明的白居易,亦多是欣赏其"篇篇劝我饮",要"且效醉昏昏";而在他早年意气风发的用世之时,还曾不满于"以渊明之高古,偏放于田园"。唐代人与陶诗之间总还有那么一层隔膜之感。宋代人是推崇陶诗的,特别是苏轼。"苏轼发现了陶诗在极平淡朴质的形象意境中所表达出来的美,把它看作是人生的真谛,艺术的极峰。"[1]为什么苏轼对陶诗的价值能有这样的揭示呢?这与苏轼自身的生活经历和审美趣味等有关,但更加不可忽视的是时代思潮对苏轼的影响。苏轼本人所体现出来的典型意义在于,他把"中晚唐开其端的进取与退隐的矛盾双重心理发展到一个新的质变点"[2]。因而他可以对表达了同样情怀的陶诗有着深切的了解,时代和个人的诸方面条件就这样规定了苏轼

---

[1] 李泽厚:《美的历程》,文物出版社 1981 年版,第 163 页。
[2] 李泽厚:《美的历程》,文物出版社 1981 年版,第 161 页。

对陶诗的接受。由此所凝定的陶诗地位对后人接受之影响极大,千百年以来,陶诗就一直以这种"苏化"的面目流传着。(有人认为,陶诗的地位在宋代以后越来越高,与朱熹、真德秀等理学家的赞扬与宣传是分不开的。这种说法恐怕有点皮相。)苏轼的评陶在陶诗接受史上是一大转折点,此后,陶诗的地位基本上是不可动摇了。需要指出的是,自宋代以后,人们多强调陶诗具有"趣"这样一种重要的美学特征。例如,张戒说陶的田园诗是言"郊居闲适之趣",胡应麟说陶诗"以趣为宗",温汝能说"陶诗多有真趣",如此等等。这正是由于在中国封建社会的后期,对韵味、意境、情趣的追求成了时代的审美主潮。

  以上我们简略地回顾了陶诗在古代被接受与研究的情形,当然,详细情况要复杂得多。陶渊明及其诗的不被理解与被理解,经历了一个时间历程,并且还出现过反复。一部陶诗接受史告诉我们,每个时代对陶诗的接受都是以其自身的时代条件为背景的,因而其接受的情形出现了各异的面貌。这是陶诗研究中值得注意的一个基本事实。

  我们是唯物主义者,相信世界上的事物是客观存在的,并且是可以被认识的。就中国古代文学研究领域来说,我们相信能够对历代的各个作家的内在价值做出公正的评价。不可知论的哲学家休谟在美学上强调审美评价的主观性,认为"谈到趣味无争辩",似乎是欣赏者各说各的,互不相关。这种说法,与接受美学中过分强调读者反应的论点有相同的流弊。这是我们所不取的。同时,我们又认为人们对事物的认识具有能动性,并且表现为一个不断发展和逐步深化的过程。再以陶诗的接受为例,我们认为,人们可以逐步做到对其内在的客观价值之揭示,不过,这也确实需要经历一个流变的过程。如果我们把陶诗放到中国文学变迁的历史长河中去做一番考察,就不但能够更好地把握陶诗本身的特征,而且还可以从每个时代对其接受的情形中看到该时代的审美思潮的折光,从各位诗评家的评陶中把握其审美观念。既然我们对文学史的研究有"宏观研究"与"微观研究",那么,我们也可以从各个时代对某些代表性作家的评价中做一些"侧面研究",以反映各个时代的侧影,揭示各时代的审美思潮,从而把握文学发展史的某些规律。这或许就是接受美学给中国文学史研究工作者带来的一点启发。

诚然，就已有的中国文学史研究成果而言，我们都曾或多或少地注意到了某一作家对前代的继承以及其自身对后代的影响，也就是把他放到承先启后的地位上来考察。对于后者，国外也有将其称为"影响美学"的。其实，所谓影响美学，与接受美学原是一个问题的两个方面。唯其有接受，才有前代对后代的影响；唯其有影响，也才谈得上有后人对前人的接受。这类影响与接受的问题似乎亦可以称为"流传学"。但问题不在于用什么概念去指称它，而在于应当足够地注意到对于这一现象的研究。胡震亨在《唐音癸签》中曾提到："唐诗人生素享名之盛，无如白香山。"白居易的诗不但受国人所重，而且生前就已传到日本，其读者群之广可想而知。古人中亦有留意到这一点的。元稹《白氏长庆集序》中说："……乐天《秦中吟》、《贺雨》、讽谕、闲适等篇，时人罕能知者。然而二十年间，禁省、观寺、邮候墙壁之上无不书，王公妾妇、牛童马走之口无不道……自篇章已来，未有如是流传之广者。"古人看到了这种现象的存在，但未能深入地探讨下去以揭示其内在原因。这个工作当由我们来继续。

或许，有人会想到这样的问题：从读者接受的角度去探索中国文学史的规律，如此做是否妥当呢？国外有人主张仅从读者接受的角度去研究文学作品和撰写文学史，我们认为这并不合适。但是，如果将之结合运用到其他的文学史研究方法中去，进而做一些综合性的研究，这应该是可行的。从中国文学史研究的现状看，实际上也开始有了这类研究。有的研究者探讨了明清时代市民阶层的审美思潮对小说创作的影响；有的研究者编撰了"红学"研究史，探讨《红楼梦》的流传过程；如此等等。不过，与时下对作者和作品本身的研究相比，应该说我们在这方面的研究进行得还很不够，或者说，在不少古代文学研究者的头脑中对此还没有充分的认识。因此，我们可以先从各方面做一些探讨性的研究。例如，可以研究文学史上对作品的纵向接受与横向接受，即一作品在同时代产生的影响和对后人产生的影响，找出其间之差距，探寻其内在之原因（譬如说对杜甫的诗歌）；可以研究同时代各个不同阶层人士对同一作品的接受情形（譬如说对《红楼梦》）；可以比较不同的作家对古代某一作家继承和借鉴的情形，特别是他们对某一古代题材的歌咏，这往往显示出其自身的特色(譬如说对历代诗人咏桃花源的诗);可以研究某一作品在流传过程中的正面接受与负面接受,或具体地分析在同一读者身上出现的接受其某一部分排斥其另一部分的交叉接受的情形;还可以研究古代文学相互接受的情形(譬如说佛教和佛经文学的影响,我们是在多大程度上接受的? 以什么方式接受的? 另一方面,像陶渊明这样的中国诗人在国外又是如何被接受的?);如此等等。

"接受美学"是一个外来的概念,但它对中国文学史的研究是可以有所启发的。运用马克思主义的立场、观点和方法,结合中国古代文学史的实际情形,我们应当而且能够按照自己的方式去批判地接受它。

原载《南京师大学报》(社会科学版)1990年第2期。

陶渊明的创作个性
与诗歌之艺术特色

陶渊明（公元365—427年）是中国文学史上的一位大诗人。古往今来，人们对陶渊明及其诗歌进行了多方面的研究，取得了许多值得肯定的成果。笔者在吸收前人研究成果的基础上，试图用美学的观点，对陶诗的艺术特色做一些较为系统的研究。本文从陶诗的意境和风格问题入手，剖析、研究陶诗的艺术特色。笔者认为，要弄清其艺术特色，必须对诗人的创作个性做一些具体的探讨，从而要对陶渊明其人主要是对他的生活情趣做一番了解，力求做到"知人论世"。文中把探讨陶渊明的创作个性作为贯穿全文的中心，由此出发去阐明陶诗的艺术特色；同时，还比较了其他诗人的诗作，以力求较为清楚地显示出陶渊明诗歌的独创性。

一、魏晋风度与陶渊明的生活情趣

如果从汉代博士笺注五经的繁琐世界里走出来，从贤良奔竞仕宦的利禄世界里走出来，我们的脚步就跨进了魏晋时代。这里一个玄学盛行、五言诗蓬勃兴起和发展的时代，我们的诗人陶渊明正赶上这样一个哲学与诗的时代，他是这个时代最后的也是最杰出的一位歌手。

魏晋时代同时又是一个动荡、混乱的黑暗时代，政治斗争异常尖锐，上层社会相互倾轧，"天下多故，名士少有全者"①。动乱的现实，官

---

① 《晋书·阮籍传》。

场的角逐,使人们由衷地感到厌倦,企图在现实中得到逃避,冀求着内心的解脱,从而,老庄道家清静自然的哲理迎合了人们的胃口,引起了极浓厚的兴趣。"学者以庄、老为宗,而黜六经"①,人们对名教、礼法的那一套已失去了信心,用"自然"来对抗"名教"成了那一时代的普遍呼声,因而在思想界里展开了"名教"与"自然"的激烈论争。在社会的实际生活方面,讲求门阀士族的贵族气派,追求超尘脱俗的风姿神态成了弥漫于那个时代的生活理想,形成了具有社会性的审美思潮,表现出赫赫有名的所谓"魏晋风度"。

魏晋风度是玉柄麈尾名流的精神发抒,是对汉代端委缙绅博士意识生产的对抗。在反名教的口号下,它几乎成了不可阻挡之势,冲击着原有的社会秩序和道德规范。然而,我们也要看到,在"魏晋风度"这一词头下表现出两种形态的分化与对立。一方面,有人用"自然"以反抗"名教",怀疑和否定外在的权威,要求人生的自然境界,强烈地体现出内在人格的觉醒和追求。② 另一方面,有人却以放诞行为来对抗"名教",从要求"自然"出发,走到极端反而成了矫情伪饰。后一种人奢侈、荒淫、不问世事,号为"自然","啸傲纵逸,谓之体道"③;过的是声色犬马的生活,唱的是"无为"的高调,标榜"清高","不以物务自婴"④,以参与俗务为耻,装扮姿容,手挥麈尾,使人"望若神仙"。《世说新语》里记载了不少这一类的名士。所谓"魏晋风度",就表现出如此迥然不同的两种形态。本文所说的"魏晋风度",指的是前一种形态。

生活于晋末宋初的陶渊明,就浸身于这样的时代潮流和社会风尚之中。从形成诗人的思想意识和生活情趣来说,这样的时代背景是十分重要的。同时,还有三点也是不可忽视的。首先,陶渊明从小生活在

---

① 《晋纪·总论》。
② 参见宗白华《美学散步·论〈世说新语〉和晋人的美》,上海人民出版社1981年版;李泽厚《美的历程·魏晋风度》,文物出版社1981年版。
③ 葛洪:《抱朴子·疾谬》。
④ 《晋书·王衍传》。

庐山脚下,饱赏着奇秀的名岳风光,"少无适俗韵,性本爱丘山"①,美的熏陶滋育了诗人对大自然的热爱,进而到对自由人生境界的追求。其次,从诗人涉猎的典籍看,"少年罕人事,游好在六经",表明他倾心于儒家,但诗人对老庄之学也不陌生,"陶诗用事,庄子最多,共四十九次"②,从中又可窥见消息。可以说,陶渊明接受了道家的"真"和儒家的"善",体现了"儒道互补"的情形。"养真衡门下,庶以善自名",把诗人的两句诗作这样一番理解,也是饶有兴味的。其三,陶渊明的曾祖父陶侃躬行严于律己的儒家修身之学,陶渊明的外祖父孟嘉身上具有的"任怀得意,融然远寄"的名士风度,对他也是有影响的。当然,除了这些外在的因素之外,对形成诗人的个性来说,更重要的是他独特的人生经历。让我们尾随着诗人人生旅途的踪迹,对他的日常生活情趣窥探一番。

说到陶渊明,我们都知道他是一位隐者,在其身上有着旷达的风韵。他有时很是有点不拘形迹。《晋书·隐逸传》记载,他"以亲老家贫,起为州祭酒;不堪吏职,少日自解归";他做过几任小官,时仕时隐,后来谓亲朋曰:"聊欲弦歌,以为三径之资,可乎?"就这样做了彭泽令。在任之时,他叫官吏把五十亩公田种秫,为的是酿酒吃。再后来他又归田,江州刺史王弘存心要结识他,叫人给他做鞋,请让量一量脚的大小,他"便于坐伸脚令度焉"。夏日闲暇之时,他"高卧北窗之下,清风飒止,自谓羲皇上人"。这些地方颇有着刘伶、阮籍的气派。更显著的是,一提到陶渊明,我们就不能不想到"酒",诗人与酒结下了不解之缘,饮酒是他生活中之重要内容,与他的形象不可分割地凝结在一起。他与酒相伴一生,常常是"挥兹一觞","浊酒半壶",虽时而不满于自己的"志彼不舍,安此日富",甚至还想到过"止酒",不过终究没有止得住,直到在临去世前写下的《拟挽歌辞》里,还十分惋惜地说"但恨在世时,饮酒不得足",嗜酒的程度可想而知了。诗人曾对人说:"令吾常醉

---

① 本文所引用的陶渊明诗文均出自逯钦立校注《陶渊明集》,中华书局1979年版。
② 古直:《陶靖节诗笺定本》。注:本文中所引述的评论陶渊明诗文的材料,除另有注明者之外,均转引自《古代文学研究资料汇编·陶渊明卷》,北京大学、北京师范大学中文系教师同学编,中华书局1962年版。下同。

于酒足矣。"①好友颜延之送他二万钱,他"悉送酒家,稍就取酒"②。平时,"或有酒要之,或要之共至酒坐,虽不识主人,亦欣然无忤,酣醉便返",即便是那个陶渊明不欲与之相接的王弘,当他设酒于道中邀之,诗人"既遇酒,便引酌野亭,欣然忘进"③。释家惠远结白莲社时请他入社,他还提了附加条件:"若许饮则往。"④再看他饮酒时的各种神态:"贵贱造之者,有酒辄设",当快要醉时,就落落大方地说:"我醉欲眠,卿可去。"有时,"郡将候(陶)潜,值其酒熟,取头上葛巾漉酒,毕,还复著之"⑤。陶渊明这种旷达真率的风姿曾引起多少人的赞叹,李白说"陶令日日醉,不知五柳春"⑥,白居易又说他"爱酒不爱名"⑦。这使我们很自然地联想到张季鹰的话:"使我有身后名,不如即时一杯酒。"⑧《高士传》评张季鹰说:"时人贵其旷达。"然而陶渊明的饮酒又当别论。虽然他嗜酒,也吃一点药,但诗人吃的不是五石散,而是用东篱下采来的菊花下酒,取着延年益寿之意。说他受了时代风气的影响,这是事实,不必为先生讳,但说他真那么向往竹林之游的遗风,这倒是没有。诗人"性乐酒德",但与刘伶之徒的放诞毕竟有区别。陶渊明发表过"酒中有深味"的感想,这是值得我们仔细玩味的。陶渊明为外祖父孟嘉作传,说他"好酣饮,逾多不乱",又记载了这样一段话:"(桓)温尝问君(孟嘉):'酒有何好,而君嗜之?'君笑而答曰:'明公但不得酒中趣耳!'"⑨孟嘉的"酒中趣"与陶渊明的"酒中有深味",其实是不难领略的,"但恐多谬误,君当恕罪人"(《饮酒》),为的是多一层护身法宝。肖统算是窥到了陶渊明的奥秘:"吾观其意不在酒,亦寄酒为迹也。"⑩

① 《晋书·隐逸传》。
② 《宋书·隐逸传》。
③ 《晋书·隐逸传》。
④ 《莲社高贤传》。
⑤ 《宋书·隐逸传》。
⑥ 《戏赠郑溧阳》。
⑦ 《效陶潜诗体》。
⑧ 《世说新语·任诞》。
⑨ 《晋故征西大将年长史孟府君传》。
⑩ 《陶渊明集》序。

诗人不是酒徒,"重觞忽忘天"(《连雨独饮》),是"酒正使人人自远"①,又如阮籍"胸中垒块,故须酒浇之",用酒力拉开与黑暗现实的距离,从中尽情地享受忘怀得失的乐趣,这就是酒之那种不在于味而在于效用上的醇美。从这个意义上说,酒境对于诗人来说,才不是刘伶之徒放诞纵欲的醉乡,而是别有风味的人生境界。

陶渊明旷达而又非常近人情。他是吃着人间的烟火之食,立足在现实大地上的有血有肉的人,其身上充满了人生的情趣,显得那么地平易而自然。他是一位热烈而多情的人,虽然表面上看来与其旷达高雅的性情了不相接,但实质上深刻地统一于他的身上。诗人待妻子儿女、亲朋故旧有一副热心肠、真情意。他的家庭生活过得很和谐,《南史·隐逸传》上就说:"其妻翟氏,志趣亦同,能安苦节,夫耕于前,妻锄于后云。"只有陶渊明教子一事,后人颇有微词,杜甫略带讥讽地说:"渊明避俗翁,未必能达道。有子贤与愚,何其挂怀抱"②,似乎一教了子,就把那种所谓隐者气息减去了几分,也就高人不高、旷人不旷了。其实,这岂是知渊明者!从《命子》《责子》到《与子俨等疏》,字里行间跳动着的是父辈对后生一颗热烈的心,时而显得有点诙谐,那正是父辈慈祥的微笑。陶渊明正由于有着这种自然平易的内在方面,所以他高尚,他达道。他不避俗,也就是不矫情,而是本着人生应有的态度,自然地去应世接物。诗人从污浊混乱的现实里跳出来,没有想到去"游仙"和"升华嵩",而是享受着"携幼入室""悦亲戚之情话"的天伦之乐,尽情地沉浸在这种"亲戚共一处,子孙还相保"的中古时代农村家庭乐趣之中。陶渊明此举类似于嵇康教子和阮籍教侄,却没有名士们居丧无礼那种不近人情的成分。程氏妹丧,"情在骏奔";"凯风寒泉之思,实钟厥心",陶渊明就是富于人情。对朋友,他也是一片真心肠,相迎揖别,诗人念念在怀:"情通万里外,形迹滞江山。君其爱体素,来会在何年。"(《答庞参军》)有情有义,与魏晋放达名士那种"宾则入门而呼

---

① 王忱语,见《世说新语·任诞》。
② 《遣兴》。

奴,主则望客而唤狗"①的狂达是不可同日而语的。陶渊明是一位律己甚严和富有道德情感的人,他时时企求的是自然的生活和现实的美。前人评其"有阮嗣宗之达,而不至于放"②,陶渊明和何晏、王衍之流的放达名士的确是不同的。"陶公高出老庄,在不废人事人理,不离人情,只是志趣高远,能超然于境遇形骸之上耳。"③他真率而不矫情,任真而有节制,高雅而又平易,总之,旷达而自然,这是陶渊明生活情趣的一个重要特点。

陶渊明这位五柳先生的日常生活是安详宁静的,"闲静少言",人们说他"在众不失其寡,处言逾见其默"④。陶渊明记载他的外祖父孟嘉"冲默有远量","未尝有喜愠之容",陶渊明说他的父亲"冥兹愠喜"(《命子》),而诗人自己也是"纵浪大化中,不喜亦不惧",确有魏晋人"喜怒不形于色"的风度。这在他日常的诗书生活中很明显地流露出来。"少学琴书,偶爱闲静","息交游闲业,卧起弄书琴","衡门之下,有琴有书,载弹载咏,爰得我娱"。陶渊明读书的态度是值得玩味的。他读书多而博,有人说他读书采取兴趣主义,似乎不无道理。不只是"泛览周王传,流观山海图",即便对儒家典籍,他也是"游好在六经"。这种读书的方式和情形,陶渊明就曾自白过:"好读书,不求甚解,每有会意,便欣然忘食。""开卷有得,便欣然忘食。""不求甚解"者,是一反汉儒的章句之学,着重于文章内在精神实质的领会,这是魏晋之风吹进书窗里来了。王弼借注《周易》,曾使"得意忘言"之说在魏晋时代得到嗣响,对社会生活的各个方面产生了极大的影响,陶渊明读书就有此中况味。他读书取欣赏的态度,但也求"会意"和"有得"。"历览千载书,时时见遗烈",他正与古人心心相印;"得知千载上,正赖古人书",书本架起了沟通古今的桥梁,前贤之心志情怀,壮歌激烈,与我风云相会,共相推激,以至于流连不返,欣然忘食。这也正是魏晋人生活中常有的境

---

① 葛洪:《抱朴子·疾谬》。
② 魏了翁:《费元甫注陶靖节诗序》。
③ 方宗诚:《陶诗真诠》。
④ 颜延之:《陶征士诔》序。

界①。从表现形态上看,陶渊明的读书法是与社会上流行的"得意忘言"相呼应的"得意忘字",舍字取意,他读书进入了高妙玄远的境界。

诗人的那张无弦琴,或许含蕴了更深刻的东西。"渊明不解音律,而畜无弦琴一张,每酒适,辄抚弄以寄其意。"②李白啧啧称道:"陶令去彭泽,茫然太古心。大音自成曲,但奏无弦琴。"③有人把陶渊明的无弦琴与老子"大音希声"的美学思想联系起来看④,这是很有见地的。根据"大音希声"的内在含义,最完善的琴声只存在于想象和意念当中,那就是老子所谓最完美的音乐——作为"道"的音乐。陶翁对此种无声的音乐是能做高山流水之知音的。无弦琴当然没有声音信息传达出来,"但识琴中趣,何劳弦上声",本来是为了寄托自己的情怀志意,倒不在乎什么有音无音的。陶渊明没有像谢仁祖那样在北窗下弹琵琶,但"自有天际真人想"⑤则是一致的。更何况,他还不是如一般人所说的"风雅",而是极高智慧的超脱,其胸中自有无限,故不拘泥于一切迹象,于琴如此,于生活的其他方面也莫不如此。他真正达到了"得意忘言"的程度,在外表上显得那么宁静安详而超然于物外。

然而,宁静的风度还只是陶渊明的一个侧面。诗人说他的外祖父"和而正",他自己亦有如此的面貌。颜延之说陶渊明"和而能竣"⑥,不愧是知友;昭明太子说他"颖脱不群"⑦,"贞志不休"⑧,也算得了是知渊明者。我们从诗人的生活中不难看出他的贞刚之处。"质性自然,非矫厉所得;饥冻虽切,违己交病。尝从人事,皆口腹自役;于是怅然慷慨,深愧平生之志","不为五斗米折腰",挂冠归去,欣然赋"归去来",为后人传为美谈。这里不是可以见出诗人真骨凌霜的气节么?"性刚才拙,与物多忤","贞刚自有质,玉石乃非坚",这不是可以见出

---

① 《晋书·嵇康传》记载:"康尝采药游山泽,会其得意,忽焉忘反。"
② 肖统:《陶渊明传》。
③ 《赠临洺县令皓弟》。
④ 蒋孔阳:《评老子"大音希声"的音乐美学思想》,《复旦学报》1981年第4期。
⑤ 刘义庆:《世说新语·容止》。
⑥ 《陶征士诔》。
⑦ 《陶渊明传》。
⑧ 《陶渊明集》序。

诗人刚毅坚强的一面么？惠远招邀,闻钟声攒眉而去；偃卧有日,檀道济赠以粱肉,挥而去之,从中均可见出陶渊明性格的兀傲。

"少时壮且厉,抚剑独行游"(《拟古》),"忆我少壮时,无乐自欣豫,猛志逸四海,骞翮思远翥"(《杂诗》),这些地方还可以见出诗人的一点侠气。陶渊明外表上很平和,待人很平易,但内心里有着一股刚强勃郁之气,有人就说:"屈原的骨鲠显在外面,他却藏在里头罢了。"①陶渊明也想到自己的高洁人格不为世俗所容,"自量为己,必贻俗患,黾俛辞世"。颜延之回忆昔日私宴"举觞"之时陶渊明对他的劝告:"独正者危,至方则阂。"②起先,王弘欲识渊明,诗人称疾不见,继而他对人说:"我性不狎世,因疾守闲,幸非洁志慕声,岂敢以王公纡轸为荣邪！夫谬以不贤,此刘公干所以招谤君子,其罪不细也。"③其后,他即虚与王弘周旋。玩味此中情状,不也是可以见着陶渊明的心事吗？陶渊明说自己"欣慨交心",他有感慨,也有欣喜,对人生的悲剧和喜剧都能领悟,并且都能处之泰然。他外表上柔和淡远,骨子里"贞刚自有质"；冲和是优美,而兀傲则是壮美。宁静而贞刚,这凝成了陶渊明形象的又一侧面。

魏晋名士们表面上虚谈度日,以望空为高。"王子猷作桓车骑骑兵参军,桓问曰:'卿何署？'答曰:'不知何署,时见牵马来,似是马曹。'"④但他又利欲熏心,贪财无厌:"王戎有好李,卖之,恐人得其种,恒钻其核。"⑤朱熹一针见血地指出:"晋、宋人物,虽曰尚清高,然个个要官职,这边一面清谈,那边一面招权纳货。陶渊明真能不要,此所以高于晋、宋人物。"⑥陶渊明确实是很淡泊的。"不慕荣利","不戚戚于贫贱,不汲汲于富贵"(《五柳先生传》)。白居易称赞他:"归来五柳下,还以酒养真。人间荣与利,摆落如泥尘。"⑦陶渊明不屑于那些营营

---

① 梁启超:《陶渊明之文艺及其品格》。
② 《陶征士诔》。
③ 《晋书·隐逸传》。
④ 刘义庆:《世说新语·简傲》。
⑤ 刘义庆:《世说新语·俭啬》。
⑥ 转引自陶澍集注:《靖节先生集·诸本评陶汇集》。
⑦ 《效陶潜诗》。

私利、贪聚钱财的人间俗务,在《咏贫士》中,对"阮公见钱入,即日弃其官"的廉洁表示由衷的赞赏。他看不惯官场中的污浊,毅然辞官归隐,宁愿过着平淡而艰辛的田园生活,始终坚持自己的人格理想。

但是,说陶渊明甘淡泊则有之,说他真那么遗落世事,则又并非如此。诗人有着高旷的胸怀,雅洁的操行,同时又有着极平常极实际的一面。他冷眼看透了当时官场的腐败和现实社会的黑暗,却又热心于日常普通生活的踏实追求。他看破红尘而不厌世,淡薄俗务却待人真诚。在彭泽县令任上,他曾派一人到家中帮助料理家务,写信给儿子说:"此亦人子也,可善遇之"①;他发出"落地为兄弟,何必骨肉亲"的感叹,告诫儿子们"当思四海皆兄弟之义"。陶渊明有着深广的同情心,富有人道主义的精神。更有鲜明个性的是,诗人有着"高人性情",却也倾心于"细民职业"。他辞官归隐了,但是并没有封建士大夫们对人生的空旷之感,他的精神生活是充实的,这是由于他把精神慰藉寄托于饮酒、读书和作诗之上,更由于他扎实地参加了农村的躬耕实践。这里,我们可以隐约地看出陶侃那种质朴勤奋的品行对他的影响。② 诗人有《劝农》诗:"民生在勤,勤则不匮",有人说这是说教,不过,即便是说教罢,也得听听具体的内容。在士族官僚日益骄奢淫逸、不屑于实际人生事务的虚浮时代,劝人劳动的言论无疑还能给人带来一丝务实的新鲜气息。那些"高尚其志"的山中隐逸者流,"秋菊兼餱粮,幽兰间重襟"③,隐士的名声是赢得了,飘逸得也是足够了,可是与大地上的芸芸众生简直是有着霄壤之隔。而陶渊明引吭高歌地唱出"田园将芜胡不归",含笑与肮脏龌龊的官场揖别,拿起了农具,走上了田头。请问:在封建时代的士大夫中,有多少人认为劳动是值得肯定的呢?"孔耽道德,樊须是鄙;董乐琴书,田园弗履",这还是先朝的圣贤。后世的齐梁

---

① 《南史·隐逸传》。
② 《晋书·陶侃传》:"(侃)尝出游,见人持一把未熟稻,侃问:'用此何为?'人云:'行道所见,聊取之耳。'侃大怒曰:'汝既不田,而戏贼人稻!'执而鞭之。是以百姓勤于农植……"又,参见张芝《陶渊明传论》第一篇第三节。
③ 左思:《招隐诗》。

子弟们,衣冠粉面,不知几日当种,几日当收,而玄虚老庄,空谈度日。①梁朝的到溉做了官,一般士族羞与为伍,骂他身上"尚有余臭"。② 我们的诗人陶渊明却为"劳动"唱起了响亮的赞歌:"人生归有道,衣食固其端。孰是都不营,而以求自安!"他认为劳动是美的,劳动着的人民也是美的,与他们"披草共来往","但道桑麻长","农务各自归,闲暇辄相思。相思则披衣,言笑无厌时",多么亲切,多么自然!许许多多高人雅士交口称赞先生的"隐逸"风神,却只字不提是躬耕之实践把陶渊明的心灵熔铸得更加美丽。就说那个"晚年惟好静,万事不关心"的王维吧,还不是在那里略带讥讽地说:"尝一见督邮,安食公田数顷,一惭之不忍,而终身惭乎?"③我们的诗人陶渊明不必像这位终南别业的居士那样,到佛理中去寻求超脱,而是在田园劳动中找到了人生的真谛和归宿。他庆幸自己:"四体诚乃疲,庶免异患干!"陶渊明的内心是充实的,何必学何晏之徒那样吃五石散,寻求一副对付现实的麻醉剂呢?何必学手挥麈尾的名士们在玄言清谈中去讨求一点生活呢?创造者自有其幸福,这就是创造生活之愉悦!再拿诗人用理想的彩笔绘出的桃花源境界来说,在那里也是"往来种作","相命肆农耕,菽稷随时艺","春蚕收长丝",到处是活跃的劳动创造,绝不像那帮酒鬼们编造出来的终北国:"缘水而居,不耕不稼。土气适温,不织不衣……饥倦则饮神瀵,肤色脂泽,香气经旬乃歇。"④这种不知人间"羞耻"二字的懒人哲学,正折射出魏晋时代没落士族腐朽的享乐主义。对比之下,陶渊明的生活观念是多么健康啊!他那种不屑于人间俗务的"高人性情"与倾心于"细民职业"⑤的内在统一,正表现出淡泊而真诚的生活情趣。

如果我们不把"魏晋风度"看作是只含贬义的词汇,不单单把它归结为代表那一类醉死梦生、佯狂放达或手挥麈尾、清谈终日的名士之形状,而看到它的另一面即体现了人的觉醒和追求真率脱俗之人格美的

---

① 参见《颜氏家训·涉务》。
② 《南史·到溉传》。
③ 《与魏居士书》。
④ 《列子·汤问》。
⑤ 钟惺语,见《古诗归》卷九。

话,那么,陶渊明那种旷达而自然、宁静而贞刚与淡泊而真诚的生活情趣,恰恰是在更深刻的形态上体现了一种魏晋风度,或者说是它的最高形态。

通过探讨魏晋风度与陶渊明生活情趣的诸多方面,我们可以了解时代与诗人生活之间的联系,进而从诗人独特的生活情趣出发去探讨其创作实践,这样,就能为陶诗与生活二者之间的联系找到一个不可缺少的环节。譬如说,在"得意忘言"的时代风气影响下,陶渊明追求自由的人生境界,这不正是陶诗意境所由产生的生活源头吗?陶诗中真淳的境界,不正是诗人生活中真率自然的风神之折光吗?那质朴而丰腴的诗境里,不正是闪耀着诗人朴素充实的内在美之光辉吗?可以毫不夸张地说,在中国古代很少有几个诗人能像陶渊明那样使自己的生活诗化,也使其诗歌生活化。事实上,抓着了陶渊明生活情趣的真谛,也就窥见了其创作个性的灵魂;而一旦理解了他的生活情趣和创作个性,我们就可以握着这把钥匙,轻易地打开陶渊明诗歌美学的大门!

二、陶渊明诗歌意境的美学风貌

晋末宋初的诗坛上,我们已经再也听不到建安风骨慷慨悲凉的音调,也听不到正始之音忧思沉郁的歌声。"庄老告退,而山水方滋"①,山水诗蔚为大观地兴盛了起来。也就在这个时候,我们的诗人陶渊明拂袖归田,把诗歌带进了村舍田园,或者说把田园题材带进了诗歌领域,开辟出一个新的天地。其实,不仅在题材方面,而且在艺术创造和表现方面,诗人也把人们带进了新的美学境界——这就是陶诗中那令人流连忘返的意境。意境是中国古典诗歌中重要的审美范畴,"文学之工不工,亦视其意境之有无与深浅而已"②,把握住意境这一作者和读者审美的中心,对陶诗的美学特点就会有进一步的了解。

---

① 刘勰:《文心雕龙·明诗》。
② 见王国维以樊志厚名义写的《人间词乙稿序》。

1. 真趣满诗篇

陶诗具有意境,凡是读过陶诗的人都会明显地感受到这一点。问题在于:为什么很多具有意境的诗没有像陶诗那样打动人们的心灵呢?或者换一个角度提出问题就是:陶诗的意境有些什么特点,使它表现出如此的魅力呢?

胡应麟说:"元亮得步兵之淡,而以趣为宗。"① 是否得阮籍之"淡",姑置不论,但"以趣为宗"点出了问题之所在。"趣"——这就是陶诗给予人们的审美感受,它是陶诗意境的重要美学特征。我们在陶诗意境中可以处处体验到这种"真趣"。

陶诗之真趣,在歌咏田园的诗篇里表现得最为突出,而对照其他诗人的诗作,就更能看出其鲜明的特点。试比较下面的两首诗:

  孟夏草木长,绕屋树扶疏。
  众鸟欣有托,吾亦爱吾庐。
  既耕亦已种,时还读我书。
  穷巷隔深辙,颇回故人车。
  欢言酌春酒,摘我园中蔬。
  微雨从东来,好风与之俱。
  泛览周王传,流观山海图。
  俯仰终宇宙,不乐复何如。
  ——陶渊明《读〈山海经〉十三首》之一
  昔余游京华,未尝废丘壑。
  矧乃归丘山,心迹双寂寞。
  虚馆绝诤讼,空庭来鸟雀。
  卧疾丰暇豫,翰墨时间作。
  怀抱观古今,寝食展戏谑。
  既笑沮溺苦,又哂子云阁。
  执戟亦以疲,耕稼岂云乐。

---

① 《诗薮》外编卷二。

>万事难并欢,达生幸可托!
>
>——谢灵运《斋中读书》

两诗都写读书生活,一是躬耕读书,一是官闲读书。有趣的是,两诗都是十六句,章法亦大体类似:陶诗的前四句、谢诗的前六句点出读书环境与心绪,转而写读书生活及情景,末尾都是以两句感想做结,但两诗的情感色彩迥然有别:陶诗写出一片生机,全篇充满一个"乐"字;谢诗正如其"心迹双寂寞"的诗句,处处透出"难并欢"的情绪来。馆是虚的,庭是空的,情调不如陶渊明所深爱的草庐。一个是对外界漠然视之,冷淡地露出贵族士大夫的傲然神态,就连诗中那只本该活蹦乱跳的鸟儿也被写得索然无味,"空庭来鸟雀",跟诗中的主人公是多么地隔膜。一个是对周围的一草一木处处关心,鸟欢雀跃,声声入耳,由于鸟有所托,更引起诗人吾爱吾庐的情感共鸣。两位诗人都把情感意趣注入物境,移情入境而使诗境反映诗人各自的情趣。其间差别的主要原因,恐怕不是由于谢灵运"卧疾"的缘故,因而使眼中的环境景物都变得那么灰暗,他孜孜读书而"寝食展戏谑",也是甚有乐趣的,大概也相当于陶渊明读书"泛览"、"流观"的神态;此外,在田舍读书与在斋中读书,周围的环境有着不同,这也不是主要的原因。根本原因在于两人的身份地位、思想境界的不同,各自的生活感受不同,因而诗中流露出来的意趣那么相异。陶渊明"既耕且已种",于劳动闲暇之际,在草庐中读起书来,他觉得自由自在又十分富有情味,故尔唱出"不乐复何如"的轻快调子来。谢灵运是在衙署清闲之时,借读书来消磨时光,慰藉他在官场上角逐而失意的寂寞;既讥笑沮溺不仕有耕稼之苦,又嘲弄杨子云有投阁之祸,这种左右不是的境遇,正是他在仕途上欲进不能、欲退不忍之心境在诗中的自然流露。"万事难并欢,达生幸可托",心绪似乎是要平静下来,但是联系他一生的行事,恐怕他的心里终究没有安顿过,他还在官场中角逐,大庄园主贵族的利欲熏心和权势观念仍在他的心底里不断搅扰着。相反地,陶渊明是何等地自然,他那"不乐复何如"的结论,正基于从丑恶的官场走向田园,过起了自由的生活,体现出劳动创造的充实美。与鄙视劳动、认为"耕稼岂云乐"的空虚心灵相比,陶渊明就是有丰厚的意趣贯注于诗歌之中,因而表现出一派蓬勃的生机。他的诗是生意盎然的玫瑰,不是那没有生气的、蜡制的蔷薇!

陈毅在《冬夜杂咏·吾读》中写道:"吾读渊明诗,喜其有生趣。时鸟变声喜,良苗怀新穗。"陶渊明退隐躬耕于田园,带有一股萧散冲淡之气,但他更爱那欣欣向荣、万物茂盛的生命力,尽情地观赏大自然的美好图景,从中汲取无穷无尽的生活乐趣。"蔼蔼堂前林,中夏贮清荫。凯风因时来,回飙开我襟。息交游闲业,卧起弄书琴。园蔬有余滋,旧谷犹储今……春秫作美酒,酒熟吾自斟。"(《和郭主簿》)诗之境界里回旋和笼罩着一片"此事真复乐"的欢快情趣!

《移居二首》其二:

春秋多佳日,登高赋新诗。
过门更相呼,有酒斟酌之。
农务各自归,闲暇辄相思。
相思则披衣,言笑无厌时。
此理将不胜,无为忽去兹。
衣食当须纪,力耕不吾欺。

试与王维的《渭川田家》相比较:

斜光照墟落,穷巷牛羊归。
野老念牧童,倚杖候柴扉。
雉雊麦苗秀,蚕眠桑叶稀。
田夫荷锄立,相见语依依。
……

王维写出一幅农家生活图景,只是寄发他"即此羡闲逸,怅然吟式微"的感慨,流露出庄园主袖手旁观而貌似闲适冲淡的生活情调。陶诗中表现出怡然自乐,则是诗人在"人化的自然"——田园中,在劳动创造的成果中,在劳动创造里与人结成的和睦关系中,找到了人生的真正乐趣之所在。清代诗评家温汝能说:"陶诗多有真趣。"[①]确是的评。

陶渊明有着旷达真率的生活情趣,总是带着一副睿智的微笑来谛视人生,因而时时给他的诗作抹上一层诙谐的色彩,使人读着有谐趣横

---

① 《陶诗汇评》。

生的感觉。我们读诗人的《责子》诗,就能领略到这种令人喜爱的风味:

> 白发被两鬓,肌肤不复实。
> 虽有五男儿,总不好纸笔。
> 阿舒已二八,懒惰故无匹。
> 阿宣行志学,而不爱文术。
> 雍端年十三,不识六与七。
> 通子垂九龄,但觅梨与栗。
> 天运苟如此,且进杯中物。

黄庭坚评曰:"观渊明之诗,想见其人岂弟慈祥,戏谑可观也。"[1]陶渊明是性情宽厚的人,他对人间的天伦之乐,总有说不尽的喜爱:"大欢止稚子"(《止酒》),"弱子戏我侧,学语未成音。此事真复乐,聊用忘华簪"(《和郭主簿》)。同时,他对后辈的喜爱,又化成一片殷切的希望,《命子》诗:"夙夜生子,遽尔求火。凡百有心,奚特于我!既见其生,实欲其可。人亦有言,斯情无假。"不过,陶渊明毕竟是一位旷达者,他相信委运任化,这当然有点消极,也是他那谐趣的由来。他那样地"夙兴夜寐,愿尔斯才",同时又宽慰自己:"尔之不才,亦已焉哉!"这些话后来就变成《责子》诗中的"天命苟如此,且进杯中物"了。诗人生性里有着诙谐的本能,用"陶一舫"那种一笑付之的态度,即使对于失意之事,仿佛也可以露出他那诗意的微笑。陶渊明的《责子》诗,与左思的《娇儿诗》、李商隐的《娇儿诗》有着某些共同的情思,但又表现出不同的色彩。

《止酒》也是这样的一首诗,"平生不止酒,止酒情无喜。暮止不安寝,晨止不能起",把诙谐的神态淋漓尽致地表现了出来。诗人的酒趣是止不了的。"我欲因此鸟,具向王母言:在世无所须,唯酒与长年。"(《读〈山海经〉十三首》之五)黄文焕评曰:"谐甚、趣甚。"[2]温汝能评

---

[1] 《豫章黄先生文集》卷二十六。
[2] 《陶诗析义》卷四。

曰:"放笔写谐趣。"①陶渊明在《五柳先生传》中自叙云:"先生不知何许人也,亦不详其姓字,宅边有五柳树,因以为号焉。"诗人总有那么一点谐趣,这正体现出其生活里那种飘逸旷达之美。

在陶诗中,有对于田园日常生活的描绘,也有对于人生哲理的诉述。诗并不完全排斥说理,但"议论须带情韵以行"②。陶渊明的哲理诗之所以不同于当时充斥于晋宋诗坛上的玄言诗,其主要原因是情韵化和形象化的说理,不是哲学论文,而是充满理趣的诗歌,一句话,即言理而不违背审美的要求。

试看《拟挽歌辞三首》其一:

> 有生必有死,早终非命促。
> 昨暮同为人,今旦在鬼录。
> 魂气散何之,枯形寄空木。
> 娇儿索父啼,良友抚我哭。
> 得失不复知,是非安能觉。
> 千秋万岁后,谁知荣与辱。
> 但恨在世时,饮酒不得足。

已经日薄西山,生命奄奄一息,诗人快要与人生作最后的诀别。在晋、宋那个神仙方士企求长生不死、佛家轮回之说滋蔓的氛围中,诗人在自己的生活实践中,洞察了人生的真谛,体现了对于生死问题的大彻大悟。生物生生不息,"有生必有死",他对死亡露出了睿智的目光,对着死神欣然唱起了挽歌。诗人的心境仿佛是平静的,表现出一种哲学的宁静美。陶渊明设想自己死后儿啼友哭的情形,只要知道诗人对亲友的一往情深,我们就会感到他对人间的依依留恋。但诗人似乎想着"死去原知万事空",这样在人世间所受到的一切羁绊、得失和荣辱,也就"帝力何有于我哉"!"人生实难,死如之何?"他终于快要在晋、宋那个污浊的世界上得到解脱,对此他或许在心里暗自升起一股庆幸之情。诗人睁开他的眼睛,用最后一缕目光环顾四周,离开这个碌碌凡尘,他

---

① 《陶诗汇评》卷四。
② 沈德潜《说诗晬语》卷下。

似乎没有什么遗恨,只恨没有喝足了酒。然而,这只是诙谐的表面,如果联系那个"猛志逸四海"的少年,"抚剑独行游"的志士,就会感到诗人的遗恨应该是十分沉重的;"人皆尽获宜,拙生失其方",诗人的心境应该是十分悲凉的。现在,他将在南山的旧宅得到了永久的归宿,"死去何所道,托体同山阿"。如果说诗人饱尝了人生的颠沛坎坷,但总算在田园中获得了一点乐趣,体现了"乐天知命",那么,对死的达观,就表现着"委运任化"。诗人把对死亡的看法,饱和着此时此地特定的情感,蕴藏着一生行事酿成的酸甜苦辣的感受,表现出既是对人生哲理的总结,又是自身情怀的抒发,情中包孕着理,理中涵藏着情,情化的理,蕴理的情,情韵带着理趣在诗行中荡漾。由于陶诗中的理是从实际生活中体验得来的,又带着诗人在感悟时一同俱来的情趣,因而就不像玄言诗那样,只是把诗变成老庄思想和佛家教义的传声筒。如孙绰《与庾冰》这样的玄言诗:"浩浩元化,五运迭送。昏明相错,否泰时用。数钟大过,乾象摧拣。惠怀凌构,神銮不控。"简直不能算是诗,徒有诗的外在形式,没有情感和形象,没有诗人的感受,只是在老庄的抽象哲理上挂一堆晦涩、呆滞的字句,味同嚼蜡,不堪卒读。而陶渊明的哲理诗如《形影神》,通过形、影、神三者之间形象化的议论,揭示了朴素的哲理,文字后面有情感,形象化地诉之于人们的感觉。陶渊明的哲理诗在以思想启迪人的同时,总是给人以情感的感染,两者一起作用于我们的理智和情感。由于陶诗富有理趣,就不同于那种"理过其辞,淡乎寡味"的玄言诗给人的感受。刘熙载的一段评论说得好:"陶、谢用理语,各有胜境。钟嵘《诗品》称'孙绰、许询、桓、庾诸公诗,皆平典似道德论',此由乏理趣耳,夫岂尚理之过哉!"①

　　陶诗中处处闪烁着生活情趣和哲学理趣的光芒,使得他一本薄薄的诗集放射出异样的光彩,使人们得到独特的审美享受。陶诗的真趣,是从诗人心灵深处流淌出来的,有着真挚的情感,饱和着对自然与人生之深切感受,有着从哲学高度对人生哲理的思考、探求和发现,有着经过历史和现实的批判总结而形成的理想结晶。诗人把他的意趣溶解

---

① 《艺概·诗概》。

到一行行诗句里,那旋律的起伏就是诗人的心灵在跳荡。由于有着这些具体丰富的内涵,陶渊明的诗歌特别是田园诗的园地里充满了一派生机,它吸引着我们走进去,撷取一颗颗饱含着真趣的、晶莹的果实!

2. 意象浑成与境外传神

苏东坡说:"渊明诗初视若散缓,熟视之有奇趣。"[1]所谓"奇趣",包括诗中流露的真情意趣,还包括艺术上独特的创造所给予我们的审美享受。进一步地探讨陶诗的意境,就要探讨诗人是如何把"真趣"即他创作时拥有的审美感受熔铸进诗境的,也就是要求我们对陶诗意境组成的方式和特点做一些具体的考察。

许学夷曾指出陶诗"遇境成趣,趣境两忘"[2]的特点。表面上看来,陶诗描绘的形象仿佛是随手拈来的平常景物,漫不经心的疏疏几笔,造境是如此的平实,不似前代大诗人屈原的博大华丽,也不似几乎同时代谢灵运的富艳精工,更不似后来李贺的变幻奇艳,但展现出一种独特的境界,自然浑成,生气内充,展示着难以企及的淳朴美。

试看《归园田居五首》其一:

少无适俗韵,性本爱丘山。
误落尘网中,一去三十年。
羁鸟恋旧林,池鱼思故渊。
开荒南野际,守拙归园田。
方宅十余亩,草屋八九间。
榆柳荫后檐,桃李罗堂前。
暧暧远人村,依依墟里烟。
狗吠深巷中,鸡鸣桑树颠。
户庭无尘杂,虚室有余闲。
久在樊笼里,复得返自然。

---

[1] 转引自《冷斋诗话》。
[2] 《诗源辨体》卷六。

吴乔云:"意思犹五谷也,文则炊而为饭,诗则酿而为酒。"①陶诗就是以田园生活原料,酿成了如真醇好酒般令人陶醉的诗篇。全诗意象浑成,开头叙述"性本爱丘山"的情怀,接着描绘一派田舍风光,末尾抒发"复得返自然"的内心喜悦。诗的基调欢愉,色彩明快。黑格尔说:"在艺术里,感性的东西是经过心灵化了,而心灵的东西也借感性化而显现出来。"②陶渊明不是以冷漠的态度去对待所描写的外在世界,而是把外在的事物引到心灵里观照一番,进而把活的心灵灌注到外在现象里去。陶诗中的画面正是心灵化了的田园生活气象,而诗人的意趣也借着诗化的田园图画表现了出来。陶渊明从官场上自觉地退避归来,踏实地走上了躬耕的道路,在田园生活中找到了人生的快乐和心灵的慰安,有着脱出樊笼而返回自然的典型感受,使得他于参加一定的田园劳动实践的同时,能够在"人化的自然"——田园村舍中,自由而细致地欣赏自身劳动创造的成果。这样,田园景物既是与他息息相关,又是他生活情趣中不可或缺的一部分,而田园生活更给予他一种精神上的寄托。因此,在躬耕实践的岁月里,诗人能够体贴入微地领略田园景色本身的诗意和田园的情趣。当诗人染翰作诗时,他把自己于田园生活中获得的心旷神怡的感受和情感,融进了诗中的画面。诗人在这首诗里详细地描写其住宅周围的远近景物,正是从对这些景物的新鲜感受中,透露出那种刚从尘网中脱出而返回到田园这块自由境地时的典型情绪。画面上的一景一物,无不饱含着诗人情感的色泽,客观景物的呈现和主观意趣的表现,在这里达到了水乳交融的浑化境地。"诗的意象有两重功用,一是象征一种感情,一是以本身的美妙打动心灵。"③陶诗的意象,同时作用于我们的情感和心灵的想象力。在我们的眼前仿佛出现了一幅生动的画面:十几亩田地,八九间草庐,前有桃李,后有榆柳,由于在审美移情作用下融进了诗人的情感色彩,画面表现出一片盎然生意。那远处隐隐的一片村落,几点袅袅炊烟,似乎就出现在我们的眼

---

① 《围炉诗话》。
② 黑格尔:《美学》第1卷,商务印书馆1979年版,第49页。
③ 《朱光潜美学文学论文选集》,湖南人民出版社1980年版,第133页。

前,"依依"二字在这里极妙地描绘出炊烟轻柔升起的状态,令人感到生活气氛的安详和宁静。狗在深巷中吠叫,鸡在桑树顶啼鸣,使我们得到了听觉的证实,又仿佛有了形相的直觉。这幅田园画面,简直并非平面而像是立体的,就是真实的生活境界,它用几笔简括地勾勒而呈现出生活的风神。总之,它使我们如此地"想起生活中有兴趣的事物"①,使我们有陡然置身于新的生活境界之感觉,这就不是观看一幅平常的画作所能够获得的感受了。谢灵运的名作《登池上楼》写道:"衾枕昧节候,褰开暂窥临。倾耳聆波澜,举目眺岖嵚。初景革绪风,新阳改故阴。池塘生春草,园柳变鸣禽。"诗里描绘诗人卧病初起看到的春景,从听觉而视觉再到触角,写出了诗人的感触。应该说,这样的描绘是成功的,曾被王夫之评为"心中目中相融浃"②。但是,比起陶诗写田园景色的几句,谢诗似乎总有和我们隔了一层的意味。这里的差别,当然涉及思想境界和生活题材的问题,但还由于陶渊明写的是亲身的生活感受和情趣,而谢灵运虽也写出了一时观赏景物的新鲜感觉,但自然景物毕竟是外在于他平时的日常生活,"初景革绪风"的景物仍与他对峙着,只是他外在观赏游玩的对象,只是在"进德智所拙,退耕力不能"之时追求玄远即所谓"神超理得"的手段,与他本来的实际人生生活了不关涉。"江上往来人,但爱鲈鱼美。君看一叶舟,出入风波里。"③陶谢在这里的差别,好比一是"舟中人",一是"往来人",谢只写出一个"往来人"的感觉,比起陶渊明这个"出入风波里"的人之感受来,就有了质的区别。陶渊明感受得更真切,表现出来当然也显得更浑厚,不是谢灵运在文字雕琢上穷力追新所能企及的。在此,我们还要提到王维,因为陶诗中"暧暧远人村,依依墟里烟"两句,就曾被曹雪芹借黛玉和香菱之口④,拿来和王维的"渡头余落日,墟里上孤烟"两句有趣地比较了一番,认为陶诗更"淡而现成"。事实上,王诗也达到了"诗中有画"的地步,准确地刻画出了客观景物的特征,给予人们一种深刻的客观印象。

---

① 《车尔尼雪夫斯基选集》上卷,三联书店1958年版,第101页。
② 《薑斋诗话》。
③ 范仲淹:《江上渔者》。
④ 见《红楼梦》第四十八回。

陶诗虽也写景状物，但突出地表现了人的主观感受。这里，村景暧暧、墟烟依依的景象，正表现出诗人对中古时代田园生活的情感态度，内中蕴含着对乡村田园的倾心热爱与深深依恋之情。诗人借田园风光表现出自己旷远冲淡的胸襟气韵，以情感为中介组接画面形象的推移，刺激读者的想象活动，使人们进入到诗的境界中去观赏领略。

"诗之中须有人在。"①陶渊明笔下出现的景物形象，已非纯粹的客观物象，其中已融入了主观的感受和情思。朱光潜论陶渊明时说："他把自己的胸襟气韵贯注于外物，使外物的生命更活跃，情趣更丰富；同时也吸收外物的生命与情趣来扩大自己的胸襟气韵……无论是微云孤岛，时雨景风，或是南阜斜川，新苗秋菊，都到手成文，融目成趣。"②由情景交融达到物我同一的浑化境界，是陶诗意境创造的一个显著特点。

陶诗意境还表现出强烈的诗意之憧憬，富有浓厚的理想化色彩。陶诗中的生活画面按照诗人表意的需要而被摄取进来，一方面其中的景物仍保持着原来的形态，另一方面则又失去了各自在生活中的本来面貌，成为构成某一生活境界的因素。歌德说，艺术家"拿一种第二自然奉还给自然，一种感觉过的，思考过的，按人的方式使其达到完美的自然"③。陶渊明的诗歌特别是田园诗，往往借田园生活之景，表现心中的理想之境，充满了诗人的美学评价，描绘出一种"应当如此的生活"④，富有强大的艺术魅力。

陶渊明躬耕于庐山脚下，但他没有停息过对现实的思考和批判。或者是现实的某种境界与他的心灵相契合，或者是现实的丑恶更刺激起他对美的渴望和展开美丽的憧憬，总之，理想的火花时时在他心中迸发，自由生活的希望不断地在他胸中回荡。在陶诗中，可以处处感到诗人对人生的可贵探索和锲而不舍的追求。诗人常把对古代理想社会情景的追慕表现于诗中。例如在《癸卯岁始春怀古田舍》中，在去耕作的路上，"启涂情已缅"地迁想妙得起来。他看到"鸟哢欢新节，泠风送余

---

① 吴乔语，转引自赵执信《谈龙录》。
② 《诗论》第十三章。
③ 转引自朱光潜：《西方美学史》下册，人民文学出版社1964年版，第426页。
④ 《车尔尼雪夫斯基选集》上卷，三联书店1958年版，第6页。

善"的美好田园景象,想起先贤荷蓧丈人,流露出渴望自由幸福人生的初衷。"邻曲时时来,抗言谈在昔。奇文共欣赏,疑义相与析"(《移居二首》之一),"亲戚共一处,子孙还相保。觞弦肆朝日,樽中酒不燥。缓带尽欢娱,起晚眠常早"(《杂诗八首》之四),对这种带有理想化色彩的生活表示一再地肯定。不只有对过去时代的美好回忆,也有对现实田园生活的赞语,而且诗人还有对理想社会的描绘,把人们带到了一个神奇的世界。桃花源的图景,是陶渊明田园日常生活理想之升华,是在更高形态上表现出来的意与境的交融。在陶渊明的田园诗作里,一面是对现实存在事物的描绘,一面乃是包孕着理想化的色彩;或者换句话说,诗人将事物呈现在人们面前时,不仅描绘出事物之实际的轮廓,而且在那些事物的四周投下灿烂的光晕。陶渊明那人生真趣的核心就带着理想的光辉,正是这理想之光照亮了日常生活事件,使得那些只是日常生活描绘的诗篇,也有着巨大的内在深度。这样,陶诗意境交融中的"意"就不简单等同于一般情景交融中的"情"。那样的"情",只是喜怒哀乐的情绪,而生活中虽有各种各样的歌哭,但不是都一样地有深刻的内涵,正像婴儿呱呱坠地的啼哭不等同于"丈夫有泪不轻弹,只因未到伤心处"的流涕。陶诗中的"意",有着对生活的愉悦和忧嗟之情,情里又带着理的规范。这里的"理",体现了对社会发展规律的摸索和某种认识,具体表现为一种美学理想,饱含、凝聚在诗人的情感里,在诗之字里行间流露出饱满的真趣。陶诗的意境是把诗人生活的物境和心境融化在一起,使我们透过诗的意象能看到诗人的心境。由于它带有理想化的色彩,不仅使我们想起了生活,而且那种"应该如此的生活"的描绘更把我们带进了引人入胜的境地。

"艺术意境不是一个单层的平面的自然的再现,而是一个境界层深的创构。"①陶诗的意境就是在景、事、情、理的统一中构成了多层次的艺术整体,给予我们以丰富而深刻的审美感受。

《饮酒二十首》其五:

结庐在人境,而无车马喧。

---

① 宗白华:《美学散步》,上海人民出版社1981年版,第63页。

> 问君何能尔？心远地自偏。
> 采菊东篱下，悠然见南山。
> 山气日夕佳，飞鸟相与还。
> 此中有真意，欲辨已忘言。

采菊的事，"悠然"的情，南山和飞鸟，还有对"心远地自偏"和"真意"的哲理悟叹，概括起来说，就是外在的事与景、内在的情与理之和谐统一，构成了一个令人陶醉的境界。本来，在人世间的环境中结庐，应该是比较嘈杂的，诗人却说仿佛没有车马的喧闹，这确实是个矛盾，但它于"心远"与"地偏"这一组关系中获得了和谐的解决。诗一开头就抓住"心"与"境"的矛盾统一关系，让这一旋律在诗的形象画面中流转。"起四句言地非偏僻，而吾言心远，则地随之。境既闲寂，景物复佳。然非心远，则不能领其真味……"①"心远"，在内涵里意味着远离人间事即当时污浊的社会尘世，情感上表现出旷真闲逸的生活情调，因而能自由地观察自然景物。山川草木，日月星辰，自然界充满生机的万物，其本身仿佛就带有某种性格和情感，"春山淡冶而如笑，夏山苍翠而如滴，秋山明净而如妆，冬山惨淡而如睡"②，何况面对着南山和十分富于生趣的飞鸟呢？诗人把对自然景色的观赏体验，与领悟到的社会人生之"真意"联系在一起，情、景、理在这里表现出了高度的统一。论诗讲求神韵的王士禛评赏此诗曰："忽悠然而见南山，日夕而见山气之佳，以悦鸟性，与之往还，山花人鸟，偶然相对，一片化机，天真自具，既无名象，不落言诠，其谁辨之？"③说"一片化机，天真自具"，这是不错的，但说"其谁辨之"，则又不尽然，实际上还是可以做些具体分析的。如前所述，诗的前四句点出了"心"和"地"（境）之关系，后六句即心远地偏之实事。"悠然"表现出诗人心情的闲适旷远，他在东篱下悠悠然采菊，又悠悠然见山，与南山之景相遇而产生一种情趣，这是触景生情，情随境生。而这种意趣又是存乎诗人心里，苏东坡称之为"意与境会"，

---

① 方东树：《昭昧詹言》卷四。
② 郭熙：《林泉高致》，转引自《中国美学史资料选编》下册，中华书局1982年版，第13页。
③ 《古学千金谱》。

此时的景物如导体般地传达出了诗人的心境。"写气图貌,既随物以宛转;属彩附声,亦与心而徘徊"①,移之以说明诗人此刻的处境是恰当的。当看到日夕归鸟的一刹那,诗人的主观情趣与客观物象互相契合,有点庄子那种"鱼相忘于江湖"的哲理情趣。他仿佛悟出了人生的真谛,若要问这真意是什么,诗人只飘飘然地丢下一句"欲辨已忘言",什么都没有说出来。显然,在采菊见山的动作神态后面,在这"得意忘言"的境界之中,诗里有更多的没有说出来之情味。哲理在这里化成理趣,包孕在形象里,熔铸进情感中,通过描述飞鸟的向夕来归和采菊东篱之闲静情态,向我们展示了宁静的哲学境界。不过,它又不同于刘长卿"溪花与禅意,相对亦忘言"②那种入禅的色彩。陶渊明的"真意"就是对像飞鸟一样不受羁绊的自由人生的肯定和赞赏。如果联系诗人在归田前感叹的"望云惭高鸟,临水愧游鱼",在归田时高唱的"久在樊笼里,复得还自然",那么,诗人的"真意"是清楚明白的。面对日夕归鸟的刹那间感受,正有"一形似有制","园田日梦想,安得久离析"(《乙巳岁三月为建威参军使都经钱溪》)这样长期的痛苦感受为深刻的背景。采菊人此刻的心情是恬淡的、愉悦的,也许已忘去了出仕时被束缚于牢笼的感觉,但正基于有着这样的历史纵深,使得诗人此刻的感受分外强烈,体现出其对于人生哲理的领悟。当然,这种领悟不是佛家所谓的"顿悟",而是诗人在生活实践中逐步形成的对人生的认识,此刻在与南山日夕飞鸟的相遇和物我回流中,激发了诗人的理趣,又让这哲学之宁静光辉在景的描述与情的抒发中闪耀出来。"中国人不是像浮士德'追求'着'无限',乃是在一丘一壑、一花一鸟中发现了无限,表现了无限,所以他的态度是悠然意远而又怡然自足的。他是超脱的,但又不是出世的。"③陶渊明就是这样一位以儒家精神和道家精神互补的中国诗人,他的诗写出了有限的景物,也表现出无限的心灵,呈现出景、情、理之和谐统一。

---

① 刘勰:《文心雕龙·物色》。
② 《寻南溪常山道人隐居》。
③ 宗白华:《美学散步》,上海人民出版社1981年版,第125页。

陶诗的意境还表现为形似与神似之高度统一。陶诗中的意象不是表现为一幅画面的精雕细刻,但仍然给人以境界上的整体感和立体感。清人洪昇讲求画龙要连首尾鳞爪都不能忽略的完整,王士禛则信奉把最精粹部分画出来即可的神韵,而赵执信认为:"神龙者屈伸变化,固无定体,恍惚望见者,第指其一鳞一爪,而龙之首尾完好,故宛然在也。"①他强调要通过所画的一鳞一爪而看出龙的全身存在。陶诗就是赵执信画龙法的具体范例。由于诗人胸中有整个生活境界的充实感受,所以能够突破外在形象的局限,不着重于外形摹写或场面的铺张描摹,而是概括提炼形象,使之能够高度地反映生活。虽然他呈露的是一点,但留下的是无限,这种写意画式的诗一经作用于想象,就会刺激人们把画面扩充成一个奇妙的生活境界,既表现出画面的完整性,又会在神似中传达出飘逸的神韵。

试看《归园田居五首》其三:

　　种豆南山下,草盛豆苗稀。
　　晨兴理荒秽,带月荷锄归。
　　道狭草木长,夕露沾我衣。
　　衣沾不足惜,但使愿无违。

前人评此诗云:"'晨兴'四句,风度依依。"②"'带月'句,真而警,可谓诗中有画。"③有位画家据此诗为题作了一幅国画,把陶渊明画成瘦骨嶙峋、赤足荷锄的老农,恐怕与诗意不尽相符。其实,即使再能传神写照的画家来画,也要失掉诗中的一些东西。"一幅诗的图画并不一定就可以转化为一幅物质的图画。"④"意态由来画不成,当时枉杀毛延寿"⑤,王荆公此论不诬。"带月荷锄归",传神之处在于写出了动态美的意象,而意象是难以画出来的,这就正像顾恺之慨叹的:"手挥五弦

---

① 《谈龙录》。
② 陈祚明:《采菽堂古诗选》卷十三。
③ 《陶诗汇评》卷二。
④ 莱辛:《拉奥孔》,人民文学出版社1979年版,第79页。
⑤ 《明妃曲》。

易,目送归鸿难。"①"目送归鸿",不同于目睹飞鸿一刹那的凝固形象,之中还有人物的神态在。"带月荷锄归"的动态描绘,使形象凸显在我们面前,又表现出一种流动感,有如中国诗论家讲的"状飞动之趣"②,达到造化入神的高度神似,由此使我们在有限的画面上看到更多的内容,引起丰富的联想,产生另一重境界。当然,读者想象中的另一重境界还是从"带月荷锄归"的具体意象生发开去的,在诗人所写出的一鳞半爪中,人们看到了传神的真龙姿态。"草盛豆苗稀"的轮廓式背景,"带月荷锄归"的特征性动作,草叶露水打湿衣裳而心安理得的心理细节,传神地写出了诗人自甘辛劳、坚持躬耕田园的贞刚气质,在以形写神、形神统一中反映出诗人的生活风神。淡淡几笔传神写照,触发读者在想象中完成画面的和谐与完整,这种"象外之象"和"韵外之致"③,使陶诗传送出隽永深长的韵味。

陶诗意境表现出物、我之同一,理想化的诗意憧憬,情、事、景、理之交融,形似与神似的统一,总之,它高度体现了中国古典诗歌意境"形、神、情、理的统一"④这个基本特点。陶诗在渗透着诗人情感色彩的景物和他所力图抒发的情绪两者之统一中,饱含着发人深思的意蕴。诗人把对生活的真情实感与深入思考,包孕在神似的形象中,生活的韵味通过神似之形象处处流露出来,使我们在阅读和欣赏时渐入佳境,味之无穷。

3. 适性抒怀与缘意写景

陶诗之境界,表现出情与景会、物我相融和意境浑成的特点。由于陶诗有着多种多样的侧面,所以其意境就呈现出各自不同的构造形式及具体表现。譬如说,就抒情而言,诗人的咏怀诗有其特点;就写景而言,诗人也有其独到之处。对此,我们还要做一些具体的考察。

陶渊明的咏怀诗是他现实人生态度的诗之表白,也是他复杂的内

---

① 刘义庆:《世说新语·巧艺》。
② 皎然语,转引自遍照金刚《文镜秘府论》。
③ 分别见司空图《与极浦书》《与李生论诗书》。
④ 李泽厚:《美学论集》,上海文艺出版社1980年版,第336页。

心精神世界的外射和流露。"诗人力图通过外界事物描绘（也就是客观化）自己精神的真实状态。"①这是因为，"情感必须客观化、对象化，必须有形式，必须以形象化的情感才能感染人们。从而，形象经常成了情感的支配、选择的形式"②。陶渊明的咏怀诗，正表现出用高度概括的形象化方式，寄托和抒发自己的情怀，特别是塑造出鲜明的人物形象，让情感客观化。诗人有时直接写自己，有时刻画出其他的人物形象，而这些形象的各别风貌，从不同的侧面反映、展示出诗人形象的某一方面，或者说，这些形象的统一和综合，就组成了完整的抒情主人公的自我形象，表现出诗人的全部性情。

我们来看诗人描绘了哪些形象来抒情咏怀，又是通过何种方式塑造出这些形象来的。

首先，从言语和动作上描写出人物的神态状貌，是陶渊明塑造人物形象的一个基本特点。《饮酒二十首》组诗第九首，"清晨闻叩门"，是"田父有好怀"而来，"壶浆远见侯，疑我与时乖"，接着是田父和诗人的一段对话："褴褛茅檐下，未足为高栖；一世皆尚同，愿君汩其泥"，这是田父的劝告；"深感父老言，禀气寡所谐。纡辔诚可学，违己讵非迷……"这是诗人的回答。诗中，田父劝说诗人的"好怀"似乎是如闻如见，一片心肠，语气诚挚，正反衬出诗人"富贵不能淫"的高尚品德和贞刚不屈的性格。诗人的形象，既是"且共欢此饮"，使人感到可亲，又是"吾驾不可回"，固穷的意志是那么地坚定，令人可敬，那毫不退让的语气，就被沈德潜叹为"说得斩绝"③。这很容易使我们想起"虽与日月争光可也"的屈原形象。

潜心于自身心底波澜的细心体察，写出人物心绪的细微变化，以内在心灵的感受为根据，通过一系列细节描绘表达出外在形象，这是陶渊明塑造人物形象的又一特点。《拟古九首》其六："装束既有日，已与家人辞。行行停出门，还坐更自思。不怨道里长，但畏人我欺。万一不合

---

① 《别林斯基论文学》，新文艺出版社1958年版，第134页。
② 李泽厚：《美学论集》，上海文艺出版社1980年版，第566页。
③ 《古诗源》卷九。

意,永为世笑嗤。"欲行又止,欲去还休,波澜起伏,心绪万端,从内在心灵矛盾的呈现中,表现出诗人踌躇不安、徘徊无定的形象,折光地反映出诗人在社会人事中深感到处世未易的痛苦,其形象深处有着深刻的人生内涵。确如黄文焕所评:"语默错综,苦心何尽。"①再看《乞食》诗:"饥来驱我去,不知竟何之!行行至斯里,叩门拙言辞",准确地展示了乞食者既为饥饿所驱不得不敲门求食,又感到羞愧难为情而无话可说的心理。这也可以说是诗中"最富于孕育性的那一顷刻"②。这一个细节刻画,包含了许许多多说不出的言语,把一个乞食者的形象刻画得活灵活现,无怪乎康发祥赞曰:"余爱其'行行至斯里,叩门拙言辞'二句,觉尔时之光景可想。"③诗中结尾四句:"感子漂母意,愧我非韩才;衔戢如何谢,冥报以相贻",也很能体贴入微地表现出乞食者受恩后欲报不能又托说死后相报那样一种"中心藏之,何日忘之"的复杂心理状态。

又如《杂诗八首》其二:

> 白日沦西阿,素月出东岭。
> 遥遥万里辉,荡荡空中影。
> 风来入房户,夜中枕席冷;
> 气变悟时易,不眠知夕永。
> 欲言无余和,挥杯劝孤影。
> 日月掷人去,有志不获骋;
> 念此怀悲凄,终晓不能静。

这里描绘出一位失意志士孤寂地对着清风明月,深感光阴虚掷而极度矛盾不安。诗中没有大幅度的动作,只写出随着日落西山、月出东岭的时景变化推移,诗中主人公躺在床上辗侧无眠,只好借酒独自消闷而一夜激动不能自已的情形。从其对一夜时光消逝的悟叹,概括地传达出"日月掷人去"、素志不能实现的情绪感受。通过"夜中枕席冷"、"不眠

---

① 《陶诗析义》卷四。
② 莱辛:《拉奥孔》,人民文学出版社 1979 年版,第 83 页。
③ 《伯山诗话·话古》。

知夕永"这些典型细节,勾勒出诗人孤寂无端、百无聊赖的形象。诗人在其他的诗中还有"流泪抱中叹,倾耳听司晨"(《述酒》),"披褐守长夜,晨鸡不肯鸣"(《饮酒》二十首),这些诗句比起鲍照"长叹至于晓,愁苦穷日夕"①、"念此忧如何,夜长愁更多"②那样只是写"叹""愁""忧",要形象得多,也具体得多。陶渊明在那中古时代的漫漫长夜里,度过了一个个不眠之夜,诗中写出有志之士不屈服于恶劣的社会环境,但又对其无可奈何之情状,"挥杯劝孤影"一句就透出了此中消息。这正是在黑暗的封建时代正义之士郁郁不得志的典型情绪和感受。因此,就不光是诗人自身形象的再现,而是具有广泛的典型意义。

诗人还借助于刻画其他的各种人物形象,以寄托自己的情怀。他瞩目于古代的贫士,"何以慰吾怀,赖古多此贤",其实在《咏贫士七首》诗中的那些贫士形象身上,都隐约可以见出诗人的影子。"诗以言志,君子固穷,七篇皆自道也。"③陶渊明正是在借着古人的形象以自道其胸臆:"仲蔚爱穷居,绕宅生蒿蓬。翳然绝交游,赋诗颇能工。"这简直就是咏唱着诗人自我。"草庐寄穷巷,甘以辞华轩"(《戊申岁六月中遇火》),诗人爱的也是穷居;《归去来兮辞》里唱出"归去来兮,请息交以绝游。世与我而相违,复驾言兮焉求",也正是"翳然绝交游";诗人之诗集长留天地间,赋诗之工当然不成问题。引仲蔚为同调,发思古之幽情,这正是愤世嫉俗地对抗着当时的现实。刻画出古代贫士的形象,诗人也就把他的面貌昭示了给我们;我们看到这些贫士形象,就仿佛认出了陶渊明这位诗人!

此外,诗人还刻画了田畴、荆轲等人物形象,以寄托他对现实政治的感慨。特别地,诗人还有《读〈山海经〉》组诗,写了不少神话中的形象。正像前人所指出的那样,《读〈山海经〉》诗"借神仙荒怪之论,以发其悲愤不平之慨"④,"言在八荒之表,而情甚切"⑤,这是陶渊明咏怀诗

---

① 《代贫贱苦寒行》。
② 《拟古》。
③ 何焯:《义门读书记》。
④ 《陶诗汇评》卷四。
⑤ 《艺概·诗概》。

的一种特殊表现形式。

别林斯基指出:"纯抒情作品看来仿佛是一幅画,但主要之点实则不在画,而在于那幅画在我们心中所引起的感情。"①在陶渊明的咏怀诗中,诗人用各种手法刻画出人物形象以抒发情怀,感染着读者的心灵。这里,形象与情感的水乳交融,情意的抒发同形象的塑造是相统一的,体现出"造意之妙与造物相表里"的特点。

中国古代诗评家谢榛说:"作诗本乎情景,孤不自成,两不相背。……景乃诗之媒,情乃诗之胚。合而为诗。"②王夫之说:"夫景以情合,情以景生,初不相离,唯意所适。截分两橛,则情不足兴,而景非其景。"③陶诗中之景与情本来就是分不开的,它们合而组成浑化的意境。不过,我们也可以从写景这个角度做一些单方面的分析,来探讨一下诗人描绘景物的特色。有独创性的诗人在其诗中往往有独特的"意象群",这可以从诗人对自然景物的选取上明显地看出来,而在表现出这个为其所特有的"意象群"之同时,诗人在写景艺术上的特色也就随之而展示出来。

波德莱尔说过:"你聚精会神地观赏外物,便浑忘自己存在,不久你就和外物混成一体了……你看到在蔚蓝天空中回旋的飞鸟,你觉得它表现'超凡脱俗'一个终古不磨的希望,你自己也就变成一个飞鸟了。"④而在陶渊明的生活境界里,就有这样一只轻盈的"飞鸟"。"望云惭高鸟,临水羡游鱼",诗人生活在争权逐利的官场中不称意,羡慕、欣赏起广阔天空里的飞鸟。《世说新语》中载有这么一则故事:"(晋)简文入华林园,顾谓左右曰:'会心处不必在远,翳然林水,便自有濠濮间想也。不觉鸟兽禽鱼自来亲人。"⑤可是简文帝毕竟只能欣赏华林园中那些蹦蹦跳跳的鸟,而我们的诗人则是把目光射向鸟所飞向的地方:"翼翼归鸟,载翔载飞……遇云颉颃,相鸣而归。"(《归鸟》)"翩翩飞

---

① 《别林斯基论文学》,新文艺出版社1958年版,第175页。
② 《四溟诗话》。
③ 《薑斋诗话》。
④ 转引自《朱光潜美学文学论文选集》,湖南人民出版社1980年版,第79—80页。
⑤ 刘义庆:《世说新语·言语》。

鸟,息我庭柯,敛翮闲止,好声相和。"(《停云》)飘来一片洁白的云朵,鸟儿安闲地舒展开双翅在那里徜徉盘旋,多么自由和优美的境界,这正是诗人心境的外射,在他的凝神观照中,由物我两忘达到物我同一,陶渊明的情趣与飞鸟的姿态往复回流,相映成趣。这就是美学上所说的"移情作用"了。值得注意的是,随着诗人生活境界的变迁,这外在的物象也被涂抹上了各种不同的情感色彩。当诗人仕途昼夜劳累之时,"宏罗制而鸟惊",是时时刻刻"恋旧林"的羁鸟;当诗人毅然归田之时,"鸟倦飞而知还","矰缴奚施,已倦安劳",表现出暗自的庆幸;"众鸟欣有托,吾亦爱吾庐","山气日夕佳,飞鸟相与还",那自由自在的飞鸟披露了归田后诗人的欣喜心境;"栖栖失群鸟,日暮犹独飞。徘徊无定止,夜夜声转悲",又象征着诗人晚年的寂寞和凄凉。羁鸟、归鸟、飞鸟和失群鸟,不同的生活境界,抒情主人公不同的心境,在对象化了的鸟儿身上得到了情绪的外射。鸟是渊明?渊明是鸟?说不清也无须说清。我们的诗人总归是一只鸟,自由自在地飞翔是他的本性,辽阔的庐山白云是他的伙伴,而柴桑居地的庭柯则是他的归宿!

"因值孤生松,敛翮遥来归!"(《饮酒二十首》之四)是的,如果我们注目一下,就会发现这只优美的飞鸟恰恰栖息在崇高壮美的松树上。这正形象地显露出诗人的审美意识。"青松在东园,众草没其姿。凝霜殄异类,卓然见高枝"(《饮酒二十首》之八),松树的形象正体现诗人的贞刚美。"冬岭孤松秀","抚孤松而盘桓","连林人不觉,独树众乃奇",这正是一个高大的孤独者之形象!

我们的诗人陶渊明崇敬地向松礼拜,又深深地对菊折腰:"芳菊开林耀,青松冠岩列;怀此贞秀姿,卓为霜下杰。"(《和郭主簿二首》之二)松树的风格是那么地崇高,菊花的品格是那么地贞秀,我们宁可说,菊花更是渊明人格的化身,也是陶诗中最富于个性的意象;只要一提到菊花,人们就会想起陶渊明。有人说他"采菊东篱下",也是用菊下酒来服食延年,其实这只是表明菊花与诗人的生活之联系,更主要的是,诗人由衷地爱着菊的高洁!

如果说飞鸟、青松、菊花这些意象是诗人人格化的景物形象,是诗人人格之象征,那么,"云"就是诗人独特意象群中的另一种形象,并且采用比兴的手法。"霭霭停云,濛濛时雨。八表同昏,平路伊阻。静寄东轩,春醪独抚。良朋悠邈,搔首延伫。"(《停云》)陶渊明用景物营造出一种氛围,增强了诗情的浓度,我们仿佛看到了诗人悠然地举起手中的酒杯向着远方眺望的神态。在《咏贫士七首》其一中,"万族各有托,孤云独无依"中的"孤云"又是比况诗人晚年的生活境遇了。

黄文焕评《酬丁柴桑》里"放欢一遇"的诗句说:"'放'字'遇'字,奇甚,意有拘束,则我景中之情不能往而迎物,情中之景不能来而接我,放之而可以相遇矣。此既往迎,彼亦来接,适相凑合,遇之妙也。"①其实,这就是《文心雕龙》里讲的"情往似赠,兴来如答"。陶渊明或是以意取景,注情入景,写出人格化的景物,或是情因景生,借写景以抒发怀抱,或是象征,或是比兴,但都像王国维所指出的那样:"一切景语,皆情语也。"②诗中作为艺术形象出现的鸟、松、菊、云等意象,已不再是纯客观的自然景物了,而是饱含着诗人的情感,组成了情景交融的境界。当然,由于情景结合之方式不同,也就表现出各自的特点。诗人有时侧重于"景中情",主要是通过自然形象所构成的画面来形成意境;有时侧重于通过抒情线索和情感的形象化来构成意境,这就是"情中景"。但总的说来,情与景的统一,使陶诗意境呈现出自然浑成的美学风貌。

在这里,我们要再一次提到谢灵运。谢诗中"白云抱幽石,绿筿媚清涟"③那样还算比较成功的写景,之所以比不上陶诗的"采菊东篱下,悠然见南山",是因为虽然两者都同样通过了诗人的美学评价,但谢灵运主要是客观地再现外在的景物,只是给我们一些景物的感觉印象,正像普列汉诺夫所指出的那样,"把自己的注意力限制在感觉的范围内的艺术家,对待思想感情就会冷漠。他可以描绘出美好的风景……但是,风景还不是全部绘画"④;而陶渊明则是抒发自己的情怀和对外在景物的感受中表现出景物,他不但描绘出了景物的形象,而且倾注了审美的感受和情感,是一种"第二自然"和"心灵化"的图画,因而深深地

---

① 《陶诗析义》卷一。
② 《人间词话》。
③ 《过始宁墅》。
④ 转引自谢皮洛娃《文艺学概论》,人民文学出版社1958年版,第167页。

感染了我们的心灵。

4. 简语写深思

前人每每称赞陶渊明写诗"未尝较声律,雕句文,但信手写出,便是宇宙间第一等好诗"①,"不待安排,胸中自然流出"②。说"未尝较声律,雕句文",很对;说"胸中自然流出",也抓住了陶诗的特色,但说"信手写出"、"不待安排",似乎诗人未尝经意于诗,就像有些人理解他读书"不求甚解"那样(其实是求解的),这恐怕就有点皮相了。仔细揣摩、体会陶诗,就会明白诗人的"意匠惨淡经营中"不仅表现在意境的艺术构思上,而且也表现在意境的外在表达上。可以说,陶渊明在语言的运用上也到了杜甫那种"语不惊人死不休"的境地,只是他大匠运斤,使人感到无斧凿之痕罢了。

在谈到诗的语言表达时,别林斯基这样说过,"每个字都应该求其尽力发掘为整个作品思想所需要的全部意义,以致在同一语言中没有任何其他的字可以代替它"③。王国维也提出过着一字而"境界全出"的要求④。陶诗中到处呈现出这种着一字而境界全出的情形。他善于把不易表达的意思浓缩在一两个字中,把不易表达的情思通过锤炼而表达出来。前人评陶诗:"其语言之妙,往往累言说不出处,数字回翔略尽。"⑤"有风自南,翼彼新苗"(《时运》),"翼"字把嫩苗状写得摇曳生姿;"平畴交远风,良苗亦怀新"(《癸卯岁始春怀古田舍》),被赞为"非古之耦耕植杖者不能道"⑥,其"交"字又被叹为"可知而不可注"⑦,可想象、可意会而不可言传。历来称道的"状难写之景如在目前,含不尽之意见于言外"⑧,移之赠陶公,可以当之无愧。"蔼蔼堂前

---

① 唐顺之:《荆川先生文集》卷七。
② 朱熹语,转引自陶澍:《靖节先生集·诸本评陶汇集》。
③ 《别林斯基论文学》,新文艺出版社1958年版,第228页。
④ 见《人间词话》。
⑤ 《古诗归》。
⑥ 《东坡题跋》。
⑦ 《古诗归》。
⑧ 梅尧臣语,欧阳修《六一诗话》引。

林,中夏贮清荫"(《和郭主簿二首》之一),"贮"字写出炎夏季节树荫下的清凉可掬,不但传神,而且仿佛还给人以清幽的感觉。"通子垂九龄,但觅梨与栗"(《责子》),"觅"字写出了"不好纸笔"、贪图玩耍的娇儿形象。"昔闻长者言,掩耳每不喜。奈何五十年,忽已亲此事"(《杂诗八首》之六),"掩"字传神地写出往时的情状。"行行至斯里,叩门拙言辞"(《乞食》),"拙"字以白描取胜,画龙点睛,把乞食者嗫嚅的形象描摹得惟妙惟肖极了。

刘禹锡说:"诗者其文章之蕴邪? ……境生于象外,故精而寡和。"①陶诗语言正有着这样丰富的蕴藏。诗人善于结合自己独特的感受,抓住事物富有特征性的细节,用以少胜多的艺术概括,舍去许多具体的描绘作空白,表现出"韵外之致"的含蕴余味来。在这里,我们可以看到白描、炼字与传神、韵味之间的相互关系。千古名句"悠然见南山"中的"见"字,在文坛上曾引起一番争论。有的论者以为如果作"望南山"的话,"则此一篇神气都索然矣"②。有的以为,如果"见"作"望"字,"则并其全篇佳意败之"③。有的更具体地分析说:"'采菊东篱下,悠然望南山',则既采菊又望山,意尽于此,无余蕴矣,非渊明意也。'采菊东篱下,悠然见南山',则本自采菊,无意望山,适举首而见之,故悠然忘情,趣闲而累远……"④可知传神写照,正在"见"字。"见"字之所以比"望"字好,是因为它准确地传达出了采菊人此时俯仰自得的情貌,初不用意,猛然见山,是心理上偶尔发现的喜悦。如果改用"望"字,那神态就呆滞得多,而画面也趋于静止了。"见"、"望"之分,使人联想到莱辛的名言。他曾比较写静态的画与写动态的诗二者之间的区别,认为诗人要写的"不是静穆而是静穆的反面"。其原因何在呢?他有透辟的说明:"因为他们所描绘的是动作而不是物体……"⑤"见"比"望"好,就在于能使意境有飞动之趣。白居易《效渊明诗》:"时倾一尊

---

① 转引自《中国历代文论选》第二册,上海古籍出版社 1980 年版,第 90 页。
② 《东坡题跋》。
③ 《蔡宽夫诗话》。
④ 晁补之:《鸡肋集》卷三十三。
⑤ 莱辛:《拉奥孔》,人民文学出版社 1979 年版,第 204 页。

酒,坐望东南山"①,似乎"望"得生气索然,不如韦应物"采菊露未晞,举头见秋山"②,"见"出了一片生意。

《归园田居五首》其三有"带月荷锄归"之语,别有版本作"戴月荷锄归",只是披星戴月的客观景象,没有情感意趣的贯注。"带月"则人(我)和月紧紧联系在一起,画面上人的形象和月景融成一片,以人之情趣笼罩整个诗境。那位传说是入江捉月而死的"天上谪仙人"李白,也多次写到月:"山月随人归"③,"月行却与人相随"④。陶、李两位大诗人与月都有情意,但"随"字写月随人行,月比人主动,见不出人之意气,或许还有点"心悦君兮君不知";"带"字则写人带月行,人的一片情意溢出,主观色彩浓郁得多。当然,这里的问题不在于像"僧推月下门"与"僧敲月下门"的"推敲"那样,分出"带"与"随"的高低,而是要看到,由于陶渊明白天里"锄禾日当午",与太阳相对,晚间"带月荷锄归",与月亮为伴,在人生实际生活与月亮的这一层关系中,陶渊明比李白似乎更要显得紧密一些。在夕露沾衣的夜晚,月亮是陶渊明农田躬耕的见证人和知己,月亮知其辛劳,他也有情于月之照明和陪伴,不知不觉地把月带回了村舍。在李白那里,虽不是"我歌影零乱,我舞月徘徊",怕也还是酒酣耳热之际对月亮的玩赏而已。(当然,在"我寄愁心与明月,随风直到夜郎西"⑤,"月出峨眉照沧海,与人万里长相随"⑥,"月随碧山转"⑦等诗句中,"随"字又是另一番情意了。)

事实上,我们的诗人以"带月荷锄归"这样一类高度凝练概括、画龙点睛的诗句,点活了诗歌的全篇,展示出深厚浑成的意境,也给我们带来了诗人躬耕田园的生动形象。而且,如果从更为广泛的意义上来看这一点的话,那么,我们就可以这么说,陶诗精练、简洁和富于表现力的语言外在形式,为诗作增添了丰富的诗意,给诗的美学境界带来了无

---

① 《效渊明诗》。
② 《答长安丞裴说》。
③ 《下终南山》。
④ 《把酒问月》。
⑤ 《闻王昌龄左迁龙标遥有此寄》。
⑥ 《峨眉山月歌》。
⑦ 《月夜江行》。

限的生机。

三、陶渊明诗歌的美学风格

当我们沉浸于陶渊明诗歌意境中流连忘返的时候,如果瞩目其时的晋、宋诗坛,就不由得想起诗人《咏贫士七首》中这样的四句诗:

> 万族各有托,孤云独无依。
> 暧暧空中灭,何时见余辉?

陶渊明不但说出了他身处当世的寂寞,而且仿佛说着了自己诗歌的命运。他的歌唱在那个时代里是没有知音的。颜延之评曰"文取指达"①,是好友而不是诗友;沈约把他送进《宋书·隐逸传》,是慕他的为人而不是赏他的诗。渐渐地才有鲍照的《学陶彭泽体》,江淹的《拟陶征君田居》,昭明太子为其编集作序,简文皇帝将之置案讽咏。虽是"寂寞身后事",但随着时代的推移,陶诗越来越放射出它内在的光辉。人们的审美观念、审美趣味在随着时代而变化和进步。那种虽讲求"池塘生春草"的自然可爱,但仍向往于错彩镂金式美的六朝风尚快成了历史的陈迹。陶诗的"庐山真面目"越来越为人们所揭示和认识。千百年来,论者对陶诗进行了多方面的研究,包括对其诗歌风格方面的辛勤探索,做出了种种评论和阐释,仁者智者之见,从而众说纷纭。清人温汝能总结道:"诗品至陶尚矣,评诗至陶亦难矣。"②陈祚明则感叹陶诗中"多灵境"③。陶诗中的"灵境"即高妙之意境是存在的,要一句话讲清楚其风格特点也确非易事。不过,只要我们吸收前人有益的见解,同时结合陶诗实际做些深入的探讨,陶诗美学风格的特征是可以被逐步掌握的。

1. 田园咏唱与悲慨怨歌

要讨论诗歌风格,首先就要涉及题材问题,因为"我们说到风格总

---

① 《陶征士诔》。
② 《陶诗汇评·自序》。
③ 《采菽堂古诗选》卷十三。

是意味着通过特有标志,在外部表现中显示自身的内在特性","它是面貌的生动表现,活的姿态的表现,它是由含着无穷意蕴的内在灵魂产生出来的"①。如果我们抓着陶诗题材内容去叩问其风格的来由,诗人就会含笑摘下他的漉酒头巾,把真面目向我们慢慢显露出来。

历来人们把陶渊明和谢灵运并称。杜甫诗云:"焉得思如陶谢手。"②陆游诗云:"陶谢文章造化侔。"③其实,陶渊明与谢灵运本不应当并称,他们的诗风是两样的,正如严羽所云:"谢所以不及陶者,康乐之诗精工,渊明之诗质而自然耳。"④这里,加工原料的不同,即题材之差异,是导致风格相异的原因之一。在广阔的生活天地里,每个诗人根据自己所独具的创作个性,去揭示使其特别感到亲切而往往为别人所忽略的对象。这一点,当然是与诗人独特的人生经历联系在一起的。陶渊明生活在乡村,他熟悉田园生活,感到十分亲切,因此结合着生活的感受和体验写下了隽永深长的田园诗篇,把诗的题材扩大到田园生活领域。他的诗篇是田园生活的咏唱,与谢诗那种山水景象的描摹不同。"陶诗以自然为贵,谢诗以雕镂为工,二家遂为后世诗人分途"⑤,这首先也表现为两位诗人所写题材之分野。

诗人特定的生活体验和独特的创作个性,决定了他选择这种而不是那种素材,而一旦某种创作素材进入诗人形象思维的范围,又会对创作过程产生影响,素材本身会自发地要求诗人去寻找与之相适应的艺术表现方法。"平畴交远风,良苗亦怀新",陶渊明的田园诗像田园生活本身一样平淡自然,或者说,是宁静的田园生活气象的投影,是田园生活境界在诗中的位移,当然,它同时也浸染了诗人主观审美情感的色彩。从诗人对田园的描绘来说,这里是"暧暧远人村,依依墟里烟。狗吠深巷中,鸡鸣桑树颠"(《归园田居五首》),"鸣雁欢新节,泠风送余善。寒草被荒蹊,地为罕人远"(《癸卯岁始春怀古田舍》),平凡的田野

---

① 威克纳格:《诗学·修辞学·风格论》,《文艺理论研究》1981年第2期。
② 《江山值水如海势聊短述》。
③ 《读渊明诗》。
④ 《沧浪诗话》。
⑤ 马星翼:《东泉诗话》卷一。

村舍,笼罩着勃勃生机和愉悦的气氛,淡淡的笔调恰到好处地传达出了生活的境界。像谢灵运的刻意雕琢,"岩下云方合,花上露犹泫。逶迤傍隈隩,迢递陟陉岘。过涧既厉急,登栈亦陵缅……"①这在陶诗中是找不出来的。田园风光是朴素的、明快的,不像奇岩峭壁的峰峦、奔腾激荡的江水,不须用精工的笔法去表现;田园的色彩是淡雅的,天然和谐的,不须用一堆浓重色调的形容词去点缀、装饰;田园景物随季节的变化是和缓的,境界也是一抹平远的,不像山沓水合与云烟雾海的奇幻变化,不须用诗行去逼肖出寻幽探胜时倏忽即逝的情景。

  生活的情状在不同程度上影响了诗歌的风味。在陶渊明的田园诗里,有的是"山涧清且浅,遇以濯吾足。漉我新熟酒,只鸡招近局。日入室中暗,荆薪代明烛","园蔬有余滋,旧谷犹储今……春秫作美酒,酒熟吾自斟。弱子戏我侧,学语未成音",农家村舍的安闲静谧,田园经济的自给自足,庄户人家的天伦之乐,不是谢灵运那种"出守既不得志,遂肆意遨游,遍历诸县,动逾旬朔,民间听讼,不复关怀"②。没有瑰奇动人的情节,只是在平凡的田园里透露出诗意的魅力。这样一派带着静穆情调的景象,只要用朴实的诗行、轻淡的笔调去真切地传达出,就自然是人间的好诗。如果非要用雕绘满眼的词句去填塞,就会破坏掉田园生活的淡美和谐,失却题材本身所具有的丰富内涵。诗人按本来的田园面目去描绘(当然,处处浸染了主观的感受),构成了淡远的意境;田园生活本身是富于诗意的,不加雕饰的田园诗恰好能表现出这种境界,因而,虽是朴素的外在表达,但确实又是"美丽地描绘"。在这里,内容与形式是和谐的,达到了有机的完整统一。陶渊明的田园诗风格不同于谢灵运山水诗的富艳精工,不同于谢朓山水诗的清新流丽,归根结底,就是"由于社会关系不同,进入人的头脑里的材料就完全不一样,所以毫不奇怪,它的加工的结果也就完全不同了"③。

  如果仅仅以田园诗人目陶,那就是"读陶之一蔽"④。"君看陶集

---

① 《从斤竹涧越岭溪行》。
② 《宋书·谢灵运传》。
③ 普列汉诺夫:《论艺术》,三联书店1964年版,第29页。
④ 陈沆:《诗比兴笺》卷二。

中,饮酒与归田。"①以《饮酒》为代表的咏怀诗作,很多篇与阮籍《咏怀诗》回响着类似的音调。他俩同样是政治性退避,陶渊明不过是归隐田园,但意欲借酒消去胸中的愁怨,则与阮籍相同。仿佛一时的醉酒可以"重觞忽忘天",但睁开微醺朦胧的醉眼,看到的却是"真风告逝"的人间世和"世俗久相欺"的炎凉世态。现实毕竟是酣醉所替代不了的,更何况"举杯消愁愁更愁"呢! 意欲排遣,更惹烦闷;似为旷达,实则悲辛。尽管酒酣耳热,仍然有一股郁勃之气在刚肠中萦绕。

《饮酒二十首》其一:

衰荣无定在,彼此更共之。
邵生瓜田中,宁似东陵时。
寒暑有代谢,人道每如兹。
达人解其会,逝将不复疑。
忽与一觞酒,日夕欢相持。

表面上似乎是饮酒作乐,却可以发现其中处处流露着内心里的忧思。试与阮籍的《咏怀诗》其八相比较:

昔闻东陵瓜,近在青山外。
连畛距阡陌,子母相钩带。
五色曜朝日,嘉宾四面会。
膏火自煎熬,多财为患害。
布衣可终身,宠禄岂足赖?

这里,陶、阮对"人道"、"宠禄"的怀疑和悟叹,不是同样地借"东陵瓜"而把深长的忧思引向历史的纵深,表现出对当时世道的忧愤之广么? 不是同样地在深沉忧郁中显出悲怨的情怀么?

"陶潜岂醉人!"②诗人是清醒的,他对丑恶的现实是无比愤慨的。当他手挥一觞吐露忧愤之时,诗歌的音调就呈现出愤激的色彩,不同于田园诗之情形。由于题材之关系,陶渊明田园诗和咏怀诗的风格表现出一定程度上的差别。

---

① 元好问:《论诗绝句》。
② 文天祥:《海上》诗。

生活内容的复杂性,生活题材的多样性,决定了诗歌面貌的多样性和差异性。不是千人一面,而且一个诗人的风格也不是凝固不变的。陶渊明诗歌之风格是独特的,又是多样的,借用一下胡应麟评杜诗风格的话来说,就是"正而能变,变而能化,化而不失本调,不失本调而兼得众调"①。"本调"即诗人风格的主导方面,诗歌总的面貌特征;"众调"是指出现在其创作道路的某一阶段中某些作品的外貌。陶诗正是"本调"与"众调"(或者说"常调"与"变调")兼而有之,诗人在创作上具备几套笔墨以反映现实社会生活。如果我们的目光尾随着陶渊明一生的行踪,那么就可以看出诗人风格的某种变化,即是说,它表现出一个风格的历程。随着诗人人生步伐的迈开,其诗歌的风格也在变化和发展。

　　我们曾注目过陶诗中鸟之形象。随着诗人生活历程的展开,这只象征着诗人心境的鸟也表现为不同的画面:

　　第一幅画面是羁鸟的形象。"望云惭高鸟"(《始作镇军参军经曲阿作》),向往的是自在翱翔的飞鸟,诗人当时却如"恋旧林"的"羁鸟",处于彷徨动摇、徘徊无定的飘荡之中,那感到"已倦安劳"的一招一展,正形象地写出诗人刚离开故乡出仕,却又急于要归返田园的内心矛盾,表现出诗人的高远志趣与局促于仕途奔波的惆怅苦闷,透示出自然高雅而略带悱恻的情调,多少标志了诗人在"投耒去学仕"期间(公元 393 年—405 年)清远委婉的诗歌风格。

　　第二幅画面是飞鸟的形象。陶渊明看透官场的污浊,毅然与其诀别,在田园生活中找到了归宿,美好的田园风光似清泉般地滋润着诗人宦海疲乏的心田。那自由自在的飞鸟与"白云颉颃"、飘飘凌空的姿势,多少标志了归田前期(公元 405—408 年)闲淡高远的诗歌风格。

　　第三幅画面是失群鸟的形象。"栖栖失群鸟,日暮犹独飞,徘徊无定止,夜夜声转悲。"(《饮酒二十首》之四)失群鸟哀怨的孤鸣,透露出诗人生活不断贫困化的凄楚悲凉和对晋宋易代的深切感受,多少标志了晚年即归田后期(公元 408—427 年)沉郁哀怨的诗歌风格。

　　陶渊明诗集中较早的作品是行役诗。诗人出仕而归、归而再仕,反

---

① 《诗薮》。

复有五次之多,充满着辛酸和苦痛,交织着希望与失望,展露着矛盾与彷徨。仕与隐的思想搏战反映到诗中,就使他的行役诗不同于曹操《苦寒行》记述军旅生活的艰险荒苦情景所表现出来之凄厉的风格,也不同于刘琨《扶风歌》体现民族志士处于军旅处境中慷慨悲凉的情绪所表现出来的沉郁清壮的风格,又不同于盛唐边塞诗派高适、岑参描写军旅行役中慷慨报国的英雄气概、不畏艰苦的乐观精神所表现出来的豪健、浑朴和奔放的风格。陶诗在描写平凡乏味的行旅生活时藏着愁思的喟叹,展现出淡淡的哀怨。辗转于风尘仆仆的仕途上,"壮志逸四海"与"性本爱丘山"的仕隐矛盾时时在心头展开。前后五首行役诗中,一方面是"静念园林好"、"林园无世情"、"田园日梦想",充满了对田园生活的怀念和向往;一方面是对自己"如何舍此去,遥遥至西荆"、"伊余何为者,勉励从兹役"的怅然悔意。同时,他又用"一形似有制,素襟不可易","真想初在襟,谁谓行迹拘。聊且凭化迁,终返班生庐",进行自我安慰。心是远的,瞩目于"高鸟"、"游鱼",眼下却从事于无聊的行役。"眇眇孤舟逝,绵绵归思纡",这两句诗所构成的意象很能表现出诗人此时的心境与其诗歌清远绵纡的风格特征。

陶渊明仕宦与思归的矛盾有着深刻的政治内涵。东晋安帝隆安四年(公元400年)前后,农民起义方兴未艾,官军屡败,地方军事首领各霸一方,统治集团内部互相攻战,东晋王朝已开始分崩离析。面对着客观现实,诗人深深地感到"人间良可辞"!晋安帝元兴二年(公元403年),陶渊明居丧在家,过着贫困的生活。这时正值桓玄篡位,把东晋安帝迁到陶渊明的家乡浔阳。诗人在《癸卯岁十二月中作与从弟敬远》诗中描写了他此刻的生活和心境,"劲气侵襟袖,箪瓢谢屡设。萧索空宇中,了无一可悦",饥寒交迫,更由于政治斗争的严酷气氛,诗人的心境是悲凉的。不过,"历览千载书,时时见遗烈。高操非所攀,谬得固穷节",又使我们想起诗人晚年《咏贫士七首》中的格调。就当时说来,诗人在这里弹了一曲别调,但这无疑是后期悲慨怨歌之先声。

由于陶渊明出仕的不得志与其"性本爱丘山"的情怀,从官场回到田园就似乎是合乎逻辑的发展了。生活道路的改变,新的生活素材的加入,导致了诗人对诗歌风格的新探索。

无疑地,《归园田居五首》是陶渊明田园诗作的典型吟讴,朴素而有韵味,平淡而又浑厚,正是这种独特的诗风,使诗人享有千秋之盛名。不过,典型的诗作不能代表诗人全部的田园诗。对田园诗也要做具体分析。"邻曲时时来,抗言谈在昔。奇文共欣赏,疑义相与析","春秋多佳日,登高赋新诗。过门更相呼,有酒斟酌之"(《移居二首》),这种欢快明朗的调子不是田园生活的整个乐章。"久去山泽游,浪莽林野娱。试携子侄辈,披榛步荒墟。徘徊丘陇间,依依昔人居。井灶有遗处,桑竹残朽株"(《归园田居五首》之四),就明显地反映了农村经过战劫之后的荒凉景色,有着时代现实的影子。再经过几年的躬耕实践,诗人在《庚戌岁九月于西田获早稻》中写道:"人生归有道,衣食固其端,孰是都不营,而以求自安。……遥遥沮溺心,千载乃相关。但愿长如此,躬耕非所叹。"生活感受更扎实了,思想认识更深化了,对古代的隐居躬耕之士不只是"心向往之",更是感到他们与自己的心事相契合,坚持躬耕的意愿也更加坚定了。对比起《归园田居五首》在淡远中带着点飘逸,此诗则表现出沉郁的风味。诗人的生活在起变化,诗歌的内容在起变化,诗风也在相应地变化着。

　　从诗人44岁(公元408年)开始,由于遇到火灾而家境日趋萧条,生活变化的这一发端,标志着诗风变化的发端。从此时起,无论是《戊申岁六月中遇火》诗中的"中宵伫遥念,一盼周九天",还是《己酉岁九月九日》中的"靡靡秋已夕,凄凄风露交",或者是"饥者欢初饱,束带候鸡鸣",都表现出凄凉哀怨的风格色彩。这期间田园诗的情调比起《归园田居五首》来有了很大的变化。"鸟哢欢新节"的歌声变哑了,不再是轻快的流啭;明朗恬静的境界已渐渐让位于暗淡凋敝的情景;迷人的田园诗意已为如泣如诉的怨叹所替代。虽然诗人仍坚持躬耕于田园,但已由对田园生活的歌咏到对艰苦生活的怨诉了。到这时,我们已快要听到诗人晚年的歌声了。

　　除了《饮酒二十首》诗的吐发愤慨外,这里有"恻怆多所悲"(《还旧居》),"履运增慨然"(《岁暮和张常侍》);有对"炎火屡焚如,螟蜮恣中田。风雨纵横至,收敛不盈廛"的"离忧"和"吁嗟",有"天道幽且远,鬼神茫昧然"(《怨诗楚调示庞主簿邓治中》),由于对人间世道的不平而引发的对"天道"、"鬼神"的怀疑和否定;这里有"老至更长饥"而不同于人的牢骚:"常善粥者心,深念蒙袂非。嗟来何足吝,徒没空自遗"(《有会而作》)。除了由于生活贫困而发出悲叹和哀怨外,也有虽晦涩但明显地带有政治性内容的《述酒》,"流泪抱中叹,倾耳听司晨",表明我们这位五柳先生不是生活在真空里面,"南岳之幽居者"也并非不感到当朝的易代之悲。从《杂诗八首》《拟古九首》到《咏贫士七首》,从《读〈山海经〉二十首》《咏荆轲》到《拟挽歌辞三首》,后期写下的大部分诗作里总带有悲的色调,只是在田园诗中更多地表现为悲怨,而咏怀诗中则更多地表现为悲慨。

"种桑长江边,三年望当采。枝条始欲茂,忽值山河改"(《拟古九首》之九),确有对刘裕篡晋这一政治时事的寄托讽咏。论者说诗人"悯世愤俗",当是事实。说他"拳拳故国",则未必全是;至于说诗中有"深微沉痛之词"①云云,不可否认其无,也不可说其全是。应该做具体分析,不要"逐景寻响,望文生义,稍涉长林之想,便谓采薇之吟"②。不是每首诗都有当时政治时局的内涵,但总的说来,由于时代氛围的关系而多多少少地影响到诗人的创作风格,这一点还是不难看出的。

在《饮酒二十首》组诗里,有直抒胸臆的诗篇,兴会淋漓,一吐为快。有些诗则受阮籍《咏怀诗》的影响,没有明言指斥当时人事,表现为借酒咏怀。有个别诗篇其意思不甚清楚,例如,第十七首"幽兰生前庭,含薰待清风。清风脱然至,见别萧艾中。行行失故路,任道或能通。觉悟当念还,鸟尽废良弓"。方东树评曰:"此诗必为时事而发。"③温汝能云:"只是借幽兰自喻,似无别意,惟末语所指不甚明晰。"④虽然弄不清其具体内容,但从诗境的氛围里仍让我们感到诗人的深深苦闷。《咏贫士七首》,借咏前代的贫士实以咏自己,只是在"贫富常交战,道胜无戚颜"的内在坚定性外面,披上了一层古人的衣装。有的论者把它们称作陶诗中隐曲风格之作,似难令人信服。

---

① 刘延琛:《陶靖节先生祠堂记》。
② 陈沆:《诗比兴笺》卷二。
③ 《昭昧詹言》卷四。
④ 《陶诗汇评》卷三。

《拟古九首》的情形比较复杂一点。例如第七首：

> 日暮天无云,春风扇微和。
> 佳人美清夜,达曙酣且歌。
> 歌竟长叹息,持此感人多。
> 皎皎云间月,灼灼叶中华。
> 岂无一时好,不久当如何?

刘履评曰:"此诗殆作于元熙之初乎?'日暮'以比晋祚之垂没……此靖节预为悯悼之意,不其深与?"①吴淇说:"此诗的是怨情。"②马璞又云:"此首言千古之世,乱世常多而久,治世常少而不久也。"③诗中多用比兴,从客观上给人们的理解造成了多义性。诗人又是在"拟古"的名义下,选择历史人物或自然景物借题发挥,以寓其兴亡之慨,运用了较多的典故,使情感的传达在某种程度上带有曲折见意的特点。但是,诗人目睹篡弑有感而发,流露出来的心意情趣还是能够让人把握住的。黄文焕说"独此诗九首专感革运,最为明显,与他诗隐语不同"④,温汝能则评其"大抵遭逢易代,感世事之多变,叹交情之不终,抚时度势,实所难言,追惜伤今,惟发诸慨,在陶集中,意义固甚明者……"⑤虽两人对组诗内容的理解有不同,但基本上还是一致的,一说"专感革运,最为明显",一说"意义固甚明者"。

那么,时下的一些论者从陶渊明这些诗有隐晦曲折的特征着眼去考察分析,我们又将如何看待呢?

不可否认,陶集中有《述酒》一篇,由于时局的关系,诗写得很晦涩,让人难以领会。像《拟古九首》这类诗"多悼国伤时托讽之词,然不欲显斥,故以拟古、杂诗等目名其题云"⑥,确实也带有些许隐曲风格的色彩。对于这一点,要从陶渊明诗歌的实际出发,给予实是求是的评

---

① 《选诗补注》卷五。
② 《六朝选诗定论》卷十一。
③ 《陶诗本义》卷四。
④ 《陶诗析义》卷四。
⑤ 《陶诗汇评》卷四。
⑥ 《选诗补注》卷五。

价。陶集中有一些诗用比较曲折的方式表达情感,易引起人们理解上的歧义,这是事实;但说它们叫人难以捉摸,这又不尽然。不要过分强调这种在陶诗中并非占主导地位,只是与一定时期的政治氛围相联系而出现于诗人创作历程某一阶段的风格现象。尽管这些诗中运用了较多的典故和比兴的手法,不同于之前明白抒情状物的赋体写法,但是透过外在的形式,诗中所传达的思想情感还是能够为人们把握住的。我们应当注意到,虽然时代的氛围影响了诗风,使之一度呈现一点隐曲的色彩,但是诗人的创作个性是不可湮灭的。虽然阮籍为适应险恶环境而采用的曲折表达情思的方式对陶渊明有所影响,但即便这一类陶诗,也毕竟不同于阮诗"厥旨渊放,归趣难求"而"百代之下难以情测"的情形。在陶诗中,把深沉忧郁的情绪像阮籍那样用婉转曲折方式吐露出来之情形,从数量上说并不多见,从程度上说亦不十分明显。假如再把陶集里带有隐曲色彩的诗,与李商隐深情婉约而意境曲折的诗相较,就会看出两者之情形大不相同。并非要争论何种诗风之高低,而是说即便是隐曲,在陶诗中亦仍有其特点,与陶渊明的创作个性还是紧密相连的,既不同于阮籍,也不同于李商隐。况且,能否把特定时期几篇作品中出现的现象,归纳进陶渊明独特的创作风格,这个问题还是需要进一步探讨的。

聆听诗人晚年的歌唱,那里呈现出了慷慨激昂之特色。《读〈山海经〉二十首》组诗借神仙鬼怪说人间事,例如第十三首:"岩岩显朝市,帝者慎用才。何以废共鲧?重华为之来。仲父献诚言,姜公乃见猜。临没告饥渴,当复何及哉!"诗人从对神仙之事的咏叹一变而为论史。陶澍以为:"晋自王敦、桓温,以至刘裕,共、鲧相寻,不闻黜退,魁柄既失,篡弑遂成。此先生所为托言荒渺,姑寄物外之心,而终推祸原,以致其痛也。"①再如《咏二疏》《咏三良》《咏荆轲》都是"语时事则指而可想"的咏史述怀之作,表达了诗人忧国伤时的激烈情怀,与前期的诗作相比,这些诗篇在外貌上都有了一定程度的变化。那么,如何看待这个变化呢?是的,诗人已近花甲之年,对自己的生死安危已能泰然处之,

---

① 集注《陶渊明集》。

但不能像时下有的论者那样,完全从这一点上着眼分析。应该从根本上看到,晚年的咏怀诗反映了诗人思想发展的新阶段。对现实的不满和反抗,是陶渊明归隐的原因,诗人写下了自己不肯同流合污和坚持气节的诗篇;随着政治形势的变化和诗人思想的趋于成熟,他的不满和反抗进而表现为诗作"金刚怒目"式的内容并影响了风格。产生于易代前后的这些作品,是有感于当时的政治事件,用诗作表现出对当时统治集团和现实社会的愤慨,流露了长期压抑在胸中之强烈的反抗情绪。

总之,把握住时代跳动的脉搏和生活在诗人心灵上所产生的脉冲,我们就可以看出诗人的创作历程,而其诗风演变的脉络也就清晰可见。从早中期诗风的清远闲放到后来的悲伤哀怨,说明了这一点;从直抒胸臆的吐露到偶尔表现为曲折抒情,再到晚年悲壮豪放的诗风,同样说明了这一点。

2. 优美与壮美的结合

陶渊明的一生,充满了悲剧,也有喜剧;前期偏重于喜剧,后期偏重于悲剧。陶诗表现了人生的欢乐和痛苦,有田园咏唱,也有悲慨怨歌。陶诗的风格呈现出优美与壮美的结合。

从生活到艺术,为了传达出在现实中发现的诗意,诗人总是把自己的感受和情感寄托于形象,融入于意境。诗歌的风格是由形象和意境的美表现出来的,不同的风格,主要就是指不同形象之特点和不同意境美之类型。

我们看陶渊明《归鸟》诗中飞鸟的形象:

> 翼翼归鸟,晨去于林。
> 远之八表,近憩云岑。
> 和风不洽,翻翩求心。
> 顾俦相鸣,景庇清荫。
> ……

诗作于归田之后不久,对归鸟的赞叹正是对自身归田举动的自我赞赏,归鸟的形象凝结着诗人的愉悦情感。"相鸣而归"、"众声每谐"、"好音时交",飞鸟的快适流啭,与"日夕气清"、"晨风清兴"之安闲恬情的氛围,组成宛转回环、脉络深细的意境,让人们感到悠然意惬,这正表现为优美。

《读〈山海经〉二十首》其十:

>精卫衔微木,将以填沧海。
>刑天舞干戚,猛志固常在。
>同物既无虑,化去不复悔。
>徒设在昔心,良晨讵可待!

由于精卫鸟具有抗争的内在气蕴,那金刚怒目式的举动就呈现出悲壮的风格特征。当然,这形象里面深藏着诗人对晋宋易代的深深感慨,有着诗人强烈的主观审美情感色彩。

"谁知填海志,归鸟是冤禽。"[①]清人彭兆荪的诗句把陶渊明一生的行事前后勾连了起来。而拈出"归鸟"与"冤禽",点出陶诗中两类不同的形象,也恰好表明陶诗优美和壮美的两类风格之特征。如果说,归鸟的形象,"悠然见南山"的境界,是和谐静穆,表现为优美,那么,精卫鸟、刑天的形象,"猛志固常在"的气势,就表现为壮美。二者在陶诗中并存着。

优美与壮美的风格,植根于意境的土壤,是意境的内在本质和外貌特征呈现出来的,所以,风格问题归根到底是意境创造的特色问题。陶渊明有自己独特的生活经历、情趣爱好、文化修养和创作道路。他用独特的艺术触觉来感受外在客观世界,显示了艺术地把握现实的能力,从而其诗歌意境的创造即取境和炼境上均表现出自己的特点,使诗歌呈现出独特的风格。

陶渊明在几次出仕奔波而深感厌倦后,终于从官场退回到田园,自由自在地呼吸起乡村自然的空气,无拘无束地享受着家庭生活的乐趣,他的身心感到十分愉悦,生活中充满了恬然的情调。因此,他对农村田园的生活感受极为亲切,而对农村事物感应的神经也尤其敏锐,会心之得,特别深微;再加上他自幼就在田园生活环境中得到熏陶,观察自然景物的眼光就显得细腻而深切,善于深入到平常的事物之中钻貌入神,

---

① 转引自陆元铉《青芙蓉阁诗话》。

发现和挖掘出新的东西,而一旦让这些貌似平常的事物铸入诗歌境界中,它们就会呈露出诗意的微笑。《归园田居五首》中有"日入室中暗,荆薪代明烛"的描写,只是农舍人家晚间照明的一束荆条,但由于这束荆条照亮的是欢聚谈笑的亲邻,使我们看到了一个欢快的场面,感受到生活气象的和谐愉悦。这样的场景,在农村生活中有其普遍性,富于生活情趣,表面上看是随手拈来,却有着很高的概括性。《归园田居五首》中还写了"穷巷寡轮鞅","白日掩柴扉","披草共来往",只是说车马很少,白天把门都掩上了,大家相互拨开草往来,取境平常,生活中随处可见,它却自然地传达出乡村生活的风味。诗人把这些平淡无奇的景象摄入诗境,有力地表现出自己的生活意趣。在此之前,农村日常生活中的桑、麻、鸡、狗等平凡事物,还很少被写入诗歌,也许那些高人雅士们对此熟视无睹,但陶渊明凭他独到的体察能力,在别人未涉足的地方发现新的町畦,并由他的生活志趣、审美理想统率,将这些零散的意象熔铸成淡远有味的艺术境界。虽然景物是平常的,生活是平淡的,但诗人以他独特的感受,发现了现实生活的美,一旦汇入构思,就将日常生活诗化,使诗歌园地呈现出一派新的风貌。

由于诗人对生活的热爱,对自由生活境界锲而不舍地追求,因而使他深入到现实美的一个侧面,进行体贴入微的观察,努力从中挖掘出诗意的东西。"方宅十余亩,草屋八九间……"从生活境况说,有"草屋"、"方宅",有"榆柳"、"桃李";从生活气氛说,袅袅炊烟是那么地安详,狗吠鸡鸣更映衬出"远人村"的闲恬静谧,确是一幅农家乐的画图。有人对此曾提出异议:处于中世纪的田园生活,究竟有没有这种富足的情形呢?特别是当时处于战乱之中的浔阳农村,是否真的像这样宁静呢?按照我们的理解,由于诗人当时尚处于"僮仆迎门,有酒盈樽"的生活境遇中,因而使得他此时的田园诗作被蒙上了一层愉悦的色彩,难免在客观上有点粉饰其时农村的痛苦现实。但是,同时我们也应当看到,诗中出现的生活景象,也并没有什么奇特之处,生活中会有它的存在,只是诗人用典型概括的方式把零碎的情景组成了有机的艺术境界。而且,更由于诗人有意识地渲染田园生活的恬静美好,以之与丑恶的官场相对照,从他眼中摄入诗境的景物都被染上了愉悦的主观色彩,而其他的东西不会成为诗人此时的审美对象。基本上是现实生活的概括和提炼,同时又经过了心灵的改造,有着理想化的色彩。诗人企图通过和谐气氛与恬淡景色的再现,表现其愉悦的心情。在他早期的田园诗作里,我们可以处处看到诗人把安恬愉悦归结为生活之趣,以此作为构思之鹄的。

不过,出现在诗人眼前的生活并非总是那些欢乐色彩的画面。诗人对人生悲剧的体察同样是深微的,其形象塑造中同样包蕴着深切的内心感受。"炎火屡焚如,螟蜮恣中田。风雨纵横至,收敛不盈廛。夏日长抱饥,寒夜无被眠。造夕思鸡鸣,及晨愿乌迁。"(《怨诗楚调示庞主簿邓治中》)这是惨淡无光的悲剧图画!从火灾、虫灾、风灾、雨灾,到致使收获无成;从夏日的饥饿到冬天的寒冷,再到饥寒所引起的度日如年的人生煎熬,诗人的感受不可说不深,其悲剧艺术的提炼也不可说不高。诗人正是在"造夕思鸡鸣"这一生活感受的同时,把悲剧情景加以概括提炼,把自己的悲剧感受铸入了诗境,表现出沁人肺腑的悲剧美。

我们看诗人那双悲剧化的眼睛是如何体察自然景物的。当诗人"悠悠待秋稼,寥落将赊迟"(《和胡西曹示顾贼曹》),因而"逸想不可淹",超世的兴致不能满足的时候,他感到"猖狂独长悲"。此时,"流目视西园,晔晔荣紫葵",应该说是充满生机了,可是诗人反而发出深深的喟叹:"于今甚可爱,奈何当复衰!"这无疑给景物涂抹了一层暗淡的色彩。随着人生痛苦体验的加深,诗人一双悲剧化的眼睛更多地注目于凄凉的景象,"靡靡秋已夕,凄凄风露交。蔓草不复荣,园木空自凋"(《己酉岁九月九日》),时间上是晚秋,环境气氛上是寒凉的风露,看蔓草正衰枯,园木已凋零,悲凉的气氛不可说不浓,诗人的悉心体察也不可谓不深。《杂诗八首》其三,"昔为三春蕖,今作秋莲房。严霜结野草,枯悴未遽央。日月还复周,我去不再阳",诗人把自己的感慨寄托于荷花的由盛转衰。在《拟古九首》诗里,"荣荣窗下兰,密密堂前柳",变成了"兰枯柳亦衰";"皎皎云间月,灼灼叶中花",又被诗人叹为:"岂无一时好,不久当如何?"从这些用以托兴的景物上,可以看出诗人的审美体验和审美情感的方向之所在。诗人在反映人生的惨淡图景时,往往以社会所赋予的悲剧化的眼睛去凝视朽株衰草,渲染出一种惨淡的气氛,集中地表现出生活中的悲剧。

特别值得一提的是,随着诗人人生旅途的走向终结,由于生活处境与时代氛围的直接关联,政治上的孤独苦闷与经济上的极度贫困,使得诗中越来越透出悲凉的孤独感。"邻曲时时来,抗言谈在昔"、"过门更相呼,有酒斟酌之"(《移居二首》)的情景在诗中已经消失得无影无踪。虽然不得不与官场中的旧交和新知相周旋,但毕竟处处流露出孤寂的感觉。"语默自殊势,亦知当乖分"《与殷晋安别》,"逝止判殊路,旋驾怅迟迟"(《于王抚军座送客》),陶渊明和他们所走的道路是不同的。而在谋求生计的人生路途上,由于"但愿饱粳粮"和"御冬足大布"的日子都"正尔不能得",诗人不能不发出"人皆尽获宜,拙生失其方"的哀叹。他把自己喻作"日暮犹独飞"的"栖栖失群鸟",又把自己比成"万族各有托"之时的无依孤云。诗人的悲剧感是十分强烈的。然而,陶渊明在诗中所表现出来的不只是凄凉和孤独,在诗歌的意境中,在塑造的形象上,其中透露出来的往往还带有悲壮的色彩而并非一味悲哀。用"孤云"显示其孤,但同时又象征着贫士的高洁;用"失群鸟"显示其悲,但还是栖息在刚健挺拔的"孤生松"上,在"劲风无余木"的情势下,孤生松昂然直立,"此荫独不衰"!诗人是孤鸟,但更是孤松。东园的青松,在霜天严寒之际,"卓然见高枝","独树众乃奇",透露出伟大的孤独感。孤松的此荫不衰表现了精神的崇高,它傲然挺立的雄姿表现了状貌的崇高。这是孤松的崇高,更是诗人的崇高!由于诗人的寂寞中深藏着这样的崇高感,因而使我们在其诗境之中领略到悲壮之美。

据上可知,由于审美感受的不同,所捕捉的生活境界即取境的不同,因而造成形象和意境类型的不同,从而使陶诗的风格呈现出优美与壮美的结合。说到底,这仍然是植根于生活的土壤,是生活中的悲剧与喜剧决定了诗境的不同。而从诗人的审美理想来看,他始终表现出对美好事物的向往和对崇高理想的追求。尽管一次次现实的感受表明了他的失望,但希望的火花并没有熄灭,它永远在寂寞中燃烧,扭转悲剧为喜剧的憧憬一直在胸中展开。如果说,在前面我们对诗人的审美经验做了一番分析,看到诗人是如何撷取一朵朵浪花去反映生活的海洋,那么，我们更应当看看他是如何在理想之境中遨游和摘取云彩的，也就是说，要探讨一下诗人的审美理想及其在诗境中的表现。

陶渊明虽然逃避到了田园，但他并没有也不可能脱离晋宋的人间世。生活在大地上，就决定了诗人并不能忘怀现实。他不屈服于当时的黑暗现实，但又不得不在那样的环境之中生活下去，主观意愿与客观现实的矛盾制约着诗人的内心世界。既然这一矛盾不能在现实中得到解决，诗人就到主观精神之境里去探寻出路。不过，陶渊明精神上的追求，不像王维企求的"眼界今无染，心空安可迷"①的禅意解脱，"亲戚共一处，子孙还相保"，"邻曲时时来，抗言谈在昔"，与其陷入空虚的冥冥之境，倒不如在田园生活中追求热烈的生活情绪，袒开自己的心胸去创造充实的人生。陶渊明所向往的也不是"夜阑风静谷纹平，小舟从此逝，江海寄余生"②那种苏东坡式超脱世外的追求，"山泽久见招，胡事乃踌躇。直为亲旧故，未忍言索居"（《和刘柴桑》），心中有的还是对现实的留恋和执着，就是桃花源的理想之境，也还是安排在"土地平旷"的现实大地上。虽然我们的诗人有对现实的不平而叹息人生的无常，却显然不同于王国维"试上高峰窥皓月，偶开天眼觑红尘，可怜身是眼中人"③那种对人生的虚无、悲观之感。陶渊明慨叹："人生无根蒂，飘如陌上尘。分散逐风转，此已非常身。"（《杂诗八首》之一）感叹人生是如此偶然，有点悲观色彩吧？下面紧接着的却是一句劝告，"落地为兄弟，何必骨肉亲"，要大家相互之间如兄弟般地和睦生活，这里表现出来的还是对有限人生的执着，或者说正是看到了人生的短促，才更加要求过得充实。从这个角度来看，诗人又表现为对人生的积极进取了。事实上，为着实现自由的人生，陶渊明毅然归田；而在归田之后，诗人没有停止过对积极的、充实的人生之追求，这使得他的诗歌境界不断地闪烁着人生理想的光芒。

在现实人生中深深地感到孤寂，"不惜歌者苦，但伤知音稀"，诗人

---

① 《青龙寺昙壁上人兄院集》。
② 《临江仙·夜饮东坡醒复醉》。
③ 《浣溪沙·山寺微茫背夕曛》。

常常发出内心的哀怨。他在《怨诗楚调示庞主簿邓治中》一诗里,就希望庞主簿、邓治中能如钟子期那样,做他高山流水的知音。但是,真正的知音究竟能有多少呢?"量力守故辙,岂不寒与饥?知音苟不存,已矣何所悲。"悲歌又有什么用呢?诗之中透露出深广的孤独感。然而,诗人并不甘心屈服于悲剧的感受之中,他将目光引向历史的纵深中去探寻。引古代的贫士为同调,以慰藉自己那颗凄楚的心灵;以古人的崇高为自豪,将自己的心胸气蕴亦提升到同等的水准,表现出伦理道德上的崇高。他在诗中塑造出那种外表上看来凄凉而内在里有着真骨凌霜精神的悲壮艺术形象。在"凄厉岁云暮"的时刻,"萧索空宇中,了无一可悦",他不由得想起了孔子在陈绝粮的故事,让古代贤者"君子固穷"的崇高精神给自己的内心带来一股暖流,"何以慰吾怀,赖古多此贤"!他称赞"九十行带索"的贫士荣启期,虽然"饥寒况当年",但凭着固穷的节操,使百世之下的人们而为之钦佩,《饮酒二十首》和《咏贫士七首》诗中对此三致意焉。他赞美娄黔安贫守贱的高尚行为,称颂"袁安困积雪,邈然不可干"的气概,咏叹"阮公见钱入,即日弃其官"的廉洁。他更衷心仰慕"翳然绝交游,赋诗颇能工"的张仲蔚,因为其在很大程度上接近于诗人的自我形象。诗人正是以自身的深切体验感受那些贫士的处境,艺术地概括出典型的人物形象。"谁云固穷难,邈哉此前修!"诗人以艺术的笔触形象地再现了这些古代贫士,正是以之作为自己精神上的支柱、生活中的伴侣。归有光曰:"观陶子之集,则其平淡冲和,潇洒脱落,悠然势分之外,非独不困于穷,而直以穷为娱,百世之下,讽咏其词,融融然尘渣俗垢与之俱化,信乎古之善处穷者也。"①生活的贫困并没有使诗人一味地怨天尤人,陶渊明正是以古人之固穷精神激励自己,去对付物质生活的贫乏,表现出一种崇高的精神美。

晋宋易代的时局变化,使诗人那颗"乱也看惯了,篡也看惯了"而变得比较平静的心,又一次在现实的流血惨剧面前激荡了起来。在现实的风云变幻中,诗人既感到愤慨又无可奈何,陷入了深深的内心痛苦。诗人欲语无偶,欲罢还休,借助比兴,情思回曲,辞旨缠绵。《拟古

---

① 《陶庵记》,《震川先生集》卷十七。

九首》之三就是被黄文焕评为"无人可语,但以语燕"①的寄托诗篇。春来人间的时刻,诗人的心情却如此地寂寞,他把目光落在"双双入我庐"的"翩翩新来燕"身上,与重来寻觅旧巢的燕子交谈起来。"我心固非石,君情定何如?"这样突然地向燕子发问,似乎不忘旧巢的燕子特别能懂得他留恋旧日时光的深意与对晋宋易代的感慨。诗人不但捕捉住眷恋旧巢的燕子形象,借之以传其心,而且想起了古代的勇士,《拟古九首》中"辞家夙严驾"一首,大概就是刘裕初废晋恭帝时所作,"故寄想于田畴,无限感慨,只从典故出之"②。诗人向往田子泰"节义为士雄"的正气凛然,对"其人久已死,乡里习其风"则感叹系之,正表达出对世俗"狂驰子"的有力鞭挞。

进一步地,诗人易代之后的满腔激愤在被朱熹评为"露出本相"的《咏荆轲》中,得到了淋漓尽致的表现。前代的阮瑀、左思都曾有咏荆轲的诗篇。"高眄邈四海,豪右何足陈?"左思笔下的荆轲形象是作为市井豪侠之形象而出现的,与那些朱门的王侯做了鲜明的对比,从形象的塑造看,着重突出了荆轲的英雄豪气。陶渊明的《咏荆轲》虽然同样是依据荆轲刺秦王的故事勾勒而成,但突出了荆轲形象的悲壮激烈,歌颂他为知己报仇的侠义精神。"风萧萧兮易水寒,壮士一去兮不复还",诗人着力渲染这一惊天地泣鬼神的易水送别场面,于"慷慨送我行"的生离死别之际奏出了悲壮的最强音。甚至可以说,它是悲剧的高潮点。"登车何时顾,飞盖入秦庭。凌厉越万里,逶迤过千城",画面的飞动,境界的阔大,荆轲顶天立地的气概栩栩如在眼前。而当行刺未遂,他描绘出"豪主正怔营"的惊呆样子,反衬出壮士的英烈风姿。"惜哉剑术疏!"他为"奇功遂未成"而深深地惋惜,发出"其人虽已没,千载有余情"的热烈赞叹。诗人笔下的荆轲,不只是个剑客侠士,而且是憎恶暴政、大义凛然的英雄。"陶潜诗喜说荆轲,想见《停云》发浩歌。吟到恩仇心事涌,江湖侠骨恐无多。"③陶渊明对荆轲表现出无限仰慕的

---

① 《陶诗析义》卷四。
② 《陶诗本义》卷四。
③ 龚自珍:《杂诗》。

深情,正和他目睹禅代而对现实政治的强烈不满有着密切的关系。内心的激愤之情,驱使诗人到历史的长河中去寻找理想的人物,寄寓悲壮激烈的情怀。感受于现实,取材自历史,荆轲形象就表现为诗人笔下的"这一个"。既符合于历史人物的本来面目,又浸透着诗人主观情感的色彩,凝聚着诗人概括提炼的特色,充分显示出诗人的审美理想。

再从另一个角度去看,作为大庄园主的谢灵运在晋宋易代之后,由于卷入了刘家兄弟的纠纷,仕途上的飞黄腾达被阻隔了,于宋少帝景平元年(公元 423 年)称疾去职,写下了《辞禄赋》《归途赋》,肆情于山水,每到之处都留下诗句,"壮志郁不用……泄为山水诗"①,而我们的诗人陶渊明则写下了《归去来兮辞》,归隐参加了劳动,写下了一首首田园诗篇,歌颂了生活的自由和愉悦。谢灵运在现实生活里,从广阔的始宁墅获得了他的物质满足,"考封域之灵异,实兹境之最然",写下了《山居赋》,记载他酒足饭饱之余陶醉于"供粒食与浆饮,谢工商与衡牧",唱唱"生何待于多资,理取足于满腹"的调子,而我们的诗人陶渊明则由于田园躬耕生活的不断贫困化,由于现实生活中基本的需求都不能得到满足,促使他飞起幻想的翅翼,到精神世界中去漫游。"仰想东户时,余粮宿中田。鼓腹无所思,朝起暮归眠。"(《戊申岁六月中遇火》)但是,东户季子时代富足自在的生活毕竟只能代表过去,"既已不遇兹,且遂灌我园"。由于经济的贫困,政治的黑暗,终于使诗人在"造夕思鸡鸣"的漫漫长夜里,孕育构思出优美的桃花源境界。"春蚕收长丝,秋熟靡王税",没有剥削,没有压迫,人人劳动,自食其力,"不知有汉,无论魏晋",诗人用形象化的方式对当时的现实进行了坚决的否定和无情的批判,对光明的理想表现出热烈的憧憬和无限的向往。有人说,陶渊明笔下那个乌托邦境界取自于当时的民间传说。这或许有其可信的地方,因为即便是乌托邦理想也并非真的是从天上掉下来的,或者是人们头脑中所固有的,它总是要吸取前人和当代的思想资料。问题乃在于,所有这些传说、这些思想资料,都要通过诗人的构思才能汇入诗篇。我们要问:为什么不是别的什么人,而独独是陶渊明才能捕捉

---

① 白居易:《读谢灵运诗》。

和利用这些素材原料,把它编织成如此美好的图画呢?为什么它不是出自当时风靡于文坛的大作手谢灵运之笔下呢?应该看到,这幅蓝图在陶渊明之脑海里形成,在其笔下描绘出,绝不是偶然的。谢灵运只能写下那种大庄园主生活记录的《山居赋》,而绝不可能写出《桃花源记》。由于陶渊明有着深厚的生活阅历,有着现实生活的欢乐与痛苦、思考与追求,有着高远的理想与志趣,并且又有着高超的艺术概括能力,才能描绘出这样一个优美的境界,使诗人自己的审美理想在幻想的形式中得以实现,同时,也激励和鼓舞了千百年来追求自由和幸福的人们。

　　陶渊明的审美理想和审美经验是密切联系着的。《桃花源诗并记》是诗人晚年的杰作,是其审美理想的高度集中体现。毫无疑问,它实际上又是田园诗篇的进一步发展和升华。把握住田园诗的创作,是打开桃花源理想之门的一把钥匙;反过来,如果把握住凝结于桃花源境界中的审美理想的话,那么,我们对田园诗作那种优美的色调和氛围就会有进一步的了解。应该再一次指出,陶渊明前期田园诗的境界之所以被蒙上一层优美宁静的色彩,是因为诗人"久在樊笼里,复得返自然"的自由生活理想,即后来在《桃花源记》中所向往的"怡然有余乐"的自由生活情景,在他现实生活中得以暂时实现。在审美理想光芒的照耀下,沿着这一审美感受的方向,诗人选入镜头、融入构思的素材原料,是那些带有喜剧色彩的田园景物和人间场面。随着严酷的现实带给诗人一次次的失望,"乐天知命"的消极思想在陶渊明身上有所生长,由于感到生活中无路可走,诗人不得不唱一唱他的"且为陶一觞"。但是,诗人的伟大之处正在于,现实的风雨飘摇并没有使他胸中的理想之光熄灭,积极奋发、精神向上的一面仍是诗人的根本之所在。借岁寒孤松来砥砺人格,以固穷贫士为旷代知音,对田畴、荆轲等壮士形象表示出由衷的赞赏,基于积极的审美理想,诗人在艺术创造的领域里对现实生活进行提炼概括,对理想之境进行热情的描绘,加之在创作方法上有现实主义和浪漫主义的兼备,从而创造出优美与壮美的形象和意境,在其整体的诗歌创作上呈现出不同风格之结合。

3. "高情逸想"与"自然流出"

说到陶诗的风格,我们总忘不了朱熹那段著名的话:"陶渊明诗,人皆说是平淡,据某看自豪放,但豪放得来不觉耳。"①的确,陶诗所带给我们的往往是一种和缓淡远的感觉。不只是那些田园诗篇,就是带着豪放基调的忧愤之音,也仍然不同于李白的清奇雄放、杜甫的沉郁顿挫,不同于苏轼的豪放旷达,更不同于辛弃疾的雄奇阔大。像《咏荆轲》那样一类诗的确是有点豪放得叫人感觉不出来,与其田园诗之平淡自然有着相通的地方。这说明陶诗的豪放烙有其创作个性的鲜明特色。那么,我们不禁要问:是哪些因素导致陶诗"豪放得来不觉"呢?陶诗的各个风格侧面是如何内在地联系着的呢?到底应该如何去概括陶诗的基本风格呢?显然,我们必须深入到对风格形成有决定性作用的诗人之主观方面去求得问题的解答。

从根本上说,陶诗风格的呈现在于生活内容之制约。但是,从审美上掌握生活素材有不同的方法,它跟生活素材在形成风格时所起的作用并不发生矛盾。风格"是被题材所表现的内容和意图所决定的。不过内容和意图会由于这样或那样的精神机能在内容的创造中所具有的优势主动性,由于这些机能在内容(这是作为一切表现的最初意图)的再创造中所发挥的能动性,而发生相应的变化"②。这里的精神机能,大体上是指诗人的形象思维。陶诗风格的独特性是从诗歌意境之总的特色中表现出来的,意境的构成又与诗人在构思过程中形象思维的特征有着紧密的联系,因而从主观因素方面来说,陶诗风格特征表现出来的是诗人形象思维的特色,或者换句话说,是诗人的精神机能发挥能动性的结果。而在形象思维中,感情和想象活动占有很重要的地位,因此,让我们对这两个决定风格的主观因素做一些具体的分析。

情感是诗歌的生命,而一个诗人之诗情如果没有其独特的表达方式,也就没有独特的艺术风格。由于陶渊明生活的变迁,亲身获得的生

---

① 《朱子语类》卷一百四十。
② 威克纳克:《诗学·修辞学·风格论》,《文艺理论研究》1981 年第 2 期。

活感受不同,在诗中所表现的感情基调不同,这就使诗人的抒情方式有所不同。"羲农去我久,举世少复真"(《饮酒二十首》之二十)的直吐愤慨;"天道幽且远,鬼神茫昧然……在己何怨天,离忧栖目前"(《怨诗楚调示庞主簿邓治中》)的激昂悲怨;"惜哉剑术疏,奇功遂不成"(《咏荆轲》)的高声惊惋,都是痛快淋漓的情感抒发。不过,陶诗中抒情方式的主要特点不是这种一泻无余的情感爆发,而是和缓、自然与有节制的吐露,如谷中流泉涓涓而出。这不同于屈原直接地呼喊出自己的愤懑,如山洪暴发,浩浩荡荡,也不同于李白的感情喷放,如"黄河之水天上来";不同于杜甫悲壮沉郁的情怀在百转千回和反复咏叹中抒发出来,也不同于李商隐把纤秾的感情用迂回曲折的方式流露出来。

陶渊明是在失望之中愤然离开官场而实行躬耕的,十三年的仕途徘徊,笼中鸟、池中鱼的深切苦闷,一下子冰消云散。此时此际,他心头定是如潮水翻滚,波浪起伏,而在《归园田居五首》组诗里,他只是让内心的感受自由自在地从胸中流出,如安详自若的老人在悠悠然地讲着故事,态度上从容不迫,声调上不高不低,节奏上不紧不慢,让人进入一种优游不迫的氛围中。

陶渊明之自然和缓的抒情方式,是基于其情感的真实。他为人最富于真情,又是让其从肺腑中自在流出,用不着矫饰和藏头露尾。"畴昔苦长饥,投耒去学仕"(《饮酒二十首》之十九),为生计关系而去做官;"饥来驱我去,不知竟何之。行行至斯里,叩门拙言辞"(《乞食》),为饥饿所逼而去求乞,陶渊明在诗中十分真切地流露出其肺腑之音。再如赠答唱和之作,这在封建时代的文人中常常只是阿谀奉承的颂词和虚情假意的周旋,而陶渊明则是一片真情端出。在《和刘柴桑》诗里,他告诉对方,别人多次相邀当隐士而自己未去,是"直为亲旧故,未忍言索居"。在《示周续之祖企谢景夷三郎》诗中,诗人劝其不要做"通隐式"的假隐士,诗意似有讥刺,然一则曰"念我意中人",一则曰"思与尔为邻",语意真切,又像没有讥讽。"愿言诲诸子,从我颍水滨",语重心长,期待之情可见。在《与殷晋安别》中,诗人点出了"语默自殊势,亦知当乖分"的情势,"良才不隐世,江湖多贱贫"两句委婉地说出彼此之不同。现在要分手了,毕竟还有邻里往还之谊,因此诗之末尾说"脱有经过便,念来存故人",还是希望对方以后有机会时能来看看自己。情意绵绵见乎言语,而政治态度之不同也历历分明。诗中处处真情流露,显得十分自然。

梁启超在《中国韵文里所表现出的情感》中曾讨论过诗歌中所谓"含蓄蕴藉的表情法"。"情感正在很强的时候,他却用很有节制的样子表现他,不是用电气来震,却是用温水来浸,令人在极平淡之中慢慢的领略出极渊的情绪。"陶诗表现出来的不是表面上的洪波巨浪、大起大落,而是把激荡的情感潮水化成深层之潜流,仿佛使它在闸门口回旋了一下,再缓慢地自然流动,浸润于诗行之间;或是让情感从另一条渠道泄导出来,通过侧面的疏引,既表现为对情感的节制,又能达到抒情的作用。总之,诗人使情感之潮流在其笔端流动得那么平稳舒缓,表达得那么悠然自在,外表上则给人以平淡自然的感觉。公元417年,刘裕率师北伐,部将攻克了长安,左将军朱龄石遣羊长史前往关中称贺,羊长史过浔阳。诗人有《赠羊长史》诗赋别。关中恢复,九州行将统一,诗人心情是激动的,我们可以从其诗中徐徐吐露出来的情感把握到他心跳的脉搏。诗人对南北交通打开、国家行将统一有着激昂兴奋之情,但由于现实政治的复杂局面,诗人又流露出对时局发展的深忧远虑。刘裕此时已爬上了晋公的位子,统治阶级的内部斗争会不会影响北伐的成功呢?"欣慨交心",喜中有忧。诗人先从远处说起,把思绪的潮水引向过去。"愚生三季后,慨然念黄虞",诗一开头就表露自己时常企念黄虞时代,希望到中都看看圣贤留下的遗迹,可惜"关河不可逾",只得作罢。接着思绪的潮水流回到眼下,"九州甫已一",正准备车船上路,又由于生病,"负疴不获俱"。这应该是很有感慨了,但又戛然而止,在情感还没有表达出来之前,先在内心里回流了,化作一道平和深沉的潜流,又从侧向流过:"路若经商山,为我少踌躇。多谢绮与角,精爽今何如?"想起了商山四皓,希望羊长史路过商山之时能代为凭吊。末了,情感的潜流又归结到"拥怀累代下,言尽意不舒",由于和四皓相去太远,以不能与之同游为恨。激动和忧虑之情,变作深沉的潜流在诗行里运行;骨子里有一股勃郁之气,表面上却是比较平静的气象。情感的表露,在这里不是呈现为一语道破,不是把它和盘托出,而是表现为层层波浪,诗人在诗末就说,话虽讲完了,却不能把情怀径直表达出来。结尾含蓄蕴藉,给人以浓厚的言外之味。值得注意的是,情感在这种含蓄的表达中仍然自然流畅,让人明白地领会到其内涵。前人所指出的"陶公忧时感事诸诗皆妙,有言尽意不舒、深得怨诽不乱之意"①,大概就是指这种深沉和缓地表达情感之情形。再比如《饮酒二十首》其二:"积善云有报,夷叔在西山。善恶苟不应,何事空立言?"内心里是忧愤无端,却是借疑问的方式表达出来,不是火辣辣地如火山喷发,而是有如大海的风度,在平静的水表下深藏着不平静之滚滚激流。

在陶诗中,还由于诗人之旷达胸怀对情感的作用,使其抒情的方式表现为融情于理,以理化情,让情感热度的外层包裹着哲理的宁静光辉,使得内在炽热的情感抒发在外表上显得那么安详平和。《饮酒二十首》其六写道"行止千万端,谁知非与是? 是非苟相形,雷同共誉毁",诗人猛烈地抨击了现实世界中不讲真理和正义、毁誉无端、是非颠倒的社会风气,但冷静的理智使诗人的心情平静了下来,"三季多此事",既然夏商周的末代都有这种丑恶的情形,那么现实中出现的又有什么不可理解的呢? 只是"达人"不与那些"俗中愚"同伍罢了。诗人要"且当从黄绮"了。没有让强烈的情感一味地喷洒出来,而是以理智节制住,让经由司空见惯到透彻悟解人世真相的达观来慰解心灵之痛苦,冲淡悲激情感的直接倾吐。但是,强烈的情感并没有消失,消失的只是其外在表露形态,情感本身被容纳进理智的宁静光环里,蕴藏在自然的音调与流转的旋律中,只要我们去悉心体验,就会感觉到其存在,并在心灵上带来强烈的震撼。阅读和欣赏陶诗,时常会出现一个缓慢、自然地引起共鸣的过程,这在很大程度上是由陶渊明之抒情方式所决定的。

陶渊明的《拟挽歌辞三首》更是在情感上以理化情的典型例子。其第三首诗一开头描写出"荒草何茫茫,白杨亦萧萧"的凄凉景色,用环境烘托出"送我出远郊"的悲凉气氛。"起境凄感",但往下的抒写则是"意极旷达,一结了截"②。"幽室一已闭,千年不复朝;千年不复朝,

---

① 邱嘉穗:《东山草堂陶诗笺》卷二。
② 孙人龙:《陶公诗评注初学读本》卷二。

贤达无奈何",其中重叠一句,"跌宕以振之,哀响之中发了壮调,然弥壮弥哀矣"①。接着,诗人写道:"向来相送人,各自还其家。亲戚或余悲,他人亦已歌。"送葬的仪式已经完毕,除了亲戚还可能保留着一点悲哀外,别人则早已在唱起歌,死者已快被人们忘却了。诗人以高旷之声调唱出:"死去何足道,托体同山阿!"既然已经死去,还有什么可说?只不过托身于山陵就是了。对死亡的彻悟,使诗人于弥留之际处之泰然。旷达的心胸,起着缓和与控制悲哀情感表达之作用,以哲理的光辉融化了炽热的情感,"言理极尽,故言哀极深"②,却不给人以过分悲伤的感受。悲哀是内在的、深沉的,表面上以达观的态度出之,因而表现为冲和淡远。

此外,陶诗中常有哲理性与旷达意味的诗句,并常把它置于句末。"千载非所知,聊以永今朝"(《己酉岁九月九日》),"但愿长如此,躬耕非所叹"(《庚戌岁于西田获早稻》),"形骸久已化,心在复何言"(《连雨独饮》),"啸傲东窗下,聊复得此生"(《饮酒二十首》其七),"人生固以拙,聊得长相从"(《咏贫士七首》之六),等等,都是出自旷达的胸怀用以理化情之方式,使情感不流于浓厚的感伤和浅露的愤激,给人以平淡自然的外在感觉。

陶渊明的情感表达方式还体现于,在铸造意境时把自身情感自然而然地融入境中,做到不留痕迹。《饮酒二十首》其五"采菊东篱下,悠然见南山",被王国维称为优美的"无我之境",实际上其中自有一个"见南山"的人在,有着人的"心远"与领悟到的"真意"。由于抒情主人公不是直接站出来抒发情感,而是借描写客观的景物,以之组成特定的典型环境,自然地表露出诗人此时闲适的典型感受和安恬的心境。这与李白诗歌意境中之情形有明显的不同。李白那种爆发式的抒情方式,使得抒情主人公常常出现在画面前直接向读者倾吐,把自我放到显著的突出地位上。"仰天大笑出门去,我辈岂是蓬蒿人!""安能摧眉折腰事权贵,使我不得开心颜!"李白在抒发情感时,大量地强调"我",突

---

① 陈祚明:《采菽堂古诗选》卷十四。
② 陈祚明:《采菽堂古诗选》卷十四。

出抒情主人公形象,以增强直接抒情的感染力量。即便是陶渊明诗中亦出现不少"我"字,如"愿言诲诸子,从我颍水滨","路若经商山,为我少踌躇","壶觞远见候,疑我与时乖",但与李白很不一样。"羲农去我久,举世少复真",在陶诗中算是直吐愤慨了,结句却是"但恨多谬误,君当恕醉人",诗人似乎总是要退避开去,这样就把一度高昂起来的语势冲淡了。这就是陶渊明之声音和语势。

总之,陶渊明之情感表达方式表现出和缓悠然、含蓄蕴藉、以理化情与融情于境的特点,这是形成陶诗淡远自然风格的重要因素之一。

在形象思维的过程中,跟情感在一起活动的是想象之展开。陆机描述创作构思过程的情形是"情瞳昽而弥鲜,物昭晰而互进"①,生动地表明情感和物象在形象思维过程中的不可分离。一旦诗思发动,伴随着感情的激动,也就同时出现了物象。物象的出现则表现为想象。想象方式与情感表达方式是密切联系着的。陶渊明之想象方式一般地表现为比较平实,这与其自然和缓的情感表达方式是一致的,并且共同导致了陶诗淡远自然风格的形成。

在陶渊明的大部分诗作特别是田园诗里,诗人想象的展开常常是贴近在现实的世界里,奔驰在人间的大地上。在《归园田居五首》里,诗人把观察、体验过的生活图景重新编织起来,构成了富有诗意的境界。"方宅十余亩,草屋八九间","暧暧远人村,依依墟里烟",想象都是在日常景物上流连。即使是在那些想象之翅膀飞腾起的诗篇里,一般也仍不表现得奇特。例如《拟古九首》其五,诗人设想"东方有一士",说他"三旬九遇食,十年著一冠",羡慕他"常有好容颜"。"我欲观其人,晨去越河关",看到东方士人的雅洁住处是"青松夹路生,白云宿檐端",见诗人到来,弹起了《别鹤操》和《孤鸾曲》。一切都是在想象中进行,但让人感觉到是现实中的情形。有人说:"所言必有其人。"②有人说:"此东方之士,正渊明也。"③说法不同,但都不是把东方士人看

---

① 《文赋》。
② 方熊:评《陶渊明集》卷四。
③ 苏轼:《东坡题跋》卷二。

作幻想中的存在,而是作为现实里的真人,并非虚无缥缈。诗人借心造的幻影以自慰,但又带着他本人的一切出现在我们面前;是艺术的虚构,但又不是异想天开的编造,这表明了诗人的想象在很大程度上是植根于现实的土壤。在《咏贫士七首》其七中,诗人把古代贫士黄子廉的情状想象成:"一朝辞吏归,清贫略难俦。年饥感仁妻,泣涕向我流。丈夫虽有志,固为儿女忧。"邱嘉穗评曰:"此借古人以自况其彭泽归来与妻孥安贫守道之意。本传称其妻翟氏亦能安勤苦,与公同志,'年饥感仁妻'数语,似为此而发。"①所说甚为有理。可见,对古代贫士的想象,是在真实感受的基础上展开的,又在一定程度上带着自己的切身体验,熔铸了他自身的现实情形于所勾勒的形象中。

诗人的名作《桃花源诗并记》描绘了一个典型的乌托邦。这个存在于想象中的境界引起了多少人的神往,并引起了多少文人墨客辩说其有无。王维就把桃花源看成是一个仙境,因而有"月明松下房栊静,日出云中鸡犬喧"的想象,在他的《桃源行》中,这个境界表现得是那么地虚无缥缈。其实,在陶渊明的《桃花源诗并记》中,桃源境界表现得非常朴素生动,它是诗人根据自身田园生活的感受,发挥丰富的想象力而描绘成的,是诗人心目中之幻想存在。一般地说,幻想只有在现实生活太贫乏的时候才能支配人们,现实生活的贫困是产生幻想的根源。桃花源境界正是在诗人的艰难生活之中孕育而成的。"仰想东户时,余粮宿中田",就是美丽想象的第一朵火花。桃花源境界的特点在于,那里面的人、事、景、物都是习见的,现实生活之中就有其某些影子;从诗人的田园诗中,更能朦胧地看到如此之情形。"土地平旷,屋舍俨然,有良田美池桑竹之属",这不就是《归园田居五首》中"方宅十余亩,草屋八九间"等诗句所描写的情形,不就是《移居二首》里"平畴交远风,良苗亦怀新"的图景吗?"相命肆农耕,日入从所憩",不就是"农务各自归,闲暇辄相思"、"时复墟曲中,披草共来往"的人们吗?"见渔人……便要还家,设酒杀鸡作食","皆出酒食",不就有"只鸡招近局"的影子吗?只是这里"春蚕收长丝,秋熟靡王税",自由平等,安居乐

---

① 《东山草堂陶诗笺》卷四。

业,与现实社会中"男不被养,女无应对,逃亡去就,不避幽深"①的悲惨情形形成极其鲜明的对照。桃花源境界是在一部分田园诗对现实加以理想化描绘之基础上,进一步展开丰富想象后的升华。这个并不存在的乌托邦却引起人们寻幽探胜的兴趣,往往指定某处某地就是当年之桃花源,从中亦可以说明,桃花源境界在当时来说虽只是个理想,但它并不虚无缥缈,仿佛在现实大地上就有其存在。如果说桃花源境界昭示的似乎是一种天堂美,那么,这天堂里却渗透着人间的一切,实际上它是纯朴之人间世界,而不是缥缈的仙源。对于这一美丽境界的想象是在人间大地上孕育的,吸收的是现实之原料以加工制作,说到底,它仍是扎根于现实的土壤中,而不是砌在天上的琼楼玉宇。贺贻孙曰:"桃源异境,鸡犬桑麻,非复人间,究竟又不异人间。"②之所以说它"非复人间",是因为在当时的现实中并不存在,只是对"应该如此的生活"之憧憬;之所以说它"不异人间",是因为它是如此的平实,叫人想起了生活中的某些事物,说是"异境",又不叫人感到突兀。如果与李白做个比较的话,那么,李白是立足在高高的云端,从天上俯视人间,诗中的想象总使人感到是一种海市蜃楼式的空中幻景;而陶渊明始终是立足在现实的大地上展开其想象的翅膀,除了《读〈山海经〉十三首》中有几篇是"泛览周王传,流观山海图"的仙界遐想,一般都是在现实大地上奔驰,并不给人以凌空欲飞的感觉。在李白那里,即使是对眼前景物展开的想象,也大多并非按照现实的逻辑。比如说在《庐山谣》里,诗人写他从庐山顶上眺望大江,"登高壮观天地间,大江茫茫去不还。黄云万里动风色,白波九道流雪山",完全是摆脱了真实空间感觉之拘束而展开的大胆想象和夸张。再如在《鸣皋歌送岑征君》中,鸡和凤、蝘蜓和龙、鱼目和珍珠、嫫母和西施,在诗人李白的想象中进行着奇妙的组合,他那瞬息万变的想象方式表现为不受外界之任何束缚,完全为自己的情感所支配,为自身的情感逻辑所制约。陶渊明即使在想象中,也仍是按照现实生活的逻辑而展开。桃花源之境,"山有小口","便舍船从

---

① 《晋书·刘毅传》。
② 《诗筏》。

口入","既出,得其船",完全是现实生活中的顺序,组合得非常自然,其中的人物形象也是"男女衣著,悉如外人,黄发垂髫,并怡然自乐","白发三千丈"的夸张意味在这里是寻找不出来的。李白的诗歌"发想无端,如天上白云,卷舒灭现,无有定形"①,陶诗则"绛云在霄,舒卷自如"②,是《停云》中所描绘的"蔼蔼停云",是《归去来兮辞》中"云无心以出岫"那块安详徜徉的云朵。李白的想象"杳冥惝恍,纵横变幻",从而塑造的形象常常使人感到超凡而不可即;陶诗中的想象则自然展开,最后凝结成的形象让人感到亲切而可近。陶、李诗风之不同,想象方式的差异是其重要的因素之一。

  不应该忽视的是,即便陶渊明遨游于仙界的想象,也仍然表现出其个性特色,并在形象画面上显示出来。《读〈山海经〉十三首》其十二,根据《南山经》上的传说,柜山有鸟,其状如鸱,其名如鹖,出现则其县必多放逐之士,诗人由此而展开想象,想到被楚怀王放逐的屈原,"念彼怀王世,当时数来止";又想到佩青丘鸟可以叫人不惑,诗人深有意味地猜想,大概楚怀王没有见到此种鸟吧?想象是在仙境的两种神鸟身上展开的,由于落眼点在屈原和楚怀王身上,就把鸱鹖与青丘鸟在想象中联系了起来,表达出对楚怀王昏迷不悟的痛恨,为屈原的"忠信乃见猜"而一寄愤慨。再如《读〈山海经〉十三首》其七:"粲粲三珠树,寄生赤水阴;亭亭凌风桂,八榦共成林。灵凤抚云舞,神鸾调玉音,虽非世上宝,爰得王母心。"仙界的美好,反衬出了人间的丑恶。读这首诗很容易使我们想起曹植的《桂之树行》:"桂之树,桂之树,桂生一何丽佳。扬朱华而翠叶,流芳布天涯。上有栖鸾,下有蟠螭……"与曹植一样,陶渊明游仙天外,借以发泄积压在胸中的郁闷,把"生赤水上,其为树如柏叶,叶皆如珠"的三珠树,"桂林八树,在贲隅东"和"载民之国,爰有歌舞之鸟:鸾鸟自歌,凤鸟自舞"③这些神奇的景象拈来合咏,在想象中构成一幅瑰丽多彩而令人神往的境界。我们联想到李贺的《梦天》

---

① 方东树:《昭昧詹言》。
② 敖陶孙语,刘壎《隐居通义》引。
③ 见《山海经》之《海外南经》和《海外西经》。

一诗:"老兔寒蟾泣天色,云楼半开壁斜白。玉轮轧露湿团光,鸾佩相逢桂香陌。黄尘清水三山下,更变千年如走马。遥想齐州九点烟,一泓海水杯中泻。"尘世的渺小和沧海桑田迅速变换的情形,表现出李贺想象方式的奇特,这是构成他奇崛幽峭、秾丽凄清浪漫主义风格的重要因素。而陶渊明即使是对仙界的描绘,也仍然不是像李贺那样异想天开式的突兀图景。陶诗中虽有鸾歌凤舞、仙界奇树,但组合而成的境界不像李贺"更变千年如走马"的奇幻闪忽,也不像他"齐州九点烟"、"海水杯中泻"的大胆夸张变形,在相当的程度上还是表现出比较平实的特点。这是在考察陶诗朴素自然之风格基调时所要注意的一个问题。

"风格是语言的表现形态",虽然,"它一部分被表现者的心理特征所决定,一部分则被表现的内容和意图所决定"①,但是语言本身的特点对风格的表现仍有着重大的影响。在诗歌中,情感的抒发,想象的展开,形象的描绘,意境的营造,都得运用语言去传达。风格根源于内容而呈现于形式,诚于中的内容乃需通过形于外的语言物质外壳才能让人感受到。陶诗语言的质朴平易,对形成自然淡远之诗风有着重大的作用。

钟嵘评陶诗"文体省净,殆无长语",确实点出了其"文体"的特点,这与诗人用白描手法写形造境有着很大的关系。鲁迅先生把白描手法定义为:"有真意,去粉饰,少做作,勿卖弄。"②陶诗中写景一般不着色,也不多用修饰语。《辛丑岁七月赴假还江陵夜行涂口》中"凉风起将夕,夜景湛虚明:昭昭天宇阔,晶晶川上平",《杂诗八首》其二"白日沦西阿,素月出东岭。遥遥万里辉,荡荡空中景",几笔勾勒出一幅广袤的空间,静谧的夜色仿佛从中流溢出来。再比较下面的两节诗:

> 明罕萃时物,北林荣且丰,
> 神渊泻时雨,晨色奏景风。
> ——陶渊明:《五月旦作和戴主簿》
> 惠风荡繁囿,白云屯曾阿。

---

① 威克纳格:《诗学·修辞学·风格论》,《文艺理论研究》1981年第2期。
② 鲁迅:《南腔北调集·作文秘诀》。

> 景昃鸣禽集,水木湛清华。
> ——谢混:《游西池》

虽然都写得比较清晰流畅,但只要细加品尝,就会觉得陶诗写得更加清淡旷远。

再如《拟古九首》其七中,"皎皎云间月,灼灼叶中花",写花只表出其茂盛的样子,至于花之香和色,诗人就让人们去驰骋想象了。"秋菊有佳色"(《饮酒二十首》之七),只点出"佳"字,可谓不着色而自有色。试以颜延之的《待东耕诗》相比较:

> ……
> 浮藻起青坛,沈腴发绀耦。
> 草服荐同穗,黄冠献嘉寿。
> ……

无怪乎人们说他是"错彩镂金"、"雕绘满眼",这种光华艳丽终究是没有生命的一堆色彩,不像陶渊明铅华落尽的诗句里生气内充。王国维评陶渊明"采菊东篱下"一诗说"写景如此,方为不隔",又说:"陶谢之诗不隔,延年则稍隔矣。"①其实,谢灵运的很多写景诗还是叫人有隔膜之感。"采蕙遵大薄,搴若履长洲。白花皜阳林,紫蘤晔春流","阪隰繁绿杞,墟囿粲红桃。鷪鷪挈方雏,纤纤麦垂苗"(《入东道路诗》),色彩太多太浓太杂,使人应接不暇,而终究未能使我们眼前浮现起具体的形象,没有陶渊明"青松夹路生,白云宿檐端"(《拟古九首》之五)那种形象指而可想、清晰如在目前之情形。陶诗不雕琢,反而更传神,"万取一收","离形得似",符合于艺术之辩证法。阳休之说陶诗"辞采未优",还是北朝文士用着六朝人的审美标准;陈师道说陶诗"不文",囿于偏见而常为后人诟病。

陶诗语言的特色又表现为用田家语来抒情叙事。"时复墟曲中,披草共来往。相见无杂言,但道桑麻长。"(《归园田居五首》之二)"农务各自归,闲暇辄相思;相思则披衣,言笑无厌时。"(《移居二首》之二)"孟夏草木长,绕屋树扶疏。众鸟欣有托,吾亦爱吾庐。既耕亦已种,

---

① 《人间词话》。

时还读我书。"(《读〈山海经〉十三首》之一)这都不是什么奇奥的词汇,确是渊明语,也是田家语,带着浓厚的乡村气息。直抒即目,写的是真情实感,用明白易懂的语言来表达,不叫人感到隔膜,使人一下子就能把握住所描绘的形象,获得亲切自然的审美感受。无怪乎清人蒋薰赞曰:"只是口头语,乃为绝妙辞,极平淡,极色泽。"①

陶渊明独特的语言风格还表现在,他用比较接近说话的语言,清而不重,淡而不浓,真挚而不浮饰,在语气氛围上渲染出平淡自然的情调。《饮酒二十首》其十八首:"子云性嗜酒,家贫无由得。时赖好事人,载醪祛所惑。觞来为之尽,是咨无不塞;有时不肯言,岂不在伐国。仁者用其心,何尝失显默。"其语言特色确如施补华所云:"陶公诗,一往真气,自胸中流出,字字雅淡,字字沉痛,盖系心君国,不异《离骚》,特变其面目耳。"②只是要把这里所说的"系心君国"改成对人生苦难的深沉喟叹,会更接近于陶诗的真实意蕴。《拟挽歌辞三首》其一:"有生必有死,早终非命促。昨暮同为人,今旦在鬼录。魂气散何之?枯形寄空木……"诗人以平静的心情诀别坎坷的人生,语言朴素,语气平淡,在诗之外表上呈现出自然质朴的风貌。

联系到陶渊明的散文和辞赋,可以全面地看出诗人的语言特点。《五柳先生传》仅用一百多个字,语言通俗,明白如话,而五柳先生的神态全现。《与子俨等疏》是陶渊明的人生嘱托,对子女一片情深,语言质朴有味。《归去来兮辞》最为脍炙人口,评者曰"《骚》哀而曲,此和而直"③,在一定程度上抓住了其艺术特征。的确,其"旷情逸致",乃是通过"其音和易"的外在语言形式表现出来。这是诗人陶渊明之声音本色。

《文心雕龙》里讲到"因情立体,即体成势",指出体裁风格的差别,又讲到"随性适分"④,即同一作者在写作不同体裁之作品时,仍会表现出创作个性的一贯特征。陶渊明之诗和文有着一致的风格面貌,这在

---

① 《评〈陶渊明诗集〉》。
② 《岘佣说诗》。
③ 林云铭:《评注〈古文析义初编〉》卷四。
④ 参见《定势》与《体性》篇。

语言特征上可以清楚地显示出来,或者说,语言正是造成其共同面貌的重要因素之一。而换一个角度看,同样是诗之形式,陶渊明的五言诗与四言诗却呈现出不同的情形。陶渊明的九首四言诗,除《停云》《时运》和《归鸟》之外,一般艺术成就都不算高,这是由于四言诗语言音节尚典雅凝重,不很适合于表达诗人那种平和淡远的意境;而五言诗尚安恬,陶渊明的情思在这里找到了最合适的表达形式,因而,用近于说话的"田家语",恰到好处地表现了出来。我们从这里正可看出诗人创作个性的方向,也可以看出语言在陶渊明创作风格中之特殊意义。

"作诗无古今,惟造平淡难。"①朴素是美的必要条件,纯朴是真理之美,虚假的艺术作品则常常追求雕琢藻绘和奇特。由于陶渊明情感真实,感情表达和缓,想象方式平实,他就运用朴素之语言自然地表达出来。陶诗语言之平淡是清旷淡远,淡而有味。古人云:"欲造平淡,当自绚丽中来,落其纷华,然后可造平淡之境。"②这是"清水出芙蓉,天然去雕饰"的境界,平淡且深远,别有一番情趣在内。苏轼评陶诗"质而实绮,癯而实腴"③,抓着了陶诗具有丰富内涵这一特征,有其见地,但硬要扯到"绮"字,似未尽妥,倒不如司空图说的"大用外腓,实体内充"④,更为确切。总而言之,由于陶诗意境有着"厚"之特色,因而表现为浑朴;又由于运用朴素自然之语言予以表达,因而表现为清腴淡远。我们可以清楚地看到,在构成陶诗独特风格的因素当中,语言起着何等重要之作用!

风格是一个比较复杂的问题。以上我们仅仅从主观风格因素的三个方面探讨了这一问题。毫无疑问,陶渊明和缓自然之情感表达方式与平实之想象方式,对其诗歌风格的形成具有很大的作用,而特别是其质朴的语言始终贯穿于诗人整个创作过程之中,这种表现方式的习惯性,在形成风格的因素当中具有特殊重要的意义。当然,陶渊明清腴淡远、朴素自然之艺术风格,是多种因素综合作用的结果;这些因素各自

---

① 梅尧臣:《读邵不疑学士诗卷》。
② 《诗人玉屑》引《韵语阳秋》。
③ 《东坡续集》卷三。
④ 《二十四诗品》。

发挥着能动作用,又内在地相互联系着。单方面的分析是需要的,全面的考察更是必不可少的。

4. 诗格与品格

陶诗出现在晋宋诗坛上,似乎是个奇迹。前代诗评家们对此都惊叹不已,交口称赞。宋代真德秀说,《诗经》《楚辞》之后,陶诗"为诗之根本准则"①。清人贺贻孙说,"不知有汉,无论魏晋",这可以作为陶诗自评。许学夷讲得更明确:"惟陶靖节不宗古体,不习新语,而真率自然,则自为一源也,然已兆唐体矣。"②"已兆唐体"者,是说陶诗已开唐诗之醇味;"不宗古体,不习新语"、"自为一源"者,则是说他的五言诗不模仿前人,有着独创性,对这一点我们要做一点说明。其他方面姑置不论,单就艺术方面来说,任何一个诗人都不能脱离前辈诗人所提供的艺术积累条件而进行创作,陶渊明当然不例外。《诗品》说:"其源出于应璩,又协左思风力。"应璩《百一诗》时而带有诙谐的情调,爱用口语化语言发议论,对陶诗可能会有影响,但因其存世之诗甚少,难以做具体的比较;左思对陶渊明的影响则是显而易见的,《咏贫士七首》《咏荆轲》等诗,每每使我们想起左思的《咏史》。其实,《古诗十九首》、曹植和阮籍对陶渊明都有影响。尤其是"语时事则指而可想"的《饮酒二十首》,很容易使我们想到阮籍的《咏怀诗》。但是,陶渊明之贡献在于,他的诗歌比较起前人来,不但在内容上而且在形式上,都提供了新的独创性的东西。他在五言古体的基础上,融合了自己的创造,并能做到"不习新语",对"平典似道德论"的玄言诗风起到了扭转的作用,在"争价一句之奇"而雕绘满眼的山水诗之氛围中独树一帜,从这个意义上讲,说陶诗"自为一源"是恰当的。前代诗人的影响只有通过陶渊明之创作个性才能起作用,这决定了其诗歌不同于前代的阮籍和左思,更不同于同时代的颜延之和谢灵运。

我们曾简略地考察过陶渊明的生活情趣,他是作为一个具有鲜明

---

① 转引自李公焕《笺注陶渊明集》卷首《总论》。
② 《诗源辨体》卷六。

个性的人出现在晋末宋初的。之所以在此又要回顾到这一点，是因为应当把陶渊明的创作个性与其日常生活联系起来予以考察。毫无疑问，把诗人的创作个性与其实际个人两者完全等同起来，与把这两者完全对立起来一样，都是不对的。创作个性和诗人日常生活的个人之间，其相互关系可能是复杂多样的。但是，一般来说，它们之间有着紧密的联系，特别是在陶渊明这样的诗人身上，这一情形就更为明显。

　　陶渊明是带着其本人所有之一切来进行创作的，陶诗独特的风格是他本人风格的投影，说到底，是他本人的政治思想、品行气质、性格修养诸方面在艺术上的综合反映。刘勰说："才性异区，文辞繁诡"，"吐纳英华，莫非情性"，"各师成心，其异如面"①，指出创作个性之不同导致了风格的差异。刘熙载讲得更为简单明了："诗品出于人品。"②这与西方文论中"风格却就是本人"③的命题是一致的。人们常说的"文如其人"，就是指风格因素中的主观方面，而这就是人的精神面貌。歌德说："一个作家的风格是他的内心生活的准确标志。所以一个人如果想写出明白的风格，他首先就要心里明白；如果想写出雄伟的风格，他也首先就要有雄伟的人格。"④风格就是通过语言形式表现出来的精神面貌。这与叶燮在《原诗》中说的"作诗有性情，必有面目"也是相吻合的。的确，"在诗人写的诗里，不仅他写诗的技巧和他用诗的形式说明某种生活现象的才能必然会表现出来，同时诗人本人的性格，他的个性，他个人的品质也将表现在诗中"⑤。"才难然乎！性各异禀……无曰纷杂，皎然可品。"⑥认识了诗人陶渊明的品格，我们也就能够把握住其诗格和诗歌的"秘密"。

　　实际上，联系着陶渊明之人格来考察其诗，这在历代诗论家中代不乏人。钟嵘说"每观其文，想其人德"，虽囿于时代风尚而置陶渊明于

---

① 《文心雕龙·体性》。
② 《艺概·诗概》。
③ 布封:《论风格》,《译文》1957年9月号。
④ 爱克曼:《歌德谈话录》,人民文学出版社1978年版,第39页。
⑤ 伊萨柯夫斯基:《谈诗的技巧》,作家出版社1955年版,第54页。
⑥ 刘勰:《文心雕龙·才略》。

中品,但对其诗文风格与人之关系还是触及了。唐人对陶渊明诗亦时有好的见解,到了宋代之后,人们对陶渊明的人格比先前看得更加清楚了,所以对陶诗也有了更深一层的了解。这时,陶诗的内在价值才被真正地发现,对它的探索进一步深入了,认识也深化了。苏东坡说:"吾于渊明岂独好其诗也哉,如其为人,实有感焉。"①许顗说,陶诗为颜、谢、潘、陆所不及者,"以其平昔所行之事,赋之于诗,无一点愧词,所以能尔"②。陈模讲得更好:"盖渊明人品素高,胸次洒落,信笔而成,不过写其胸中之妙尔,未尝以为诗,亦未尝求人称其好,故其好者皆出于自然,此其所以不可及。"③明人唐顺之曰:"陶彭泽未尝较声律,雕句文,但信手写出,便是宇宙间第一等好诗。何则? 其本色高也。"④清人对陶渊明的研究更加深入了,往往多有精辟之论。钟秀曰:"仿佛陶公之人品,庶乎可以得陶公之诗品。"⑤胡凤丹说:"靖节为晋第一流人物,而其诗亦如其人,淡远冲和,卓然独有千古。"⑥中国古代诗论家的慧眼早就识得了陶诗三昧,而由前人之所见略同也正可看出,陶渊明其人与其诗之关系密切这一特点是何等的鲜明!

梁启超指出:"唐以前的诗人,真能把他的个性整个端出来和我们相接触的,只有阮步兵和陶彭泽两个人,而陶尤为甘脆鲜明。"⑦"真"——这是陶渊明最大的特点。"真"——这是陶渊明做人之准则,也是他做诗之准则。无论是做人还是做诗,他都达到了"真"之极高境界。昭明太子曾看出陶渊明"颖脱不羁,任真自得"的品格与诗歌"语时事则指而可想,论怀抱则旷而且真"之间的关系。苏东坡说:"陶渊明欲仕则仕,不以求之为嫌;欲隐则隐,不以去之为高;饥则扣门而乞食,饱则鸡黍以延客。古今贤之,以其真也。"⑧钟秀评陶渊明的生活

---

① 《东坡续集》卷三。
② 《彦周诗话》。
③ 《怀古录》卷上。
④ 《荆川先生文集》卷上。
⑤ 《陶靖节记事诗品》卷首序。
⑥ 《退补斋文存》卷三。
⑦ 《陶渊明之文艺及其品格》。
⑧ 《书李简夫诗集后》。

"以其性情真故意境远也"①,移之以说明其诗歌境界也同样正确。应该说,陶诗那种真切的艺术境界和自然的风格,正是诗人任真的生活境界和自然风神的折光。真淳的品格和真率的表达,是陶诗的艺术魅力之所在,也是其朴素自然风格之根源所在。

陶诗中无处不闪烁着诗人真率人格的光芒。他抒发归田的愉悦,就唱出"久在樊笼里,复得返自然";他叙述农家相聚的欢乐,就吟咏"相思则披衣,言笑无厌时";他表现怡然自得的情绪,就徐徐吐出"采菊东篱下,悠然见南山";他说家庭生活的乐趣,就欣然写下"亲戚共一处,子孙还相保";他诉述生计的艰辛,就由衷地吐露说"田家岂不苦,弗获辞此难";他倾吐志不得展的悲哀,就大呼"有志不获骋,念此怀悲凄";他看不惯世道的倾颓,就直道胸臆说"羲农去我久,举世少复真";他写出"贫富常交战,道胜无戚颜"的贫士,以为自己的岁寒之友,他又描写出"春蚕收长丝,秋熟靡王税"的境界以表达自己的社会理想。总之,诗人把他日常生活中的喜和怒、爱和憎,对上古时代的回溯和对未来的憧憬,都毫不掩饰地写入了其诗行,他的诗确实达到了"情真、景真、事真、意真"②,其诗歌里那种自然的风格正是诗人真率个性的反映。

元好问《论诗绝句》云:"心画心声总失真,文章宁复见为人。高情千古《闲居赋》,争信安仁拜路尘。"利禄熏心的潘岳竟然可以写出《闲居赋》,因而元好问感叹诗文可以作假,不能显露出作者的人格。不过,他吟咏陶渊明时却说"一语天然万古新,豪华落尽见真淳",还是强调从陶渊明的诗格见出了人格。"诗本性情者系真诗,则一读其诗,其人性情入眼便见。"③在潘岳那里,也是像《关中诗》那样写出了战争带给人民的死亡之痛,像《悼亡诗》那样真挚地抒发了自己的伉俪之情,才能打动人的心弦;像他的《河阳作》《在怀县作》,则是缺乏真情的官样文章,其诗文成就不高,说到底还是由于人格之关系。

---

① 《陶靖节记事诗品》卷一。
② 陈绎曾:《诗谱》。
③ 江盈科:《雪涛诗评》。

方东树曾论述道:"陶公说不要富贵,是真不要;(谢)康乐本以愤惋,而诗中故作恬淡,以比陶公,则探其深浅远近,居然有江湖涧沚之别。""康乐仕不得志,却自以脱屣富贵,模山范水,流连光景,言之不一而作,如是而已……"①谢灵运实现不了自己的政治抱负,才纵情于山水,虽也出于个人的爱好,但更多的以之作为抗拒朝廷的手段,他对官场的荣华富贵还是时时萦怀的。陶渊明则以光明磊落的人格独立于当时的社会,看清了黑暗的现实,对谢灵运辈时时萦念的权利欲,他彻底地予以唾弃。陶渊明虽然也曾以道家之精神反抗现实,但他是真正的无所希求,而谢灵运在诗中虽亦点缀玄言哲理,却是由于在现实中求而不获才到老庄中去找一点精神上之寄托,以慰藉其空虚的心灵。谢灵运写的是"虑淡物自轻,意惬理无违。寄言摄生客,试用此道推"②,但毕竟是"樵隐俱在山,由来事不同。不同非一事,养疴在园中"③的封建庄园主意识;而他"赏心不可忘,妙善冀能同"、"将穷山海迹,永绝赏心悟"的高人旷语,也并不能付诸行动,终于在政治斗争中丢了性命。谢诗中表现出来的似乎高旷的胸怀,带有很大程度上的虚伪性,根本不同于陶渊明之自然真率。陶、谢诗格之不相同,尽管有着题材差异的原因,但根本上还是人格襟抱不同的缘故。一个是情与景会,自然流出;一个是只得借助于辞藻典故,雕缋堆砌。陶渊明诗,专取其"真事、真景、真理","不烦绳削而自合",谢灵运则"专事绳削","绳削而造真";虽然都达到了艺术的真实,但其内涵不同,陶诗朴素自然,谢诗精雕细刻,"自然妙者为上,精工者次之"④,人格的真否以及诗歌表达的真否,导致了诗歌风格之差异和诗作成就之高低。

陶渊明光明的人格与他独特的思想修养有着内在的联系。他的人生观体现着儒、道互补的情形。以儒家严正的生活态度来规范自己并反抗现实,也以道家泯绝一切事物相对界限的哲理来否定现实并安顿自己,因此他的人生态度既现实又不局促,他的胸襟既高旷又切合事理,他

---

① 《昭昧詹言》卷五。
② 《石壁精舍还湖中作》。
③ 《田南树园激流植援》。
④ 《续〈昭昧詹言〉》卷八。

的意趣既平淡而情致又深厚。他在诗中把"人生无根蒂,飘如陌上尘"、"落地为兄弟,何必骨肉亲"这种道家的超脱与儒家的博爱结合起来,以之处理现实中的各方面关系,使其思想与行动获得了和谐的统一。陶诗中的和谐之美,就是其思想上达到的和谐在诗中之体现。同时也要注意到,儒家和道家的文艺思想对陶渊明也有一些影响。道家以自然为美之美学理想对陶诗自然风格的形成有一定的作用。"真者,精诚之至也。不精不诚,不能动人。"①陶渊明的审美理想是"真"的境界。他的诗文绝不会有那种"强笑"、"强怒"、"强亲"的虚假表现。如果说陶诗得之于道家的"自然",那么,儒家文艺思想上讲求的"朴实无华"、"辞达而已矣"②,则对其朴素风格的形成有一定的影响。当然,这也都与他农村田园的生活实践有关,陶诗风格的自然正是农村大自然的对应产物;陶诗风格的质朴正是农民淳厚质朴风貌的折光。自然与朴素的风格特征在陶诗中是互相联系在一起的,我们很难将其具体分开。

　　陶渊明内在之贞刚性格和潇洒冲和之外在表现,最深厚也最平淡之性格特点,也是其诗歌呈现出淡远风格的一个重要原因。孟子那种"贫贱不能移,富贵不能淫,威武不能屈"的伟大人格理想,与庄子那种"彷徨乎尘垢之外,逍遥乎无事之业"遗世绝俗的独立人格思想,都在陶渊明的性格中有所体现。"少时壮且厉,抚剑独行游",表现了他要兼济天下的入世和进取精神;"性本爱丘山","守拙归园田",则表现他"独善其身"的出世和消极退避,但他又是"开荒南野际",在积极地参加农业生产,认为这是人生的正业,诗人表现出来的仍然是对自由人生的执着和追求。在政治上,他不与现实社会妥协,但也不是和统治者进行大刀阔斧的决裂,采取的是归隐式的反抗。归隐后,"委运任化,乐天知命"与"看君于世未忘情"的情形都在他身上存在。别看诗人表面上"采菊东篱下",一副悠然自得的样子,内心里仍有着郁勃不平之气,只是大致上已到了淡然谐和的地步,在外表上显得比较平和罢了。顾炎武指出:"栗里之征士,淡然若忘于世,而感愤之怀,有时不能自止,

---

① 《庄子·渔父》。
② 《论语·卫灵公》。

而微见其情者,真也……"①温汝能评曰:"其心盖真且淡,故其诗亦真且淡也。"②除了指出"真"这个特点以外,顾炎武还说到"淡然若忘于世",温汝能更点出一个"淡"字,说明陶渊明为人和作诗在"真"字上面也仍有其外部形态之特点。朱熹、陆象山以为"陶诗中冲淡出于性真"③。的确,真率的感情,旷远的风韵,高远的志趣,而又淡以出之,在诗歌中就表现为冲和淡远之外貌。"不为五斗米折腰",是贞刚;"悦亲戚之情话,乐琴书以消忧",则又是柔美了。"性刚才拙"与"怡然自乐"在他身上并存着。钟秀评陶渊明的人生态度为"忧世乐天,并行不悖"④,这与"靖节先生品格高迈,而性情则平易近人"的说法是一致的。龚自珍说"陶潜磊落性情温"⑤,"磊落"者,近于贞刚,而"性情温"者,则又等同于柔美;贞刚以柔美出之,是外柔美而内贞刚。陶渊明向孤松致意,更向霜菊折腰,表明诗人追求的是平静之中显示出来的崇高。诗人在诗中把平凡的日常生活与崇高的理想结合起来,在平淡的外表中表现出人格之崇高。潘德舆指出:"陶公诗虽天机和盎,静气流溢,而其中曲折激荡处,实有忧愤沉郁不可一世之概……"⑥从"静气流溢"中看到"曲折激荡处",自然已属慧眼,而"曲折激荡处"之外面是"静气流溢"的形态,实际上提示了一部分陶诗风格是"外优美而内壮美"。这大概就是朱熹所说的"豪放得来不觉"之情形吧。谭嗣同说:"陶公慷慨悲歌之士也,非无意于世者,世人惟以冲淡目之,失远矣!……今其诗转多中正和平也者,斯其涵养深纯,经术之效也。"⑦忘掉陶渊明独特的人生经历而一味地讲"经术之效",这是不妥当的。但是平心而论,儒家之中和原则和温柔敦厚之诗教对诗人是有影响的,正像道家以自然为美之审美趣味对他所产生的影响一样。这是在考察陶渊明人格与诗风之关系时所应当注意到的。

---

① 《日知录》卷十九。
② 《陶集汇评》卷首。
③ 转引自《陶集汇评》卷首。
④ 《陶靖节记事诗品》卷一。
⑤ 《杂诗》。
⑥ 《养一斋诗话》卷十。
⑦ 《谭嗣同全集》卷三。

当然，我们不应该忘记时代。"在构成真正诗人的许多必要条件中，当代性应居其一，诗人比任何人都更应该是自己时代的产儿。"①陶渊明的人格是那个时代环境孕育的，他的诗也是那个时代之产物。前代的评论家也曾注意到这一点。清人施补华看到陶诗与屈骚一样有愤激的内在情感，但随着时代之升降，陶诗在表达类似的情感时不得不"变其面目耳"。这种看法是很对的。施补华还指出"王、孟、韦、柳，皆得陶公之雅淡，然其沈痛处率不能至也"，又把这种差异归结为"境遇使然"，因而要"论其世也"。② 这一看法也完全正确。

我们指出过，陶渊明是那种具有积极意义的"魏晋风度"之典型代表。清人李调元还有一段中肯的评论："陶渊明生于晋末，人品最高，诗亦独有千古，则又晋之集大成也。"③陶渊明的诗品与人品就是以这样的身份出现于晋宋时代的。"代易元嘉号，诗留正始音。"④"欲浑成而有正始以来风气，当看渊明。"⑤陶诗与正始诗坛之联系是紧密的。陶渊明和阮籍都是魏晋风度的典型代表，但由于时代升降之关系，他们创造了两种完全不同的艺术境界，体现出各自时代的风格，又表现出其个人的风格。阮籍的"忧生之嗟"，是由于时代孕育了他内心异常深沉的痛苦，他欲言不能，不吐又不快，终于曲折地吐露了出来。正如《文心雕龙》所指出的那样，"阮旨遥深"，"嗣宗俶傥，故响逸而调远"，"阮籍使气以命诗"，就创造出忧愤无端、慷慨任气的艺术境界。陶渊明生活于晋末宋初，他经历过朝代改换和皇权更迭，战乱频仍，天灾人祸，现实中一片动荡不宁。在晋末宋初的大地上，同样呈现着建安时代诗人们慷慨悲凉的歌声中所哀叹的那种战争灾祸和人民饥饿流离的图景，同样存在着正始时代沉郁思深的音调中所咏叹的政治动乱和人生无常的情形。尽管陶渊明在诗中很少表现出对人民现实苦难的直接描绘，但他仍在不同程度上继承了建安风骨特别是正始风力的内在精神。正

---

① 《别林斯基论文学》，新文艺出版社1958年版，第21页。
② 《岘佣说诗》。
③ 《雨村诗话》卷上。
④ 彭兆荪诗，转引自《青芙蓉诗话》。
⑤ 《雪浪斋日记》。

是在这一意义上,我们说陶渊明是魏晋诗歌的集大成者。不过,更为重要的是,时代在陶渊明的创作个性上所打下的鲜明印记表现为:诗人潇洒脱俗的魏晋风度在诗中之投影,使得诗歌的风貌多呈现为优美。那种冲和淡远的意趣,潇洒自若的气度,使其诗歌的意境带上了淡雅的情调和旷远的韵味,又使得其不少壮美性质的诗境带上一层恬淡的色彩,因而呈现出冲淡平和的外表。陶渊明创造的艺术境界大多是超然物外、平淡冲和的,朱熹就说过"陶却是有力,但语健而意闲",从时代关系上溯源,这乃是由于"晋宋间诗多闲淡"①。鲁迅更精辟地指出:"再至晋末,乱也看惯了,篡也看惯了,文章便更和平,代表平和的文章的人有陶潜。"虽然陶渊明"于世事也并没有遗忘和冷淡",但由于时代变迁的关系,"他的态度比嵇康、阮籍自然得多"。② 陶渊明和阮籍创造了两种不同的艺术境界,这可以从其创作个性的差异中找到原因,同时,也能够从其各自所处的时代中找到说明。

  由于陶诗之意境有着多种多样的侧面,并且随着诗人人生历程的展开,在诗中也相应地表现出一个风格的历程。但是,正如别林斯基所深刻指出的那样:"一个诗人的一切作品无论在内容和形式上怎样分歧,还是有着共同的面貌,标志着仅仅为这些作品所共有的特色,因为它们都发自一个个性,发自一个统一而不可分割的'我'。"③由于魏晋时代是一个思想比较活跃的时期,在一定程度上摆脱了封建礼教的束缚,因而作家在作品中敢于抒发自己的真情实感,能够比较充分地表现出其创作个性,而陶渊明作为一个以真情写真诗的大诗人,他的创作个性在诗中得到了全面而深刻的展现。他的诗歌也的确呈现着共同的特色,这就是那种清腴淡远与朴素自然的风格。这是诗人真率人格的表现,也是时代在其诗歌上打下的印记。诗人艺术上的独创性和"文章不群",正是与他超拔于流俗的情调联系在一起的,而陶诗风格超出了时代(南朝)所能认识的范围,但又确确实实地属于那个时代。

---

① 《朱子语类》卷一百四十。
② 《魏晋风度及文章与药及酒之关系》。
③ 《别林斯基论文学》,新文艺出版社1958年版,第137页。

陶渊明诗歌之影响是十分巨大的。"陶诗胸次浩然,其中有一段渊深朴茂不可到处。唐人祖述者,王右丞有其清腴,孟山人有其闲远,储太祝有其朴实,韦左司有其冲和,柳仪曹有其峻洁",但他们"皆学焉而得其性之所近"①,只能学到与各人个性相类似的风格方面。贺贻孙也指出过陶诗中"独其一段真率处"是学陶者所不及的,"雅懿、朴茂、闲远、淡宕、隽永,种种妙境,皆从真率中流出……真率处不能学,亦不可学,当独以品胜耳"②。这是清代人的结论,也是比较符合实际情形的结论。因而,用不着在此排列出一长串学陶者、拟陶者的名单。"以品胜",这就说明了陶诗风格在客观上的难以企及,并非是那些学陶者和拟陶者的拙劣和不幸;"以品胜",这说出了陶诗之"秘密",也说出了其朴素自然风格之秘密;"以品胜",就是陶渊明以其人格、以其创作个性所赢得的在中国诗歌史上的崇高地位!

　　陶诗风格是不可仿效的"这一个",原因就在于陶渊明的创作个性是不可替代的,而陶渊明所生活的时代亦已作为历史的一瞬融进了"过去"这一概念。然而,陶诗那种独特的艺术风格并没有随着时代而成为过去,或者可以这样说,随着时代的发展,在今天我们更能进一步认清其本来面目和内在价值。陶诗作为在中古时代从中国文学界上空升起的一颗灿烂明星,它放射过并正在放射出美丽的光辉。它的光辉是不会熄灭的!

　　附记:《陶渊明的创作个性与诗歌之艺术特色》系写于1982年的硕士学位论文。该文后来以《陶渊明诗歌意境的美学风貌》《论陶渊明诗歌的审美特征》《适性忤怀与缘意写景——陶渊明咏怀诗意境论》《陶渊明的诗格与品格》《陶潜"简语写深思"》《陶、谢文章意不同》等系列论文发表,分别刊载于《苏州大学学报》《西南民族学院学报》《铁道师院学报》等刊物上。其中,《陶渊明诗歌意境的美学风貌》《论陶渊明诗歌的审美特征》和《陶潜"简语写深思"》被"人大复印报刊资料"转载。现将硕士论文的全文收入本书中,除个别文字稍作改动外,未作其他修改,意在保存当时原貌,并以之深切缅怀指导我研究生论文写作的导师段熙仲教授和吴调公教授!

---

① 沈德潜:《说诗晬语》卷上。
② 《诗筏》。

苏州评说

苏州人：人文风貌与文化底蕴

如果说苏州文化有什么深层意蕴的话，那么就必须考察"苏州人"的人文特征，正是苏州人在其实践中铭刻了鲜明的印记，才使得其文化活动的成果富有那么动人的魅力；而当我们在考察"苏州人"这个文化主体时，又需要联系着"苏州文化"这一母体对其进行的哺育、规范与制约。人创造了文化，文化向人生成。人与文化两者之间的双向构建，是互为交织的相互生成。探讨苏州文化，只有紧扣"苏州人"这个文化主体才容易说得清楚；而在考察"苏州人"时，亦只有联系"苏州文化"这个母体才能有较为深入的认识。

一、源远流长的历史积淀

作为一座具有2500多年建城史的古城来说，苏州是够古老的了，因而有人称之为"白发苏州"。确实如此，如果城市也可以像人一样来计算其年龄的话，那么苏州应该是一位白发苍苍的千年寿星了。在这容颜永驻的苏州城，飘逝过一代又一代的苏州人，他们各以其勤劳与智慧，留下了一行行足迹，打下了一个个烙印。这足迹就成了历史，这烙印就成了文化。历史与文化的结晶，造就了这么一座世间唯一而天下无双的苏州城。这是人之实践的文化成果向城的生成与积淀，而一代代生生不息的苏州人，正是在这城之母体与摇篮中繁衍、成长，生于斯，长于斯，歌哭于斯，与古城共生共存。城，是人之城；人，是城之人。文化底蕴深厚的苏州，总将其沉甸甸的文化气息延递给在之中休养生息的苏州人。

1. 水文化的孕育

苏州是水城，苏州人称得上为"水乡之子"。水是苏州的命脉，是苏州人之根本所系。苏州文化可径直称为"水的文化"。

沿江临海，傍湖枕河，苏州人大大地得了地（水）利。故史家曰："吴有三江五河三利"①；"天下之利，莫大于水田；水田之美，无过于苏州"②；"江南水乡，采捕为业，鱼鳖之利，黎元所资，土地使然，有自来矣"③。"水"，维系了经济的繁荣，也从水上飘起了一座美丽迷人的城市。"君到姑苏见，人家尽枕河。古宫闲地少，小桥水巷多。"这个"东方威尼斯"已在太湖之滨屹立了两千多年。一方水土养一方人。古人曾这样说过："大抵人性类其土风。西、北多山，故其人厚重朴鲁，荆扬多水，其人亦明慧文巧。"④照此看来，苏州人应当归入"明慧文巧"之列。按照中国传统中"仁者乐山，智者乐水"的说法，苏州当然是属于聪慧的智者。从文化形态上分析，一条"水"脉划出了北国与江南的分界，从春船菱藕到渔舟唱晚，从小桥水巷到服饰民居，我们可以处处觅得水文化因子的影子。而从苏州人文化性格的潜流中，亦可以依稀见出悠悠水韵的律动。"动观流水静观山。"如果说苏州人一般不表现为像山一样地厚重，那么，他们总是体现出像流水一样地空灵。

在西方学者中，曾有人用"阿波罗型"和"狄奥尼索斯型"来区分两种不同的文化性格。所谓阿波罗型，指的是希腊神话中日神阿波罗所体现出来的"稳健，遵守秩序，没有竞争心，善处中庸之道"的精神特征；而所谓狄奥尼索斯型，则是指酒神狄奥尼索斯所体现出的"热情，好幻想，竞争心极强，以比他人优越为荣"的精神特征。在中国古代的人物品评中，同样也有非常丰富的理论与实践，但其大要乃植根于中国传统的阴阳学说之中。如果要找到与西方"阿波罗型"与"狄奥尼索斯型"相应之范畴的话，那么"阴柔"与"阳刚"这两个术语可跟上述两者

---

① 《史记·货殖列传》。
② 《吴郡志·水利》。
③ 《旧唐书·列传第五十一》。
④ 庄季裕：《鸡肋编》。

大致相符。再用两个具体的物象来表征"阴柔"与"阳刚"的话,那当然是用"水"与"火"来象征最为合适不过的了。以这样的框架去观照问题,则以"水"来表征苏州人之文化性格显得最为顺理成章。

在苏州这个江南泽国,其水性既非如大江大海之波涛汹涌与起伏不定,又非如山间湍流"飞流直下三千尺"那样气势磅礴而一泻无余,而是那么温柔平缓与清澈明净。这种物象内化为苏州人之性格,就使其表现得如此地平和与安详。言为心声。试听那吴侬软语,音调温软,语音细致,悦耳动听,沁人肺腑,以至于有人过分夸张地说"宁与苏州人吵架,不与宁波人说话"。这是说苏州人讲的话"软",使人联想起它有似水一般的柔和。再如苏州评弹,抑扬顿挫,回环多姿,亦仿佛令人领略到潺潺流水的荡漾。而那独树一帜的昆曲,民间亦有把它叫为"水磨腔"的,其细腻和谐、委婉曲折的风姿,也会让人把它与水联系在一起。吴语、吴音总是温存款款,难怪人们赞许说"乍听吴侬觉有情"、"清柔婉折最销魂"。柔情似水,结穴在人。苏州人与水结合得相当之好,可以说是人水合一,水人一体,水的特征最为充分地显示出了苏州人之性格。大文学家曹雪芹在《红楼梦》中塑造了个国色天香的林黛玉,这林妹妹的籍贯就被安排在"山温水软似名姝"的江南水乡苏州,这大概也并非是漫不经心之笔吧?按照贾宝玉"女人都是水做的"这种逻辑,那水灵柔慧的林妹妹被置身于苏州这样一个生长环境中,不也是挺合乎逻辑的么?苏州之水与水一般的苏州人,体现为大自然向人的生成,最美丽的精神之花开绽于滋润、化育其生长的万古长青的物质之树上。

2. 园林气韵的渗透

套用一句西谚"罗马不是一日建成的",苏州也不是一下子就耸立于吴中大地上的。这里,我们的意思是说,苏州固然是这方水土上的产物,但并非完全靠天造地设,并非凭空从地上就长出一个苏州城来,它乃是天赋与人造的结晶,是大自然与文化相结合而生成的。对于苏州人的文化性格来说,其情形也同样如此。山川水土这种自然环境的赋予,规范与制约着苏州人性格发展之方向,而后天的生存方式与实践活动,则是形成其文化性格的现实成因与根本条件。

城市作为文化活化石,既记录着人创造城市的痕迹,亦从中映射出创造主体在实践活动中向自身的建构、生成与积淀。苏州作为人居之地,虽历尽沧桑,但至今仍保留了"水陆平行"、"河街相邻"的双棋盘式格局,依然可见"小桥、流水、人家"的江南水乡景色。在民居建筑上,表现出其特色来的是"苏州小巷",这犹如北京的"胡同"。幽深的小巷,透发出深邃而又丰富的历史蕴含,也曲折地反映出苏州人的些许性格。北京胡同里的四合院,是一个用围墙圈起来的家庭或家族的小天地,它实际上就是一个小圈子,圈内人容易抱成团儿,讲究哥儿们义气;而苏州典型的旧式民居则沿着一条条小巷展开,把许多差不多一样的单体民宅连成一片,每个单体直接地而不是通过圈子去与社会认同,这就使得他们的圈子意识显得较为淡薄,也比较缺乏抱成团的观念,个体意识则较为突出,体现为各家自扫门前雪,精于持家而较为淡漠政治,不显山露水,不赶时髦出风头。小巷文化在苏州人性格上打下的烙印是清晰可见的。

对苏州人性格之生成产生重要影响的,还有园林文化的渗透。"苏州好,城里半园亭。"苏州的园林,大大小小不计其数,其艺术价值之高,可称得上是中国古代私家园林之冠冕,与以北京为代表的皇家园林遥遥相对。在这么一块不大的土地上,点缀着如此众多的园林,说明了一点什么呢?作为城市山林的苏州私家园林,其当初的主人大多为一些遭贬谪与退隐的达官贵人,无心爵禄的吴中名士,以及崇尚风雅的文人官僚与富家商贾。在苏州园林中,回荡着的是隐逸的旋律,散发出的是隐者的气息。一泓清水,一叠假山,一片宅院,组合成一个个小小的园林。在这种精心架构的作品中,人们通过艺术的再现而塑造出一种第二自然,使人"不出城廓而获山水之怡,身居闹市而有林泉之致",闲适恬淡的心情在对象化了的人造自然中获得了充分的满足。一种"只看花开落,不问人是非"的安闲态度,一种陶渊明式的"采菊东篱下,悠然见南山"的神情风韵,代表着苏州园林所能够带给人的最高境界。苏州被称为"中国文化静谧的后院",大约也是因其有如此这般的园林罢。园林的氛围,熏陶了一代又一代的苏州人。虽然由于各人的才情性分有所不同,并不是人人濡化成了道风仙骨,但对其性格深处的影响总还是有的。一位生长于苏州而现在寓居于外地的文化人曾这样回忆说:我从小与几座名园比邻而居,是在园林之熏陶下长大的,现在回过头想想,这辈子怎么也摆脱不了园林所赋予我的性格了——骨子里的小格局,活得精致;宁为池塘之睡莲,不做出墙之红杏。① 这是当代人的夫子自道,想必其对古代人的影响力也不会小于此。苏州园林是一首凝固的诗,一幅立体的画,其间散发出的诗情画意无时无刻不在陶冶着苏州人,并使其身上透出浓浓的文化韵味来。从城市性格上来看,如果说北京城有趣味,因为它是京城与文化古城,而上海城是市民的,因为它是在欧风美雨中崛起的新兴城市,那么苏州则是兼而有之,它既有文化韵味,又有市民气息,在浓浓的市井气息之中透发着深沉的文化厚味。看一看明代文学家袁宏道笔下的虎丘集会,之中回荡着的是一种雅俗文化并举的双重奏。而苏州园林的构建,使得苏州既有田园都市的散淡,又有文化古城的儒雅。这样一种文化氛围,对苏州人的濡化作用是巨大的。苏州人性格中的闲适与淡雅,恐怕正是从这如诗如画的园林之神韵中来的吧?

3. 状元风采的流溢

作为文化都市的苏州,其灿烂生辉的生长史上最为耀眼的亮点当推赫赫有名的所谓"苏州状元"。状元,这一备受人们关注的文化群落,之所以能够在苏州这块土壤上出现并且长盛不衰,当然是因为有适宜于其生长的文化条件与气候。在这里,人们以往多从经济繁荣、社会稳定和教育发达等方面做探讨与分析。其实,从社会风尚变迁的角度去探求,其间的关联性也是相当明晰的。

的确,苏州人的文化心理上曾经历了一个从尚武到尚文的较大的文化跃迁过程。虽然今日温文尔雅的苏州人很难想象出其祖先曾是好勇尚武之人,但"轻死易发"、"好相攻击"确实是历史上不会被抹去的一页。干将、莫邪之剑曾放射出威武的光彩,而"吴会轻悍难治"也曾

---

① 吴翼民:《蕉叶荷枝各自秋》,《人民日报》(华东版)1998年7月16日。

使统治者费尽了多少心思。左思《吴都赋》描述云:"士有陷坚之锐,俗有节概之风。"这种尚武之风在苏州一直盛行,直到隋唐之后,人们"率渐于礼",风气才为之一变。时至宋代,尚文之风日浓,"今吴民大率柔蕙,或遇上慢下暴,往往容隐弗之较焉"。① 柔让、尚礼之风盛起,而果决、好战之气几乎荡然无存。社会风尚起了深刻的变化,人们的文化心理产生了明显的变迁。这一变化的根源,乃在于中国古代经济、文化重心从黄河流域向长江流域的南向迁移,而这种文化心理的衍变对于社会历史进程的作用亦是不可轻视的。如果从对于一个地区的文化影响来看,其意义则往往更为内在而深远。

苏州区域这种文化心理的变迁,对于状元文化群体的崛起具有重要的意义。固然,由于经济、社会的发展为苏州文化的勃兴创造了根本性的条件,亦由于范仲淹在家乡倡导与创办府学,"天下之有学自吴郡始",苏州"文教由此兴也"②,但其间苏州民众心理上的尚文情结亦委实是一股强大的文化潜流和不可忽视之文化动因。虽说状元文化属于一种精英文化,但它只有植立于具有普遍的民众心理基础之文化厚土上,才能成长得更加茁壮而有力。清代苏州人冯桂芬曾评论说:"吾吴古多文学之士,而羽林、期门、佽飞之选,或代不一人;文武才尤罕。虽范文正胸有甲兵,而西事未尽惬于论者。越在有明,惟韩襄毅号知兵,余无闻矣。"③他道出了苏州人才文、武不平衡之现象,亦点出了苏州古来多"斗将战士"的声名已渐为"因士类显名于历代"的盛誉所掩,但似乎并未能揭出苏州人才偏向于文的内在文化意蕴。由刚健转而柔顺,由尚武转而尚文,这种社会风尚、生存方式的变化,体现了苏州文化的嬗变和苏州人在文化心理层面上之深刻变迁。在这样的文化基础上,只要有适当的条件,就会成长起更多的文状元,而不大可能会是武状元。其原因不是别的,正是由于这里的文化气候更适宜于前者而不是后者的成长。这里说的是一个适宜与不适宜的问题,而不是要评判其

---

① 王鏊:《姑苏志》卷十三。
② 杨载:《平江路重修儒学记》。
③ 《冯桂芬集》卷六。

得失高下。

在人们往往更有兴趣于探讨今日苏州人之文化性格时,我们转而去回溯历史上苏州状元(文人)群落,这当然不仅仅是要发思古之幽情,而是想把现实的情状引向历史的纵深,在历史与现实之间寻找到一个联结点。实际上,这个联结点是客观上就存在着的。一方面,我们看到了社会风尚的变迁以及民众普遍文化心理对于状元精英文化的影响;另一方面,状元这种精英文化对于苏州社会文化心理的影响力亦是显而易见的。状元才郎的风采,金榜题名的荣耀,仕途春风的得意,光宗耀祖的业绩,这些都会给苏州人带来一阵阵兴奋与激动,在其心理上产生一次次撞击与震颤,并进而向原本就尚文的心理层面上又产生一次次沉淀。诗礼传家的榜样,敦厚儒雅的士风,温良恭俭让的文化范式,这种状元文化的流风余韵实际上是对苏州人进行着一次又一次的文化洗礼。状元精英文化对苏州之人文精神的塑造是异乎寻常的。苏州人骨子里就有的那一份文人式的儒雅风范,不能说不得力于此。

文化在苏州这块地域上的展开,是多维度、全方位的;历史在苏州人之性格上的积淀,也是多层次、长进程的。我们在此只是从"水——园林——状元"这三个文化要素的角度,考察其对于苏州人之文化性格塑造的影响,当然它远不是完备的。不过,在苏州人文化性格的历史积淀中,这三者的影响显然是要首先提及的。如果说以"水"为代表的(自然)文化生态体现了苏州文化与苏州人之某种意蕴的话,那么,以苏州园林为代表的物化形态(文化结晶),以及以苏州状元为代表的人文文化景观,则更多地集中体现了苏州的文化含量,从而亦更集中地表现出其对苏州文化的影响,展示出其向苏州人之文化性格的积淀与生成。

二、包孕丰富的文化蕴涵

常常听到有人议论:究竟什么是苏州人的性格?这可不是一个轻易就能说得清楚的问题。当我们在谈论"苏州人"时,总像是言说着一种人人心中共有而口中尚难以精确定义的东西。正像我们在前面从文化生成的角度做了一点探讨的那样,这里再进一步地从文化形态的角度对苏州人的文化性格特征做一些把握。

粗略说来,苏州人的文化性格一般呈现为小巧精细、柔和淡远、雅致秀丽、灵动飘逸这样四个特点,或者可用"小"、"柔"、"雅"、"灵"四个字来简要概括之。

1. 小巧精细的传统

像苏州园林、苏州盆景和苏州刺绣,苏州人总显露出小巧精细的特征,表现为一种精致的传统。这种精致,是内在于苏州人的血液之中的,并非简单的模仿即可奏效。有人举了一个颇能说明问题的例子:在鸿篇巨制的北京颐和园中,其仿造的苏州街中有桥有水,也有楼台榭阁,但终究未能得到苏州园林的神韵。为什么呢?论者以为它缺少苏州园林的精致。这里,"缺少精致"当然是问题的症结所在。而之所以"缺少精致",恐怕就不是因为匠人的技术不精或别的什么缘故,而是由于苏州私家园林与北京皇家园林的趣向不同所致,宏伟富丽的皇家园苑中透发出的总是一股恢宏的王者气息,工匠的精雕细刻只能成为被淹没了的工艺制作而已,它完全不像苏州园林那样,精致制作之本身就成了其生气充盈的内在生命力。所以我们才会这样说,精致乃是内在于苏州人生存方式之本身的。

苏州园林的奥秘在于"小中见大",造成一种"咫尺天涯"的感觉。园子虽小,但构筑奇巧,其长处原本就不在于"大"而在于"精致",在于以小巧玲珑见长。在精心建构的一方小天地中显出高远的境界来,这便是苏州园林式的精致。苏州刺绣亦然。苏绣为中国四大名绣之一,亦以针线细密而著称,人称其"用绒止一二丝,用针如发细者为之,设色精妙,光彩射目"[①],"精细雅洁,称'姑苏绣'"[②]。苏绣的精工细作,是其一大特色。以刺绣之缜密,形象地体现了苏州人之文化精神的细腻与精细。苏州微雕则更是由细小而入于细微,再进而深入于精微的

---

① 张应文:《清秘藏》。
② 王鏊:《姑苏志》。

绝技了。它的精巧称得上是巧夺天工。艺术是人类文化活动的重要领域，在园林、刺绣和微雕等艺术杰作中，其小巧精致的风格，最为集中而典型地表现出了苏州人细心而精致的性格特征，闪耀着苏州人文化精神之光芒。

其实，在整个日常生活领域中，苏州人处处体现出小巧精细的本色来。即以苏州人的吃食来说，苏州典型的文化心态与风格，在之中也同样表现得一目了然。民以食为天。苏州美食之丰富与精致，不止一次地在文学家们的笔下被表现得活灵活现。苏州人大约是天生的美食家。在吃食方面，其选料之考究，配方之独到，制作之精细，风味之隽永，均为不同凡响。苏州人一年四季民间节日之多，恐怕非别的城市可比。其中原委何在呢？虽然生活富庶安逸是其中的因素之一，但再仔细体察一下，则可以看出其会享受生活、会过日子与生活得精致的一面。苏州人的日子过得丰富多彩，而且很有文化气息。精致地生活，反映出苏州人的生活态度，从中也体现出其文化品位。苏州人的精致，又并非是刻意追求，而是一种不期然而然的东西，是其文化特色在各种场合下的自然流露。而要追问到原委处，则由于苏州人总有那么一些园林与刺绣做这种精致文化的底色，他们实在也是没法粗疏的。苏州人给外人的印象总是小巧而精细，否则好像与同他们共生的那些精致玲珑的园林、细针密线的绣品就不那么相协调了。如果要用一种文化图腾去表达苏州人的话，那么，没有什么比用园林或刺绣为内容做成的徽章更适合于佩戴在苏州人胸前的了。

2. 柔和淡远的风格

苏州人之"柔"，亦是异常的鲜明。我们已经把这"柔"的特色与"水"联系在一起予以考察过。"柔"的含义是颇为深广的。柔者，柔弱也。这又可以从两方面讲。从体态上看，柔弱则表现为弱不禁风，甚至于可以说有点儿病态。苏州人当然并非都像豆芽菜般的纤细，浓眉大眼、腰圆腿粗而形似铁塔的大汉有的是，但似乎这并不符合约定俗成中人们心目中苏州人的形象。中国古代就有南人之相与北人之相的说法，并且沿袭至今，而苏州人则又是最为典型的南人之相了。眉清目秀而苗条孱弱,在那位林语堂老先生眼中竟成了"圆滑但发育不全的男人,苗条但神经衰弱的女人"。这当然是偏激的说法,不过也说出了苏州人一般地较为柔弱的实情。即以今日来说,虽然由于物质生活上的丰裕而带来形体上的一些变化,但奶油小生、淑女娇娃的形象总难以与苏州人分身,至少人家外地人就是这么看你。

而从"柔弱"的第二义即从性格特征上看,苏州人也与之牵涉甚深。陈从周在《说园》中亦云:"余尝谓苏州建筑及园林,风格在于柔和,吴语所谓'糯'。"以吃大米和甜糯之食的苏州人,比之于吃面食和葱、蒜、辣椒等辛辣食物的北方人,则北方人身高体健,性格热情粗犷,而苏州人就显得温和柔顺。这里面的缘由是否全为吃稻米或吃面条所致,姑暂不做深究,但此一现象则不容置疑。有意味的是,"柔"的意思用苏州话来讲就是"糯",说一个人柔弱,就会说其"糯"、"软糯",倒也是与吃的米谷挂上了钩。苏州方言中的这个"糯"字,恐怕与整个的苏州文化均沾着不少干系。吴语吴音,非不美也,正嫌其过分柔软与靡侧,甚或有外地人嘲讽其"嗲声嗲气",有一股娘娘腔的味道。这个说法大概过分尖刻了一些。软声细气不好,难道粗声粗气就好吗?!说来这也是长期以来在历史过程中形成的东西,难道都要一日顿改旧时妆吗?四方杂处,八面来客,原本不应彼此厚薄。当然,说苏州话柔软了一些,这倒是不争的事实。林语堂曾比较陕西乐曲与苏州乐曲的差异,用以说明北方的粗犷豪放与南方的温柔和婉。陕西乐曲用一种木板控制速度,声调铿锵,音节高昂而响亮,使人联想起呼号的风声;苏州乐曲则低声吟唱,介于叹息与鼾声之间,喉音和鼻音很重,那习惯性的叹息与呻叹成为一种有节奏的颤抖。他又比较了北京话与苏州话,认为北京话洪亮,节奏清晰;而苏州妇女则轻柔、甜蜜地用一种圆唇元音与婉转的声调,其强调的力量并不在很大的爆破音,而在句尾拖长了的有些细微差别的音节。[①] 与外地相比较,苏州音、苏州话是显得甜软一些,就像苏州人的口味与吃食都偏向于甜的那样。他们喜欢软糯的甜食,而几乎与辛辣无缘。苏州人的性格总要显得柔顺与平和一些,大概与

---

① 蔡栋:《南人与北人》,大世界出版有限公司1995年版,第6页。

此也是息息相关的吧。

俗话说:南方出文人。苏州就更是出文人的地方。苏州这个地方很少出军事家,大政治家也出得不多,出得多的是文人,也出过不少商人。许多文人由科举而步入仕途,有的还挂上了相印,做到位极人臣的高位。这些从苏州这块土地上走出去的文官们,在其为官的生涯中亦总带有苏州文化母体的某种烙印。正像有人指出的那样,这里出的是"柔性政治家",在其从政风格中处处透出一个"柔"字来。举例来说,明代苏州状元吴宽,蕴藉持重,宽厚恬淡,其特点是"不为激矫",为官"不溷溷为同,不侥侥为异,士无贤愚,见者靡不归心……平日不闻有毁誉之言,亦不见喜愠之色","保合兼容,不见畛域"①,因而赢得朝野的一致好评,成了苏州状元们从政的典范与楷模。另一位苏州状元宰相申时行,亦是以柔著称。这位被誉为"太平宰相"的状元,在居首辅的近10年时间里,多以宽大简易行事,矜重谨慎。虽然由于他为政"务承帝旨,不能大有建白",没有轰轰烈烈地干上一番,一味地附和皇上而被人讥为"首鼠两端",但在其任首辅期间,国家亦倒相对地比较安定,"文恬武熙,海内清晏"。这体现出申时行从政的柔性风格。在他归隐之后,乡人钱谦益中进士时前来求教为政之道,这位退位首辅悠然论曰:"政有政体,阁有阁体。禁近之职,在密勿论思,委曲调剂,非可以悻悻建白,取名高而已也。"其大意是说,作为阁臣的责任与一般谏官不同,不便轻易进言以博取好名声,而应当居中暗地协调与补救,这才会于国事有所裨益。他还举了某阁臣为留住一位谏官而力争,结果却因此挂官而去的例子,并感叹曰:"以一阁老易一谏官,朝廷安得有许多阁老?名则高矣,曾何益于国家?阁臣委任重责望深,每事措乎不易。"②这是一位"太平宰相"的为官秘诀,在对家乡后进的谆谆教诲之中,恐亦含有针对那些讥其"首鼠两端"的话而自表心迹吧。这里,作为一位柔性政治家的风貌情状,已经是呼之欲出了。

应当强调指出的是,正如前面所说的,"柔"的含义是宽广的。在

---

① 王鏊:《吴文定墓表》。
② 钱谦益:《列朝诗集小传》丁集。

以柔弱论说苏州人的性格时,我们谈的是总体的性格形态。柔弱并不总是病态的。老子曰:"柔弱胜刚强。"如此说来,"柔"也并不总是弱者的表现。柔而不弱,柔则化而为美,成为一种柔美,而这正是在苏州人身上所集中体现出来的东西。如果再深入一层去看,那么就会发现,苏州人的柔亦有着多种多样的侧面,或有柔有刚,或柔中有刚,或外柔内刚,或刚柔并用,如此等等,不一而足。苏州人总有着浓重的"柔"之底色,从而呈现为一种阴柔之美!

3. 雅致秀丽的特质

城市之底蕴和特色是可以从街道上表现出来的。北京胡同、苏州小巷等就各自展示了该城市的内在文化气息。城市的底蕴更可以从居住在该城市中的人之身上显露出来。除了那些名胜古迹之类的文化遗存物之外,一个城市最后能真正留下来的只能是其内在的文化精神,而此种精神又总是最充分地体现于"人"这个文化载体上的。苏州城之所以有文化深度,是因为除了有几千年的历史和有园林、刺绣这些耀眼的东西之外,更由于这里有受了浓厚的文化熏陶从而富于文化教养与文化韵味之一代又一代的苏州人。而这也就使人立即想到苏州人的另一面,即"雅"之特质。

这种"雅",更多的不是高雅,不是那种高贵的雅味。尽管在某些高级士大夫的生活中我们可以找到这种高贵的派头,但苏州文化的总体格调并不体现于此。苏州并不曾有过多少皇权,即使在春秋时代作为吴国都城曾有过炫耀一时的显贵,但一则为时甚短,二则毕竟为蕞尔诸侯小国,不足以与语皇家王朝的气派。大概与此有关,苏州这块土地上滋生不出多少贵族气派来。当然,这并不是说历史上的苏州就是平民性的,尽管这里的市井气息比起周边的城市来也许要更为浓厚一些。既非贵族,又非平民,这样看来,若说苏州属于文人特质的,也许会较为合适一点。苏州人的文人气息似乎更浓一些,因而在其身上体现出来的"雅"总显示为一种文人之雅。这似乎是很自然的。苏州是一片肥沃的文化土壤,这里的读书种子遍处皆是。浸渍于此一氛围,藏书与读书之风也渐渐吹进普通人的日常生活之中,读书知礼成了其每日的功课与向往。苏州是一座书画之城,人们有珍爱书画的传统,参与此项活动的文化人口之多,鉴赏水平之高,虽不敢说为江南独步,但亦堪称上乘。苏州的盆景独树一帜,一般民众对其均颇有雅好,一盆兰花,几片竹叶,现出了苏州人之家居生活中那浓浓的文化雅趣。即此几端,亦可以窥见苏州人性格中文雅的一面。

苏州人的雅,是一种淡雅。不是说苏州人不懂高雅的艺术,昆曲、评弹不也可以说是很高雅的吗?也不是说苏州人没有高雅的一面,不过比起追求富丽堂皇的豪华气派来,苏州人总要显得冲淡一些。这从他们的穿着上亦可以看出来,绝少大红大紫的装束,难见粉脂浓艳的涂抹,所以苏州女子大概最适宜于穿丝绸料子的衣服,而这里的丝绸也正出奇的精美绝伦。丝绸能传达出苏州人的天生丽质与飘逸神韵,穿出其素雅的风姿来。

苏州人的"雅",是一种儒雅。在其富于教养的风度中,透出来的是一股儒者之气。苏州人较为宽容,善于与人相处,有容人之雅量。历史上这里作为东南一大都会,八方辐辏,万客云集,养成了其海纳百川的胸襟。此处寄寓过、活动过数不清的外地文化名人与大商大贾,这说明苏州不但有好的居住环境与各种各样的文化和商业机会,而且苏州人的心理相容性亦好,具有文化上的可包容性。这是大有儒者"卷而怀之"的气度的。与此同时,这也不断地丰富与深化了这座城市的文化内涵。苏州人还处处充满温情,就是吵起架来,也难得露出凶神恶煞的样子来,而是用一种苏州人特有的吵架方式与语言,这一点也常给外地人引为笑谈。但笑话归笑话,说苏州人总会显得文雅一些,则是确凿不移的事实。苏州人也很精明,这对于在明末清初就产生了资本主义萌芽的城市来说,人们头脑里的商品意识发达一些,计算各种利害关系较为在行一点,原本是很自然的事。这里的人亦比较会做生意,东山帮商人跑遍了五湖四海,被称为"钻天洞庭"。但这里的商人身上散发出的儒商味道相对要浓厚一些,信奉"君子爱财,取之有道"的规则,骨子里还是有一点人文精神,"土财主"的铜臭味与小市民的市侩气相应地要稍为稀薄一点。从经营之道上看,则是于精明之中显露出一点高明来,在斤斤计较的商业计算中,又渗透进了几分文人的儒雅。

苏州人的"雅",还是一种优雅。难得看到苏州人风风火火、心急火燎的样子,若如此则会被人斥为"冒冒失失",权作为"沉不住气"而一笑了之。所以,听苏州人讲话总会感到其不紧不慢的劲儿,虽然尚无资料显示其平均语速比外地人慢,但在语气上要显得柔软、平和与从容一点,则是可以肯定的。语气柔软者,大约与祖上就传下来的苏州话这种方言的音质有关,而平和、从容者,则显露出讲话方式的雅味了,这体现了说话者个人的内在修养,当然它也与苏州的文化传统息息相关。面对着外部世界,苏州人总表现出自己的一种优雅。看那么多学而优则仕的达官显贵,或出仕而作宦游,或退隐而归故里,或恣情山水,或驻足园林,总有一份从容不迫的优游雅致在。再举一个极端的例子:当明朝灭亡之际,朝廷重臣瞿式耜与张同敞均于桂林捐躯。瞿式耜是苏州常熟人,而张同敞为楚地人。他俩于殉难则同,而于殉难之际的表现方式则不同。史书载:"一以从容,一以激烈,此亦各因乎性情,初非有优劣也。"张同敞慷慨赴难,瞿式耜则从容就义,对着死神仍保持了镇定从容、泰然自若的优雅风度,不能不令人叹服。因而有人评论道:"异哉!吴人非吾楚人之所能知也。楚人唯能忍耆欲,耐劳苦,岸傲愤烈者而后能死;吴人居长厚自奉,园林、音乐、诗酒,今日且极意娱乐,明日亦怡然就戮,甚可怪也!"[①]作为一种此时此地的选择方式,出现于苏州人瞿式耜的身上,并不是很奇怪的,他只不过于生死之际把苏州人平日里那种优雅的风姿发挥到极致罢了。

这里需要留意的是,说苏州人优雅,讲的是其行为方式上的某种特质,跟雅文化与俗文化之"雅"、"俗"还是有所区别的。并不是说苏州文化都是雅文化而没有俗文化,实际上,苏州的俗文化同样是相当丰富的。苏州人的突出之处在于,在衣食住行之中,在平凡的一挥手、一投足之中,在其日常的生活方式之中,体现出一种淡雅、儒雅和优雅来。正由于其潜入于日常生活之层面,这种雅味才更显得悠远而深长。

[①] 王应奎:《柳南续笔》卷四。

4. 灵动飘逸的神韵

人们常说，苏州人"秀气"。这"秀"，既可与"雅"相连而成"秀雅"，又可与"灵"相接而成"灵秀"。说苏州人秀气，是说其有优美突出的气质与超拔流俗的雅韵。这秀气是秀外而慧中，外在的优雅正为内在的灵慧之发动。"秀外慧中"这个成语把苏州人特质中的这两个方面恰到好处地表达了出来。正由于有一股灵气内充，苏州人的文雅才不是仅为浅露的外在行为表现，甚或是装腔作势的故作姿态，而是富有深度的内在智慧之外部表达与自然流露；同样，也正由于有文雅的行为样式，苏州人的灵气才不至于像别人那样表现得喷薄而出与才情毕露，而是有所节制，在深藏曲折之中，在含蓄蕴藉之中，得到充分而完美的显现。这正是苏州人的"灵秀"。

苏州人灵秀，得之于自然环境秀色灵气的江山之助；苏州人水灵，有似流水一般地轻灵漾动。鲁迅在《北人与南人》中说过："南人的优点是机灵。"灵活，是苏州人的一大长处，也是其显著的特色。

苏州话中有"活络"一语，与"灵活"之意相当，用来形容那些脑袋瓜子活而不死板的人。活络，就是不呆头呆脑样的古董刻板，不刻舟求剑似的一成不变，不守株待兔式的无所作为，体现出对环境的敏感与应变能力。"活络"见之于思维方式，其表现则为肯用心思，长于动脑，思维富于敏捷性。苏州人这种才思敏捷的特点，想来当与多出文人才子的现象有着内在的关联性。明朝在吴县当过县令的袁宏道曾剖析道："夫吴中诗诚佳，字画诚高，然求一个性命的影子，百中无一，千中无一，至于文人尤难，何也？一生精力尽用之诗文草圣中也。"①他揭示出苏州人重艺文而轻玄思、长于文才而略于哲理的现象，大体上合乎事实，但他在这里只点出苏州人于诗文书画用力之勤，似尚非深入堂奥之论。苏州人于诗文之道颇为着力，这当与其时朝廷取士的科举这根指挥棒有关，而之所以在苏州能出这么多的文人状元，恐怕是因为与苏州人在思维上才思敏捷这个特征有着内在性的联系。苏州人于哲学思辨

---

① 钟伯敬增定本《袁中郎全集》卷二十二。

领域之成就,远不如其在文学艺术领域,这似乎也提供了一个可资参考的旁证。不是说苏州人没有玄远的哲思,但博大的逻辑体系之构造,凝重的天地玄黄之探究,原非历史上苏州人的擅长之处。飘逸飞动的艺坛文苑,更能催发苏州士子们的风华才情,成为其天马行空、纵横驰骋而顾盼生姿的好疆域。哲理深思固好,文史风流亦佳,这里原无所谓褒贬。我们说,以苏州人的灵气,其于形象思维胜过逻辑玄思,更适宜于艺文之创造,并且留下了许许多多令人眩目的辉煌篇章。

"活络"见于苏州人的行为方式,其表现出的总体特征是:不走极端,不认死理,不一条窄道走到底,没有撞破南墙头不回的固执,也很少破釜沉舟、灭此朝食的豪举。苏州人温和开朗,善解人意,做事甚为圆通,讲究经济实惠,追求理想效果,一旦在进行过程当中发觉存有问题,则并不难于改弦更辙。像古代苏州这块江南土地,远离政治中心,皇权的影响力与思想统治均相对地薄弱一些,人们的思想观念也较为解放和活跃,往往能展开理想的翅膀,遨游于自由创造的空间,于"等因奉此"的依样画葫芦之外,时能抛洒出一些别出心裁的东西。从苏州人的深层性格来说,他们不惮于"变",而且善于变。就以尘世间人际关系的处理来说,他们也表现得如此地善于协调,长于通融,精于变通。变则通,通则久,聪慧水灵的苏州人是谙熟于辩证法之精义的。

心灵则手巧。苏州人的灵巧正是慧心灵犀的外在表现形式,聪颖之思变为手下之巧,如行云流水,舒卷自如,如春水放排,了无障碍,在可以表现机智、才情与巧技的无数个艺术领域,苏州人都无不驾轻就熟,将其灵性与天分发挥得淋漓尽致。他们生来就注定了是一群创造美的人,在艺术性的人生之中完成了一件件人间杰作。在这里,没有必要罗列苏州工艺品种之繁多与造诣之精湛,也没有必要诉说苏州人在这些领域赢得了多少个"全国之最",这将会显得累赘而且远非完备。明代工部右侍郎周忱巡抚江南时曾说:"天下之民出其乡,则无所容其身;苏(州)松(江)之民出其乡,则足以售其巧。"[①]有巧艺在身,何患远走他乡谋生之难? 其实,无论是在海内还是在海外,苏州人"灵巧"的

---

① 《皇明文衡》卷二十七。

美誉早已是名满天下而蜚声环宇了。

像盆景、刺绣一样地小巧精细,像评弹、丝绸一样地柔和淡远,像园林、昆曲一样地雅致秀丽,像湖水、溪流一样地灵动飘逸,苏州人显现出了其"小、柔、雅、灵"这四大文化特征。正是这几者的有机综合与整体交融,再加上其他一些次要的文化特点,将苏州人与其他区域的人群区别开来,从而展示出了其鲜明而独特的文化风貌。

三、生生不息的现实流变

从文化发生与文化形态的角度看苏州人之人文特征,只是从特定的视角对其所做的某种观照。实际上,这一框架更多地侧重于横截面式的剖析,尚远未能反映出苏州人性格之全貌,不过是试图在整体上对其作一鸟瞰式的把握。共时态的分析不应代替历时态的探求,而要弄清楚苏州人之性格发展的来龙去脉,更应从微观层次的细枝末节上去搞清楚其内在的演化机制。但是,像那种深入而细致的研究,目前几乎尚未能得到切实而有效的开展,其浩繁的头绪,远非此处所能理清,亦超出了本论题打算涉及的范围。在这里,我们只想简要地评述一下苏州人之文化性格的现实情状与某种变迁,并对其发展趋向作一点探测。

1. 从吴音异化看文化迁移

数年前,苏州某报上曾有过一次小小的、并不起眼的讨论。有人撰文为吴语语音发生异化而感到惋惜,接着又有人就此提出了商榷意见,认为:"吴语语音异化,这未尝不是一件好事。它体现了吴文化潜移默化顺应时代潮流变更的一方面。"[①]本来是一场很有意义的文化讨论,惜乎其未能就此深入展开即草草收场。这大概也符合苏州人平和、温柔的性格而不喜欢去做面红耳赤的争论吧?

满口纯乎的吴侬软语,字正腔圆而荡人肺腑,有人见其出现变味现象而陡生惋惜之情,这种感受是完全可以理解的。但在现实的语境中,

---

① 胡敏:《"吴音异化"异议》,1995年9月15日《苏州日报》。

亦正如惋惜者所提及的"吴语语音异化的社会原因是多方面的,诸如市区籍贯结构的日趋复杂"云云,如此说来,这变化也是迟早可能发生的事,也许可以说是大势所趋,怕是不容易抗拒得住的。苏州话听起来很悦耳,在本地这个圈子里当然可以尽情地享用,但要走出苏州之外去,则还是以讲普通话这种通用语为好,大家显得没有语言障碍而能迅速地沟通起来。如此看来,这吴音异化了一点,也就不是什么值得大惊小怪的事。

重提吴音异化问题讨论这件事,一方面是因为这确实是一个还应当深入探讨下去的问题,可以说它的牵涉面很广,涉及如何看待历史上的吴文化,如何发展今日的苏州文化或者说吴文化的问题,当然也涉及关于苏州人文化性格之评价的某些问题;另一方面,如果说人是一种文化存在,那么,语言则是存在的"家",语言之于人有着极为重要的意义。苏州话与苏州人,这两者之间有着不可分割的内在联系。如果说苏州话在发生着某种缓慢的变化,那么,这是否意味着苏州人的文化性格亦会产生某种变迁呢?如果说苏州人性格起了某些变化,就像吴音异化那样,我们又将如何看待这一文化现象呢?是认为这是对传统的背离,还是认为这是"必要的丧失"呢?是评价其为一种退化,还是说其是一种进步呢?是扼腕为其惋惜,还是拍手为其高兴呢?

外地人说苏州话太甜太软,我们不必与之计较短长;今日发生了吴音的某种异化,我们亦不必为之痛心疾首。风物长宜放眼量。苏州人于"变"之哲理原是颇能领悟的,大可用"平常心"待之。而说到苏州人性格之变迁(这里也确实产生了某种迁移),我们亦应当以平静的心情接受之。当然,这里并不是提倡超然的、无所作为的态度,而恰恰是呼唤一种积极的、善意的和建设性的文化批评。苏州人之性格是美的,苏州人之性格中又有着某种缺陷和令人遗憾的地方。找出其白璧微瑕,弥补其美中不足,正是为了苏州人之文化人格更为完美。

苏州人是幸运的。这里山川毓秀,人杰地灵,园林美景,工艺绝妙,戴在苏州头上的一顶顶桂冠,使得居住于这座城市里的人们感到无上荣光。苏州人又是沉重的。古老的历史传统,深厚的文化层积,在某种意义上对他们来说亦未免不是一种现实的负担,尤其是当其不能妥善地处理好这种历史与现实两者之关系的时候。特别是自近代以来,随着客观情势的变化,苏州原来的显赫地位渐呈下降趋势,在文化上亦于某种程度上呈萎缩状态,失去了当年向周边扩散、传播其自身文化的勃勃雄姿,而处于一种向隅而立的守势。东有新兴大都市上海的居高临下,南有西子湖畔杭州的强势抗衡,西有咫尺近邻无锡咄咄逼人的争霸。谈园林,则扬州挑战;讲太湖,则无锡称先。苏州城似乎已经老态龙钟,苏州人亦有点步履蹒跚,大概在白发苍苍的古城内浸染久了,对近代工业文明的突然降临在心理上准备不足而显得有点儿手足无措。不过,苏州人又是不甘于落后的一群,在一度彷徨、徘徊与观望之后,他们一跃而起,大步直追,力图东山再起,以重温当年苏州作为东南一大形胜的旧梦。

苏州人之志气可嘉,苏州人有余勇可贾。但是,他们对其自身文化性格中的某些弱点,亦应当予以足够的正视并积极地加以克服。

2. 文化辩证法:苏州人性格的另一面

文化是一把双刃剑。当我们说出苏州人"小、柔、雅、灵"这四大文化特征时,在其卓然成一体统的长处之中,似乎亦已伏下了引发其相关弱点的种子。这不是宿命论的说法,也不是历史在跟苏州人开玩笑,而是文化辩证法的这种普遍规律使然,苏州人自然不能例外。从实际的情况来看,这种表现也是多种多样而并非定于一式的。

苏州人精细而失之于狭小。精细固然是长处,苏州人更是精细得可爱。方寸大的檀香扇面上能烫制出《天女散花》图;更要小的象牙折扇上能镂刻上《唐诗三百首》中的全部诗句;在一根头发的横截面上能刻上文字,让人用数百倍的显微镜看出其稳健的笔画与清晰的字体,这都让人叹为观止。但这于工艺则可,而在日常生活中亦像如此精细入微,恐怕就未必成其为长处了。账是要会算的,精打细算总的说来也是对的,但首先得会算大账。"吕端大事不糊涂",小事也不糊涂当然更好。倘若肚子里的小九九拨拉得啪啪地响,而在大账上却失算,岂不成了捡了芝麻丢了西瓜? 所以人们说,既要精明又要高明。过分精明,什么事都精细得很,往往就显得不太高明了。精细与粗疏相对,有时候在某些地方粗疏一点,未免就是什么坏事,反倒可能会显得大气一点。北京的民风就是大气,有人说其像开明的君主或宽和的老人,无所不包,见怪不怪,从容自信,气度雍容。北京人的生活方式与行为方式无不带有"大"的味道。苏州人则与之不同,总被人形容为"小家碧玉"。虽然是"玉",但未掩其"小"。当然也可以说,虽嫌其"小",但终究是"玉",小巧精致而玲珑剔透,绝非粗糙的砖石瓦砾。《红楼梦》中林黛玉这位苏州佳丽聪慧灵秀,但就是多愁善感,总嫌其没一点粗疏,心眼小了一点,心胸偏狭了一点,结果弄得见落花而掉泪,心情郁郁而早早地香消玉殒。这当然是小说中的事,不过也是典型环境中的典型人物,这位小姐身上的苏州味过分浓厚了一些,只能是小家碧玉式的情韵而非大家闺秀式的风范。有人亦将扬州园林与苏州园林做了比较,认为扬州园林既有苏州园林之精细,又有厚重朴实的特点,其原因就在于吹进了一些北方文化的雄风。倘若苏州人既能保持住其精细,又学得一点北方之粗犷;既有细如毫发的慧心,又有意态恢宏的大气,如此岂不更好!

苏州人柔和而缺乏刚劲。虽然说这里曾有过范仲淹那样"先天下之忧而忧,后天下之乐而乐"的阔大襟怀,也有过顾炎武"国家兴亡,匹夫有责"的慷慨之音,还有过《五人墓碑记》中铭记下的仁人志士的威武,但总的说来,此地是柔风盛吹而刚健之气不足。这里的文学在历史上就被人以"华丽而乏气骨"概评之,淡雅纤弱有余而雄浑深沉不足,以清奇绮丽见长而刚劲奔放之势为弱。苏州人文静柔和之一面,凸显了倩女的身影而遮掩了男人的须眉。有位颇有名望的外地作家曾做了这么一个有趣的假设:《水浒传》中那个打虎的行者武松,假如他不是山东清河人氏,而是生于吴侬细语之江南水乡的话,想象他竟是喜欢吃鱼虾蟹虫,吃菱角莲藕,并小酌黄酒的好汉,也会产生一种不对头的感觉。吃这些食物,喝这种酒,能打得了老虎嘛![①] 这位作家很客气地并未把这"吴侬细语的江南水乡"再具体化为苏州,但我们不难从中看出苏州的影子,看出其正是对苏州人的绝妙侧写。至于说苏州人中喝黄酒的好汉是否成得了武松,或者是否打得了老虎,这倒是可以不必深究的。按照我们的想法,倘若有虎可打,有虎要打,则苏州人当中也一定不乏打虎的英雄,只是他们不一定非得用哨棒不可。以上说法云云,自

---

① 李国文:《地域·人物》,《新华日报》1998年8月5日。

然全是假设之辞,是当不得真的,但有一点可以肯定,对苏州人熏陶得多的是园林的雅气,而不是什么虎气。在苏州这种柔性文化的氛围中,苏州人缺乏的是闯劲而不是智慧,缺乏的是激情而不是定力。在其纤柔的身影中,虽亦有其韧性的一面,有刚柔兼备的地方,但总嫌其阳刚之气不足。培育阳刚,振起风骨,呼唤崇高,对于重塑新时代苏州人之形象来说自有其特殊重要之意义。

不过,话也得再说回来。说要在阴柔之中渗透进阳刚,这当然是对的,但要全部代之以阳刚,则既无此可能,亦无此必要。这里要引用苏州人与北方朋友之间的一段对话。一位北方朋友在游览了苏州之后而发感叹说:都说你们苏州人最会过日子,杏花春雨江南,小桥流水人家,我要是有了这些,我也什么都不想干了。这位苏州人听后就回答说:不对。苏州人有着这些并没有什么都不想干——否则哪来的这些!你是北方人,也许应该说,北方人有了这些,北方人就会因为这种宜人的文化氛围而换一种活法。活法一变,想法也就变了,干出来的东西也就不再是野马秋风蓟北,不再是长河落日风沙了——尽管这并没有什么不好。① 北方朋友和苏州人这两者之间的对话是意味深长的,而这位苏州人的回答亦颇发人深思。苏州(南方)文化与北方文化各有千秋,均是各自所处客观环境中诸多因素相互作用、相互制约的产物。苏州人文化性格中以柔见长的特征,是在长期的历史演化过程中形成的,这种文化风貌可能还会长期地保持下去。我们讲苏州人缺乏一点刚劲之气,要吸收进北方文化中阳刚的因素,正是为了兼容并蓄,以更好地适应变化了的社会历史环境的需要,而不是像泼洗澡水那样把孩子都一并泼洒掉,将苏州的柔性特色亦全部丢掉。在谈论苏州人文化性格的优劣得失时,我们应当始终以辩证的眼光对待之。

苏州人雅致但少其洒脱。苏州人总显得文气了一点。过于斯文,则少了一股猛打猛冲的闯劲。有人说得好:《水浒传》中人物那种风风火火闯九州、那种说走就走的游侠精神,在苏州文化中多少要有一点才好。在当今市场经济的激烈竞争中,人家温州人什么的都闯到苏州来

---

① 《君到姑苏见》,《苏州杂志》1998年第3期。

练摊,生意做得红红火火,苏州人当中究竟有多少人能到温州或什么州去闯荡的呢?恐怕力度远没有人家那么大。回想当年上海被称为"小苏州",而今日的苏州则不能称为"小上海",当此称号者是近邻无锡。从内在的文化精神上看,其中也不是没有来由的。比起文绉绉的苏州人,无锡人似乎要显得"野气"一点,这个"野"字实质上是一股做事的闯劲,是生气勃勃的生命力之外溢。说起太湖,苏州人总不服气地说无锡人抢了太湖。至今人家外地人(包括外宾)提到太湖,大多只知有无锡而不知有苏州。其实,三分之二的太湖水域在苏州境内,怎会让无锡人独领风骚呢?苏州人到底怎么啦!说无锡人抢了太湖,犹如在网络上抢注商标,为什么你苏州人就没有这个意识?文弱的苏州人大概是不屑于"抢"的,结果让无锡人大做太湖文章,而自己落得在那里说闲话,是所谓君子动口不动手。实际上,说无锡人抢太湖也罢,说其善于开发、利用太湖也一样,人家就是能闯出一条路子来。眼下他们又摆出立足大旅游和开发大太湖的谱来,并一着着地见诸行动,相比之下,苏州人是不是"糯"了一些?该出手时就出手,做太湖文章如此,做其他事又何尝不然?苏州人是该爽快一点,洒脱一点,闯劲足一点了!

苏州人空灵而少了厚实。在奉送了无数顶桂冠给苏州人之后,人家还送了一个"苏空头"的雅号,虽不无调侃之意,但细想想确也打着了痛处。"苏空头"一语,对其下定义颇难,大概是说苏州人说得多而干得少,外面漂亮而内里空洞。且不去管其言语刻薄与否,这倒也值得引起苏州人深刻的反省。苏州向来不缺少脚踏实地、勤恳做事的人,不然的话,何以取得今日之辉煌!但我们也得扪心自问:苏州文化精神中是否亦有妨碍其大发展的因子?鲁迅说:南方人"机灵则流于'狡'"。苏州人灵活机敏,是否会由此而带来一丝虚气与浮气?有似水之流动的飘逸,是否会少了一点山一样的厚重?多少年来士人才子之雅风余韵,是否会给这里留下纸上文章的空论而少了一点实际事功的践行?从文化特征上看,空灵则有违于质实,往往给人以虚浮与华而不实之印象,再加上其精明干练,则易于使人对其做出"圆滑世故"之评价;而北方人带有的那种雄浑苍凉的气象与敦实厚道之风格,常给人以稳重与可信任之感。再从实际事功上看,空灵亦有其明显的缺陷。与近邻无锡相比较,在向近代城市的转型过程中,无锡人捷足先登而成为太湖流域的工商城市,被誉为"小上海";而苏州由于诸多原因,只成了一座消费性城市,直到近数十年来才逐步改变了这一被动局面,并渐呈后来居上之势。在诸多因素中,苏州人自身之主体因素应具有相当重要的作用。无锡人之实干精神与经营之道,委实使苏州人获教颇多,受益不浅。空谈误事,实干兴业,苏州人当有负重致远之志,兴求实、务实之风。诚如斯,则"苏空头"一语于我何涉!

3. 集体无意识:深层文化的探询

绵长的历史,深厚的文化底蕴,使苏州人有了较外地人更为充足的文化底气。这是今日苏州人进行现代化建设之强有力的凭借。然而,从主体人格适应时代发展的总体要求来看,仍存有种种不如人意的地方,有些文化表现则似乎贯穿与融化于苏州人的日常生活之中,成了一种文化上的"集体无意识"。正由于它是习惯的、共通的与从众性的行事方式,常常自觉或不自觉地以之为当然,即使其已成了某种缺陷,也往往不为苏州人自身所留意,大约是即所谓"只缘身在此山中"罢。而这种种之文化集体无意识中的负面因素,如不能得到有效的克服,则有悖于浩浩荡荡的时代精神之洪流而于苏州之发展无助。

苏州人应当解开"天堂情结"。"上有天堂,下有苏杭。"苏州似乎背负着"天堂"的称号太久了。多少年来,苏州人的天堂情结似乎不是在减弱,而是在有意或无意之间得以强化,再加上外地人对苏州之习惯意义上的交口赞誉,也容易使苏州人变得晕乎乎、轻飘飘起来。苏州的确美,在历史上也曾风光得很。想当年,上海滩上以通行苏州话为荣;即使在京城里也有一条苏州街,并有"多少北京人,乱学姑苏语"的说法,亦可以窥见苏州之影响。凡此均说明其时苏州文化之影响力非同小可,在向四周不间断地进行文化传播与扩散,俨然为一大经济与文化中心。文化之昌盛与经济之繁荣,表明老祖宗阔得很。大概由于这个缘故,苏州儿女也就容易生出一种怡然自得的情绪。为苏州的历史与文化而自豪,这当然是对的;由自豪而油然生出对自家城市发展的自信,这也没有什么不好。只是这种自豪与自信不要盲目得过了头,蜕变而成一种自恋情结。从其津津乐道于"上有天堂,下有苏杭"一语来看,恐怕还是有一些的。苏州人出去走南闯北,但有不少人回来总说"还是苏州好"。其爱家园之情感可嘉,而自恋情绪亦隐约地现出了端倪。自我感觉太好,总容易看不到自身的白璧微瑕。尽管这还说不上是夜郎自大,也不能说是敝帚自珍,但总嫌沾上了一点自恋。文化自恋则不易创新,易生满足之感。虽说自恋有时会现出富于自信的长处,却常有进取心不强之虞。与苏州相较,无锡人没有太多的老底可以炫耀,这倒也好,少了一些沉甸甸的历史包袱,靠自强不息硬闯出一条路来。苏州人的"天堂情结",实际上是一种文化心理狭隘性的不自觉之流露,骨子里有一丝文化优越感的影子在作祟;它之作用,是比讲苏州话以示与外来人相区别要来得更为含蓄与隐蔽,也更为内在而持久。这里也许把话说重了一些,但苏州人的天堂情结总得解开一点才是。唯其如此,才能从文化自恋的保守主义形态中解脱出来,以实现新的文化超越。

  苏州人应当走出"小巷意识"。弯弯曲曲的小巷,悠长而深邃。它是苏州城里的一大人文景观,也是苏州人文化风貌上的某种写照。苏州人犹如藏于深闺待字的小家碧玉,她步履轻盈,仪态明净雅洁,在"小巷一夜听春雨,明朝街头卖杏花"的生活节律中度过其悠悠岁月。一条条小巷就像一个个桃花源,静谧美丽而富于诗情画意。人们脚踩在小巷的石板路上,依稀可以听到从巷子深处传来悠长的历史回声,但那高高的院墙,又经长年累月的风化而成斑斑迹迹之状,陡然使人产生一种凝固与滞重之感,仿佛岁月在这里已经停滞,让人生出"不知有汉,无论魏晋"之感。而走进那一方方院落,则又会使人感受到空间被挤压而缩小之况味,世界在这里变小,也变得更为精致。那围墙把一个个院落包裹得厚厚实实,形成了诸侯割据式的所在。苏州人浸润于小巷深处的氛围之中太久了,容易滋生与哺育出剔透玲珑的小户人家之人文风貌,而缺乏或者说少有一股"王者之气"即阳刚之美,缺乏那种雍容华贵、气宇轩昂有似云吞八表的雄浑气概。长期的小巷生活之习惯性沿袭,使得其生存文化中深深地铭刻上了小巷意识的印记,这就难免使得其眼界与心胸显出某种程度上的内敛与狭窄,表现出人文精神上的萎缩与缺乏刚劲,所以,我们应当走出小巷意识。走出小巷意识,就是走出小桥流水,走出小巷深处,走向五湖四海,走出苏州去看看天南海北。且不说北京、上海,就是看看大连、青岛呀,看看深圳、厦门呀,总能向别人学到一些什么。听惯了叮叮咚咚悠扬乐曲的耳朵里,再吹进些北国劲歌与西部之声;看熟了粉墙黛瓦、曲径回廊的眼帘中,再映入些塞外风貌与苍茫气象;饱览了吴侬软语的风姿,再领略一下燕赵齐鲁的慷慨情怀,会开眼界,长见识,得滋养。今日的苏州人在小巷之中熏陶久了,是会生出惰性来的,因而走出小巷去呼吸一点新鲜的文化空气,就是走出自身的闭塞,走出历史的局限,摆脱作茧自缚,实现文化上的自我突破,走向新的辉煌!

苏州人应当打破"园子格局"。何谓"园子格局"?就是说,苏州人的思维方式、行为方式总显得与苏州园林的格局相似,或者竟可以说呈同构关系。这其实也是一种文化集体无意识。苏州园林精美绝伦、小巧雅致,还得了一块"世界文化遗产"的牌子,但无论怎么说,其格局总显得小了一些,终少浩渺无垠之阔大气象。这于园子则可,或许还可说别具一格,但假使苏州人的心胸也像园子这般大,于虑事与行事上呈如此格局,那就不成其为美,倒未免小家子气十足了。每个城市都有一个文化境界之问题。人家说你苏州小,有些苏州人颇不服气。苏州小什么呢?看看历史,苏州不小;瞧瞧现实,苏州也很辉煌。即使从城市规模上看,苏州也变得愈来愈大,诗人张继"姑苏城外寒山寺"的诗句应改写为"姑苏城内寒山寺"了。但实际上,这只是文化的表层。苏州的城市规模从原先的小格局变得大了起来,这并不意味着苏州人的文化心理已经成熟到足以与时代的文化精神相适应的地步。说苏州格局小,就是小在文化境界上,小在眼界与胸襟上。有人说,苏州人应当给自己定位,从"中国文化的后院"之束缚中解放出来。苏州作为休闲城市,似乎早已是历史的定格。这里仅成为那些功成身退或功未成而身先退的志士文人"鸟倦飞而知还"之温馨的安乐窝。早先有人提到中国有三个城市"少年不宜久居",其中之一就是苏州。这倒不是说它不好居或不易居,而正由于其为繁华热闹之地,生活过于懒散,于年轻人之进步不利,故而"不宜久居"。是后院而非前庭,是退隐之人休闲肥遁的园地而非年轻人驰骋功名的场所,这仿佛就给苏州定了格局。人们居于此地,其心境也就更为平和,在这后院里"悠哉游哉,聊以卒岁"。又有人说,无锡的人文景观不是很多,特别是比起苏州来就更显其少,可说是"小文化",但无锡人在文化底蕴不足之情势下,硬是宏大其境界,敢于开拓创新,争先求大,甚至于无中生有(譬如说"吴文化公园"之类,就是新造于无锡而不是在苏州),在"小文化"中显出了"大境界"。苏州文化底蕴丰厚,说其"大文化"则是当之无愧,但境界实小,有似园林,可说是"大文化"里的"小境界"。无锡寄畅园因衔着山梁而显了大气,蠡园则借五里湖之水而自成开阔。这还只是表象。无锡的大企业、大集团开出来也是个头大、体格壮,而苏州的企业中大舰船就很少,虽说这规模大小与各自所涉及的多种因素有关,但与苏州人长期以来文化格局之小恐怕亦不无关系。所以,我们应当打破园子格局。打破园子格局,就是走出格局小、气魄小的境地,摆脱小家子相,以更阔大的胸怀与魄力,以海纳百川、包容万物的气度,开阔大思路,寻求大手笔,立足大发展,实现大突破,更上一层楼,再创新境界!

　　解开天堂情结,走出小巷意识,打破园子格局,苏州人应当有这样的文化上之自觉。为了与现代大市场的文化精神相适应,为了与时代发展的节律相合拍,苏州人应当在保持其文化性格中的长处之同时,努力克服其不足与弥补其缺陷之处,来一番脱胎换骨的艰苦锤炼,不断地改造与提升自身的文化品格,以展示出苏州人崭新的文化风貌!

　　我们很高兴地看到,从文化的深层去看,苏州人的价值观念、行为方式与文化心理、文化性格等均在发生着深刻的变迁。譬如说,苏州人的性格是以"空"与"文"而著称的。所谓"空",即指那个"苏空头"的雅号,意谓其尚虚多而务实少,重清谈而轻实务;所谓"文",意谓其尚文质彬彬而斥犷野质朴,尚风流儒雅而鄙急功近利。而今,市场经济的潮水猛烈地洗涤着苏州人的心灵,苏州人开始变"实"了,变"野"了。这"实",就是不尚空谈,实干兴邦;这"野",就是在激烈的市场竞争中傲岸倔强不服输的斗志与小卒过河不回头那种大胆地往前走的虎虎生气。当然,这"实"与"野"亦仍具有苏州人原有的文化色调:斥空谈而仍保留着苏州人那一份空灵的秀气,去斯文而又承传着苏州人那一种文雅柔和的风范,干实事、讲实绩、求实效而保持其灵巧与精细,走向市场、发展经济而不失其儒雅的风采。用空灵而尚实干,去文饰而做儒商,苏州人于文化性格之变迁中亦仍有其不变之处,苏州文化在中国文化之林中仍然是具有个性魅力的"这一个"。在走向现代化的进程中,苏州人文化性格中的这种魅力,将会对其伟大的现代化建设进程产生重大而深远的影响,并将在文化学上越来越显示出其重要的典型意义!

最后,我们感到有必要在这里赘言的是:"苏州人",在此处被用为一个有特定含义的文化概念,之中包孕着丰富的文化蕴涵。"苏州人"概念的提出何以成为可能?这并非是一个不言自明的问题。"苏州人"概念既涵盖了一个个活生生的个人,又代表着一种文化类型,并且我们更着重于在后者的意义上使用这一概念。众所周知,能否用一种文化模式去代表一个区域的文化特征,这在文化人类学家当中不是没有争论的。有的学者就提出:从有限的资料中概括出一个区域的人格模式,是否会过于简单而因之带上浓厚的主观色彩?应该说,这样的批评不是毫无道理的。但是,科学研究总是要求人们做出一些合理的归纳与逻辑的推论,只要我们常常提醒自己做出这些归纳与推论的范围、条件与应当注意之点。就对苏州人文化性格所做的归纳而言,问题不在于去要求所有的苏州人都千人一面或千篇一律地呈现为一种行为模式,而在于我们能否准确地把握住大多数苏州人(特别是作为一个文化区域来说)在总体上体现出来的文化特征。同时应当注意的是,"苏州人"这一文化概念又是一个动态的历史概念。把历史上的苏州人完全混同于今日之苏州人,这当然是幼稚可笑的,但今天的苏州人又确实是对历史上苏州人的某种继承与发展。不注意二者之间的区别是不对的,而割断其间的联系同样是错误的。这里体现为历史与逻辑的辩证统一,体现为苏州人与苏州文化在历史行程中之不断地相互生成。如果说在我们的初步研究中,能够在大体上描述出"苏州人"的某些风貌和某种本质,使人们隐约地感到"这有点像苏州人",那么,这或许就不能算是一次失败的尝试了。

原载《苏州大学学报》(哲学社会科学版)1999年第1期,《人大复印报刊资料·中国地理》1999年第4期转载。

苏州现代化建设的文化蕴涵

对于一个重要的历史文化名城来说,谈论苏州与文化之关系这样的话题,需要论说而又值得探讨的内容似乎是太多的了。在这片古老文化的土地上,走向新世纪的苏州人在大踏步地迈向现代化。其现实的文化取向如何,其走向现代化进程中的文化蕴涵又是什么?这是一个为人们所普遍关心而又颇感兴趣的话题。

一

瞩目神州大地,到处都开展着声势浩大的现代化建设运动,这个中国数代人梦寐以求的理想正在逐步地变为现实。经济建设的浪潮以排山倒海之势,使中国的面貌发生了日新月异的变化,这是中华民族走向繁荣昌盛的希望之所在。在经济建设的滚滚洪流面前,许多同志提出要同时注意文化建设的问题,一些同志则针对某些地区忽视文化建设的情形,提出了警惕出现"文化沙漠"的忠告。应该说,提出这个问题是切合时宜的,其出发点也是善意的和严肃的。现代化建设不光是经济建设,也包含着文化建设。我们常常说物质文明建设与精神文明建设一起抓,也就包含有正确地处理上述之两者关系在内。之所以在当前出现一些经济建设与文化建设之间发展不平衡的问题,大约是由于一些地区对于这两者之间关系的认识与处理上的偏差所致。大致有这样一些认识上的偏差:以为"经济建设搞好了,文化建设自然就会跟上去"的"自然论";以为"先把经济建设抓上去,然后再抓文化建设也不迟"的"先后论";以为"还是经济建设这个硬指标要紧,文化建设则是伸缩性较大的软指标"的"软硬论",如此等等。平心而论,这些同志一头扎下去只顾抓经济建设的迫切心情是可以理解的。中国属于后发型搞现代化的国家,与西方发达国家的现实差距常使人们将经济上的赶超作为首要目标,顺理成章地参照西方国家的一些指标参数,而在内心里不断地掂量着:我们离现代化究竟还有多远?

实际上,发展经济须臾离开不了文化,其道理甚为浅显易明。比如说,现在大家对"人的现代化"是现代化的核心这一点已达成共识,正像英格尔斯所指出的那样,人的现代化"并不是现代化过程结束后的副产品,而是现代化制度与经济赖以长期发展并取得成功的先决条件"。人的现代化之问题,说到底是一个文化的问题,它要求我们在文化这个层面上去予以解决,而这是超出经济指标之外的东西。这样说,当然并非是不要有一些必要的指标体系,也不是意味着人的问题、文化的问题就是不可以具体规范和言说的,而是意在指出当前现代化建设中出现的一种片面现象,即往往更多地注重工具理性层面而忽视或轻视价值理性层面的东西。美国学者贝尔在《资本主义的文化矛盾》一书中曾正确地指出:"为经济提供方向的最终还有养育经济于其中的文化价值。"我们说不能搞了经济而忘了文化,不仅是从要改进文化设施等含义上去理解文化问题,而且是更想提醒人们注重从文化价值的层面上去解决"唯经济主义"在现代化战略选择上所遇到的某些困难。而这也正是我们要考察苏州走向现代化进程中之文化底蕴的本意所在,也正是其典型的普遍意义之所在。

众所周知,苏州在社会主义物质文明建设与精神文明建设上是取得了双丰收的,其经济、社会、文化协调发展的做法也得到了广泛的肯定。在实现经济快速增长的同时,他们切实注意了文化、社会的齐头并进与同步发展,不是那种"没有发展的增长",而是一种全面的进步。有人说,苏州经济的增长为文化、社会的进步奠定了基础。这当然是对的。同时也应当说,文化、社会的发展也为经济的增长提供了强有力的动力与保证。在这里,经济、文化与社会三者之间达到了一种相互推动、相互促进的良性循环。"文化是生产力"之说法的正确性,可以在苏州找到一个很好的注脚。

如果说苏州抓经济建设是"咬定青山不放松",那么,苏州人抓文化建设也是不遗余力的。虽然以英格尔斯提出的现代化之文化设施的指标来衡量,尚存有较大的差距,但是考虑到目前苏州正处于从小康型文化向现代化文化转型的阶段,再结合其经济、社会方面的现实情形,苏州的文化设施还是与其基本相适应和相符合的。这也证明,文化的发展是要有其现实的经济与社会基础的,不可能有一个文化的"乌托邦"。

一位作家曾经这样说过:苏州,不是一个历史符号,不是某些古风古俗的摹写、复印,它的现实性,它的生命力,表现在它的动感、它的创造活力。在走向现代化的进程中,具有深厚文化积淀的苏州不但以其绵延不断的文化继承性,而且更以其活跃跃的文化创造性,推动其走向新的辉煌。探讨苏州文化之昌盛,要从文化表层诸如文化设施的完备与科技、教育水平的发达等方面去考察,更要从文化的深层即文化价值观、文化心态和文化精神等方面去探寻,而这是苏州现代化建设之更为内在的文化意蕴。

人们都盛赞"张家港精神"。张家港是苏州所辖的六个县级市之一。张家港精神是在苏州这块吴文化古土上孕育出来的崭新的文明成果,是苏州文化蕴涵的一个典型范例。有人总结得好:张家港人精神的内涵是作为中华民族传统美德的艰苦创业精神同具有时代特征的开拓进取精神的完美结合。这一说法,既点明了张家港精神有着丰富的优秀传统文化的底蕴,这属于文化继承性的一面,又点明了张家港精神有着鲜明的时代印记,体现了改革开放时代的文化风貌,这是其文化创新性和发展性的又一面。这种继承与创新两者之间的完美结合,正是张家港精神最深层的文化内涵,是其在文化学层次上最为耀眼的文化特征。

高度凝练概括了张家港精神的四句话——"团结拼搏,负重奋进,自加压力,敢于争先",展现了中华民族优秀传统文化与时代文明的结合。拼搏、奋进、争先,这不是体现了"天行健,君子以自强不息"的乾道精神么?自加压力、坚忍负重,这不是体现了"厚德载物"的坤道精神么?乾坤并建,刚柔互用,描绘了苏南大地上最新最美的图画,托起了走向新世纪的时代乾坤。民族文化的脉线在这里延续,同时,这一文化精神的命脉在新时代的条件下增添进了大量的新鲜养分,使其跳动的脉搏更加地强劲而有力。张家港在苏州大地上的崛起,展现了在市场经济大潮中张家港人全新的精神风采。张家港奇迹是张家港人用自己勤劳的双手干出来的,其领头人被誉为"很实在,是个实干家"。这些实干家们弄潮于市场经济的海洋,在他们身上集中地体现了敢于开拓的竞争意识与含茹包容的开放心态,实现了从知足常乐、因循守旧的小农意识向不断进取、勇于创新的大生产、大市场观念的初步转变。一走进张家港,人们就会强烈地感受到其"闯、争、抢、拼"的紧张的工作节奏,体验到那种乐观向上、只争朝夕的生机勃勃的文化氛围。张家港的大发展,是从瞬息万变的市场机遇中抢出来的;张家港今日领头雁之地位,是从百鸟展翅的群雄奔逐中争得来的;张家港的道路,是凭着一股拓荒牛的闯劲开拓出来的。在这里,那种"出头椽子先烂"的保守意识不灵了,那种"贵和"、"尚中"之传统思维模式的局限性被突破(或者准确地说是被扬弃),而代之以"样样工作争一流"的"自加压力",代之以"大胆地试,大胆地闯"的"敢于争先"。在这里,那种江南人素有的精明、灵气与潇洒才情,又被灌注进一股刚健的雄风与气韵,使其透出一股虎虎生气。这座新港城被人们形容为是一只虎,正是这只出山之虎,造成了一虎呼啸而群虎齐应、跃起六虎闹苏州的生动局面。经过市场经济的洗礼,人们的价值评价在发生着深刻的变化,他们响亮地提出市场竞争不让人,好争会抢是能人,不争不抢是庸人,错过时机是罪人。他们要"弘扬创业者,保护改革者,鞭挞空谈者,惩治腐败者,大胆启用开拓者"。这是社会主义市场经济文化精神的生动展示,是新时代文明的折光。那些"强者"、"能人"是时代的产物,其创业者的形象又集中地代表了改革开放的时代精神。张家港奇迹之产生,正源于张家港人价值观念的更新与思维方式的变革,是文化深层变迁的外层显现,是思维之花结出的璀璨之果。

张家港之成功,不仅在那些体现了其辉煌业绩的一串串骄人的数字,也不仅在于其在市场经济中得到了较为充分展露的竞争、开拓的时代精神,而且还在于张家港人保持和发扬了中华文化中优秀的传统精神,将其与时代精神结合得相当之好。这是在考察张家港这个典型时所不应忽视的又一重文化意义。

关于现代化与传统文化之关系的问题,长期以来众说纷纭而令人困扰。有一种较有影响的看法是,既然现代化是西方的舶来品,就应当引进一种全新的机制与观念。在这些人的心目中,恪守了自韦伯以来西方学者的一种成见,以为中国传统文化与现代化两者之间是格格不入的,为了建立市场经济的文明,就必须重新塑造自己的文化。这种认为中国现代化与传统文化之间不存在连续性与继承性的看法是有失偏颇的,张家港的实践对他们的这种说法给予了否定性的回答。

诚然,中华传统文化是特定历史条件下的产物,有其自身的局限性,在当前新的历史时期中,它的不少内容确实显得陈旧与落后,是应当为我们今天所摒弃的。这是时代的文化进步性。但是,传统文化中的许多内容还具有一定的活力,在予以选择性的扬弃与创造性的转换之后,仍可以做到"古为今用",给我们构建时代的新文化提供有益的东西。亚洲一位著名的政治家就提出过:亚洲"四小龙"的发展证明,儒家的一些基本精神有助于工业的发展。今日张家港人讲"团结拼搏",就带有明显的群体价值取向与团队精神的色彩,在吸取西方市场经济讲竞争、讲个性发展的同时,继承与发扬了中华文化中那种群体为重、艰苦创业的优良传统,使个体的价值在群体的共同发展中得以实现。张家港人讲"冒",讲效率,其集体取向的内涵是很明显的,他们要壮大集体经济,造福一方百姓。有人形容包括张家港在内的整个苏州地区的状况是"个别暴发户,很少贫困户,大多数是小康户",反映了其在总体上生活水平比较均衡,因而社会上呈现为一派安定祥和的气氛。张家港讲"致富",讲利益,一是集体致富,二是靠遵纪守法、诚实劳动致富。他们讲富,但不是为富不仁;他们趋利,但不是见利忘义。张家港的干部讲奉献,为群众、为集体谋利益,"苟利国家生死以,岂因祸福趋避之"。张家港人还讲家庭伦理,讲人际关系的融洽……所有这些,都从中国伦理型文化崇尚道德、讲究和谐、注重诚信自律的传统中汲取了有益的养分。实践证明,现代化建设不但脱离不开传统文化,而且必须在其基础上进行,因为传统是不可以割断的,脱离传统的所谓创新,是无源之水、无本之木,既是不现实的,又是不可能的。优秀的传统文化可以在现代化建设中被合理地予以运用,接纳、吸收、融汇时代精神,做到在创新中继承,在继承中发展。文化的阶段性表现为它的发展性。传统被不断地铸进新的文明,这表现出文化的开放性,是日日新、又日新。张家港是苏州的一个缩影。现实的苏州文化呈现为,在优秀传统文化的基础上,吸纳人类一切先进的文明成果,在现代化建设的进程中培育、成长起社会主义市场经济的文化精神。一位美国历史学家说:传统价值模式是社会凝聚的基础,而采用新知识又必须改革传统价值体系。对社会生存来说,必须在这两者之间保持微妙的平衡。苏州正是在继承与发展、扬弃与创新方面保持了良好的协调。

素以吴侬软语著称的苏州人,在唱出时代的强音,其温文尔雅的风度中也透出了一股刚劲的"野"气。在市场经济大潮的撞击和洗刷下,其行为方式在发生着一系列的变化,这种表层的缓慢变迁,折射出其文化心态、文化价值观念的嬗变。在唐代鉴真和尚扬帆东渡扶桑而写下对外文化交流史上光辉一页的地方,张家港人唱响了对外开放之新的乐章;在明代郑和七下西洋的起锚地,太仓人漂洋过海,为联系老外走天下,对外经济工作搞得红红火火;在发出"国家兴亡,匹夫有责"悲壮之声的清代思想家顾炎武的故乡,昆山人怀着强烈的富国之梦,在现代化的征途上硬是闯出了一条"昆山之路"。傍依古城的苏州新区以及中国与新加坡合作开发的苏州工业园区的建立,更是把苏州的对外开放工作推进到一个新的层次上,表明了苏州人的心胸更加阔大,眼界更加高远,开放意识得到升华。面对市场经济的现代文明,生活在这片古老土地上的苏州人在做出积极的回应,这体现了苏州文化的开放性与包容性。苏州文化古老而不保守,底蕴深厚而不故步自封。苏州人有忧患意识、机遇意识,有强烈的使命感。在圆了小康梦之后,苏州适时地率先亮出"实现基本现代化"的旗帜。他们没有满足于昔日的辉煌,鲜明地提出要扬弃"小康经验",这当然也内在地包括了扬弃"小康文化"的内容。特别值得一提的是,苏州的领导者们时刻关心着文化现代化的问题,正倾注极大的心血研究与解决文化现代化的核心即人的现代化问题,因为这是实现现代化的基础工程与根本所在。人们有理由相信,有这样明晰的文化意识,经过长时期的不懈努力,那么,苏州人就会如一位著名的文化学者热切地期望他们的那样:"不但为你们的历史与美景陶醉,更为你们的人格陶醉!"

二

说到苏州文化,不能不提到苏州古城区。在现代化建设的隆隆机器声中,这座闻名遐迩的古城区之生存状态如何?出于对历史文化名城的关心,人们常常发出这样的询问。

在多年后回首看苏州的城市建设与古城保护时,一位记者以醒目的标题将之形容为"背负历史的前行"。这种比喻形象地道出了古城建设与保护的艰难。古城的一桥一河、一路一巷,都充满了历史与文化,为着保持古城风貌的缘故,城市的改造与建设不可能像别的城市那样大刀阔斧地进行,常常是瞻前顾后而施展不开手脚。从而,历史遗留下来的这份丰厚的文化遗产,在给苏州人以数不清的好处之同时,从城市现代化建设的角度来看,在某种程度上未免不是一个棘手的问题。苏州人以其对古城文化的钟爱,以其自觉的历史名城的文化意识,凭借其聪颖、精细与灵秀,犹如织制苏绣般地细针密线地绘制着城市现代化建设与古城保护完美结合的新的《平江图》。不难看出,建设者们的步伐是稳重的,设计师们的态度是谨慎的,甚至可以说有点过于小心翼翼,但是,他们所跨出的每一步又是相当坚实的。

苏州决策者们的这种心态是有其由来的。尽管苏州人在古城保护与城市改造上表现出了异乎寻常的耐心与细致,但每一项举动常常会引发起不同的意见之争论。一段路桥的拆建,一个街坊的翻新,虽说是经过充分酝酿的呕心沥血之作,然而总会有人摇头惋惜,评说其是"虽有风貌,却无历史",令人有动辄得咎之感。说三道四而评头品足的议论,众说纷纭而莫衷一是的情形,当然并非是一件不好的事。这起码可以表明:其一,苏州古城在世人心目中影响甚大,它不仅是苏州人的苏州,而且在中国文化史上具有独特的重要地位;其二,评说者对苏州古城有浓厚的兴趣,将之看成是自己的事情,其爱护与关心之情溢于言表;其三,正因为世人的这种倾慕之心与爱戴之情,在看到苏州古城建设与其心目中的形象不尽相符之时,才会油然而生一种"哀其不幸"与"怒其不争"的感叹。苏州人应当把这种关心与意见变为增添保护好古城的责任感和现实动力。这是其应具备的开放心态。当然,对这些意见也不是全盘照收,而是要择善而从。

有这样一种意见是值得商榷的:在一些人看来,既然讲古城的全面保护,那么,这里的一切就都要维持原貌,甚至一桥一路都不可更改。这似乎将问题过于理想化了,既是不现实的,在实践中也是行不通的。古城不是空中楼阁式的东西,它在现实大地上的存在,作为一个人群居住地,决定了其功能必须随着时代的步伐而走向现代化。笼而统之地讲维护原貌,将其凝固、封闭起来,使其处于一种"冻结"状态,会窒息其内在的生机,应当准确地理解"全面保护"的含义,从字面的理解进入其深层的内涵。这就是要从光讲"形似"的层面进入求得"神似"的境界,从形神结合、形神兼备与形神统一的角度,达到在整体风格上保持古城的风姿与神韵,在文化意蕴的深层次上高要求地传承苏州古城文化的内涵。所谓"重点保护"、"分区保护"甚至于"全面保护",似乎均可以从这样的角度去分层次、分阶段地研究与实施。

还有一种意见我们也是不能完全同意的。有人曾以探询的口吻发问道:可不可以还苏州古城以一个消费城市的冠冕？显而易见,史书与小说中所记载的苏州在历史上作为消费城市的那种"钟鸣鼎食之家"的繁华景象,给了这位人士以深刻的印象,希冀在今日的苏州古城内重现其繁华图景。应该说,像这位人士所设想的,为了减轻古城区的负荷与压力,将其建成一个文化中心或旅游文化中心,这种想法是可取的,苏州有关方面也有这样的动议并有相应的举措;特别是从发展包括文化事业在内的第三产业的角度去理解,其建议是有积极意义的。但是,要让苏州古城区重新戴上消费城市的冠冕,似乎也是与一个现代化城区的功能不相适应的。作为一个现代化的古城区,其经济功能与文化功能似不应做如此截然的划分。当然,我们可以在产业结构上做一些适当的调整,在古区相应地发展一些特色工业和特色产品。还是要走经济与文化比翼齐飞的路子,以经济的增长支撑文化的繁荣,以文化的提升推动经济的进步,这比起一顶消费城市的冠冕来要有意义得多,也实在得多。

在苏州搞现代化,我们面临着一个如何处理好现代化与"小桥流水"之关系的问题。

现代化并不排斥小桥流水。苏州现代化建设需要保持小桥流水的风韵。不能一讲现代化城市建设就是要搞摩天大厦,而认为保持原有的建筑风貌就是文化保守。讲创新,讲现代,并不是要一味地模仿与采用西方的建筑风格。特别是对于这样一个富有浓厚文化韵味的苏州古城区,如果不尊重历史的传统,完全按照"洋"的一套去搞,就会破坏其中许多具有内在韵味的东西,就会使原有的文化厚味变得淡薄,从而造成永远不可弥补的文化丧失。如此则会使古老的传统在我们的手里中断,那种表面上很具现代派头的建筑群会使我们的民族风格丧失殆尽,又与整个城市的文化生态不相协调,那样一种景观是不能称之为有特色的文化风景线的,也将真正不是人们所想象的苏州了,苏州的文化特性将会化为乌有,其魅力也将因之而不复存在。保护好苏州古城的文化风貌,也就是保存苏州的文脉,保存我们这一代人对历史文化的集体记忆。虽然在现代化的进程中这种保护的努力是艰难的,但这项工作又是功在当代、利在千秋的。那种将古城保护当作是沉重包袱的"负担论"的看法,其心情是可以理解的,但又是昧于细枝末节而未喻大义的。

假如不是这种积淀深厚的古老遗存物,假如没有因此而来的"全面保护"的限制,那么,我们的城市建设确实可以更加挥洒自如一些。然而,假如没有这些小桥流水、粉墙黛瓦,假如没有这些园林胜迹、石桥幽巷,那么,这个城市将会完全是另外一番景象,它会是数以百计的城市中的某一个,但绝不会是这个让人一提起就感受到其沉甸甸之文化气息的令人神往的苏州了。历史是不可以假设的,传统是不可以割断的,那种指望老祖宗给我们遗留什么或不遗留什么的想法是幼稚的,也是肤浅的。更何况,历史垂青于苏州的似乎太多了,它将那么一笔丰厚的文化遗产馈赠于今日的苏州人,面对这些无价的文化宝藏,苏州人是够幸运的了。凭借这些雄厚的文化资本,苏州已经获益颇多,并且将受惠更丰,为了对先辈们的文化余泽做出回报,为了充分利用好这份文化资源以求得更大的发展,苏州人理所当然地有责任、有义务充当这种文化保护神的角色。这不是所谓"负担",而是今人对前人的回应,是今人对后人的交代,是文化生命力繁衍不绝、生生不息的传承,是文化长河奔腾不息、永不中止的流淌。

苏州古城的文化影响力是巨大的。北京城有一座仿造的"苏州街";苏州园林被收入"锦绣中华"而来到了深圳特区,又经香山帮的传人之手,漂洋过海造到了海外;一条富有苏州文化浓郁氛围的十全街,也为有眼光的大亨们所激赏而要将其仿建于南国。为了不让工业化的浪潮冲淡"小桥流水"的神韵,苏州的建设者们正采取各种有效的措施,防止出现建设性的破坏和破坏性的建设。苏州的决策者们说得好:现代化建设必须要有小桥流水。要防止出现那样一种情形,即在现在的城市建设中没有将古城保护好,到若干年后搞成了现代化,再回过头重新来一次旧城改造。这种见解是深刻的、明智的。正是基于这样远大的文化眼光,为了进一步让苏州文化走向世界,他们在积极地进行苏州古典园林申报进入世界文化遗产的工作;为了更加科学、合理、有效地进行古城保护与街坊改造,他们礼贤下士,四出聘请享誉海内外的专家主持这项规划工作;为了让苏州这座从水上漂浮、支撑起来的文化古城内再度重现净水,他们制定与实施了规模宏大的全面整治古城内河道的"碧水工程"。这些都体现了他们深邃的识力与厚重的文化感。人们已经可以看到这样的初步轮廓:一个适应现代化时代功能而又充满着小桥流水情趣的苏州古城区,正从建设者们的手下由蓝图逐步变为现实。

三

苏州的历史文化是辉煌的。苏州现代化建设的实践已取得了阶段性的丰硕成果。苏州对传统文化的创造性继承与发展,又给经济、社会的持续进步插上了有力的翅膀。苏州文化的深厚蕴涵是指向未来的。

现在人们在探讨发展模式时,愈来愈频繁地使用"可持续性发展"这个词汇了。什么是可持续性发展?简单地说,这是一种"既满足当代人需要,又不损害后代人满足其需要的能力的发展"。从20世纪50—60年代的"经济中心型"发展观,演变为70年代的"社会中心型"发展观,再到80年代以来的"可持续性发展"的发展观,这是人类在发展理念上的重要演化与进步。从苏州近年来发展的实践来看,其以"协调"为特征的发展模式是颇为引人注目的。一、二、三产业之间的协调,经济、文化与社会的协调,人与环境的协调,这些都来自于文化意识深层里"协调发展"的观念。"协调"的发展观与"可持续性发展"的发展观,实质上是互相蕴含着的。要收到可持续发展的成效,必然要走协调发展之路;而协调发展的结果,又必然是富有后劲的,其自身有着可持续进步的内在品格。协调发展与可持续发展,都有着瞩目于未来的同一的文化指向。

苏州这种以"协调"为特征的文明发展观,也是符合当今世界上生态、经济、文化一体发展之潮流的。在人与自然环境、物质环境的关系中,处于不同文化背景下的人们会有相异的处置方式,实际上是一种源自于不同的文明发展理念的文化行为。隐藏于经济增长方式背后的,是如何看待与运用资源的发展观之文化尺度。长期受到中国传统文化中"天人合一"的自然观与"中和"之思维方式熏陶的苏州人,在处置天人关系、人地关系上也是深得古人之精髓的。当年,他们在村村办工业、镇镇办工厂那样大办乡镇企业时,没有丢掉农业,而是搞"以工补农"、"以工建农";今天,他们在转变经济增长方式,实行集约化经营,大搞开发区建设,加大对外开放力度,积极推进经济国际化进程,同样没有以牺牲环境为代价。这种生态经济观、生态伦理观与生态文化观,正是苏州人以"协调"为表征的文明发展观之外在显现。

如果说以"协调"的文明发展观这种文化精神支撑着苏州之发展的话,那么,文化之一维也直接推动着苏州的进步,表现为一种现实的生产力。这种文化生产力,是苏州可持续性发展与生态、经济、文化一体化发展之强大的内在推动力。

人们说,经济之发展从来都是与文化交融在一起的,没有深厚的文化底蕴,便不可能有持续的发展后劲。人们又说,历史将证明,一个有着深厚文化传统滋润的地域,其贫穷与落后只是暂时的。我们要说,像苏州这样一个有着极为深厚之文化积淀的城市，其繁荣与昌盛将是长久的和稳定的。其缘由不仅在于苏州已经是一个经济大市，有着良好的基础与宽广的增长潜力，而且亦由于它是一座文化之城，这种无形的文化力之能量是巨大的，有着持久的辐射力、穿透力与无限的生机。

苏州的生态环境是好的。这里，当我们谈论"生态环境"这个字眼时，不仅指着自然生态环境，而且无疑包括了人文生态环境。人们大声疾呼土地资源浪费严重、自然环境污染加剧、生活环境呈现恶化，同时称道苏州人有较强的环保意识，说苏州不仅"有金山银山"，而且"更有绿水青山"。我们感到有必要在这一概括中再加上一句话，因为这里"还有文化宝山"。归结苏州情形之种种，忘记了其文化之底蕴，终究令人觉得有缺憾而生言犹未尽之感。

谈论苏州的生态、经济与文化的一体化发展，不能不谈文化；谈论苏州的协调发展，不能不谈文化；谈论苏州的可持续性发展，同样不能不谈文化。文化的苏州，是一座取之不尽、用之不竭的文化宝山。建设现代化的新苏州，应当而且必须充分开掘、利用这一丰富的文化资源宝藏。这里有以"水"为代表的水乡自然景观资源，有以丝绸、刺绣为代表的带有文化特色的工艺品资源，有以园林胜迹、古城古镇为代表的人文景观资源，当然更有素以教育昌盛著称而科技、文化素质较高的人力资源，如此等等。即以重要的旅游业一端而论，苏州的历史与文化这份家产就是聚宝盆和摇钱树。当然，苏州人并没有陶醉于此。他们是勤劳的，没有在聚宝盆旁与摇钱树下坐等财源从天外飞来。他们深知"创业难，守成亦不易"，需要付出自己辛勤的劳作与汗水。他们的心胸是开宽的，从不拒绝善意的批评。当有人撰文说"十全街并非十全十美"，对其管理等方面的问题提出意见时，他们积极地加强基础设施和制度文明的建设，很快使这条文化特色街更加蜚声海内外。他们又是富于创造性的，在继承祖传家业的同时不断创出新的业绩。诸如，设立一批批文化名镇，建成一座座卫生城市，塑造起城镇良好的文化形象；打响"太湖牌"，发展旅游业，建起度假中心，增添新的旅游设施，他们创园林佳境，做湖山文章，饱蘸着浓厚文化之彩笔，绘就了一卷卷荡漾着时代气息的美丽画图。苏州人以文化资源开发为着眼点，做到了一举数得而收益颇丰。以典型的举动即苏州古城保护来说,正像人们所指出的那样:对古城的保护承续了历史,无愧于先人;改善了投资环境,进一步吸引了外人(外商);造福于当代,方便了今人,更有利于后人。在这里,生态、经济与文化,继承、发展与可持续性发展,历史、现实与未来,得到了高度的交汇、融合与统一。因此,苏州人也许可以在心中自豪地这样想:眼下可对今人说已从古人那里继承了点什么;上可对祖先说创造了点什么;下可对子孙说留下了点什么。是什么呢?这就是——"文化"。

"君到姑苏见,人家尽枕河。故宫闲地少,小桥水巷多。"这千年的河巷、千年的流水,从历史的深处流淌出来,一直流到了20世纪的今天,又平缓地、稳定地、永不停息地流向未来,流向大江大河,流向五湖四海。具有深长历史文化底蕴的苏州,承续着历史的传统,创造性地发展着这种传统,从现实迈向未来。曾经访问过这座城市的一位外国贵宾赞叹地说:"苏州在过去和未来之间已经架起了很好的桥梁。"苏州,一头担着经济,一头担着文化;一头担着历史,一头担着未来。苏州正以其丰厚的文化底蕴支撑着现代化建设,又在这一伟大的进程中不断地创造着新的、更高的文化境界!

原载《苏州大学学报》(哲学社会科学版)1996年第4期。由中共苏州市委杨晓堂书记批示,《苏州日报》1996年11月24日转载。

走向二十一世纪的苏州文化

现实终于将苏州文化的发展问题作为一个重要的话题提出来了。探讨这个问题的重要性,不仅在于要在更大程度上达到对苏州文化自身的内在把握,而且更在于这一论题在文化学上的重要意义。其意义就在于:古老的苏州文化所具有的典型性,使她在中国文化这一大系统中占据着较为特殊的地位;在走向21世纪这种世纪交替的情境下,苏州文化又将如何走向现代化?考察与解剖这样一个典型,应该说是一项颇有意义而又饶有兴味的工作。

一

之所以说苏州文化具有典型意义,当然是因为苏州是一座重要的历史文化名城,就建城的时间而言,她已具有2 500年的发展而且不曾有过大的迁移。光凭这一点,就足以使其在世界范围内的城市行列中光彩夺目而使苏州人引以为自豪的了。苏州在中国城市中是颇有知名度的,她是一座有很大影响力的旅游胜地,前来观光的中外游客络绎不绝。常听到有人慨叹于苏州在海内外具有那么大的名气,似乎一个小小的古城与其所享有的大名声之间总有那么一点不相协调。难道一个"古"字就使得一个城市堂而皇之地戴上名城的桂冠吗?难道一个岁月悠远的历史遗留物就那么值得生活在现代文明中的人在她面前流连忘返吗?其实,问题的实质乃在于:两千多年的历史风烟在这座古色斑驳的城市身上留下了深厚的文化积淀,那具有丰富历史深度的文化意蕴仍然能给予20世纪的人们以无穷的咀嚼与回味。历史垂青于苏州的,乃在于其文化渊源的博大与深邃;现实使苏州享有名城盛誉的,乃在于其既是"历史的",又是"文化的"。苏州是一座文化之城。

从文化生成的角度看,苏州文化是中华文化大花园中的一朵奇葩,同时又是在苏州地域这块土壤上长成的。在谈及其独特性时,其地域特征是应予留意的,地域环境这一自然生态的制约与人这一文化主体的创造共同造就了苏州文化的风采。苏州作为吴文化的重要发源地之一,有不少论者讨论过地域环境对于形成其文化特色的重要作用,提出过诸如水文化、鱼文化之类的说法。这些说法均有其一定的道理。《吴中水利书》就称:"天下之利,莫大于水田;水田之美,无过于苏州。"《旧唐书》亦云:"江南水乡,采捕为业,鱼鳖之利,黎元所资,土地使然,有自来矣。""仁者乐山,智者乐水",苏州人是富于智慧的智者。从文化形态上分析,这一根"水"脉确乎画出了北国与江南之分界,从春船菱藕到渔歌唱晚,从小桥水巷到服饰民居,我们可以依稀寻觅到其文化因子的影子。

如果说,衣食住行这些与自然环境有着直接联系的方面深深地打上水文化之烙印的话,那么,苏州园林则是与自然的生成有着联系且更具苏州特质之文化创造了,也就是说,她更内在地具有苏州味的文化意蕴。苏州古典园林的数量之多,建筑之精细,风格之雅美,称得上独步江南而誉满中外。以苏州古典园林为代表的私家园林与以都城北京为代表的皇家园林,可称为中国园林发展高峰上的并蒂双莲,堪称合璧。在封建时代,不少士大夫把苏州作为其息影政坛的栖身之所,似乎把苏州园林作为其怡情悦性之所在,看成其心目中的后花园。这种带有封建士大夫审美意味的文化之作,仍凝聚着多少代苏州工匠的心血与智慧,散发着苏州文化的浓厚气息,它一方面是苏州经济富足的象征,另一方面又是苏州文化的代表作。在今天,许多人把苏州当作一个园林之城,就因为古典园林可作为苏州文化的得意之作。事实上,很多人之所以认识苏州与知晓苏州文化,乃是由于苏州园林之影响,虽然这种看法不够全面,但苏州园林作为文化精品的价值是为人们所推崇的。

作为在中国文化中具有重要影响的苏州地域文化,其文化的丰厚性不仅在于其(自然)文化生态的意义,也不仅在于其具有如苏州园林这种物化形态的文化产品(尽管这种独特的文化物态还可以列举出诸如苏州丝绸、苏州刺绣、苏州工艺等,可谓不胜枚举),更在于其文化创造主体的庞大与文化创造精神的活跃,在于其文化性格的早熟与文化心理的厚重。自古以来,苏州就是一个文化重镇,散发出浓厚的文化氛围。这里产生过、活动过和寄寓过数不清的文化名人,从文人学者到书家画士,从巧匠能工到医坛圣手,学宫书院林立,藏书楼阁遍布,到处都呈现出活跃跃的文化创造与传播,这种文化承传延递从未湮灭或消沉过。之中,最为典型也最为人们所津津乐道的当推赫赫有名的所谓"苏州状元"。"苏州文盛出状元。"特别是明清两朝,苏州状元之多是令人咋舌的,苏州人亦曾把状元看作其土特产以自诩。尽管对于状元在中国历史上所起作用的问题仍可以讨论,但就以此来表明苏州人文香火之盛,还是可以说明问题的,也是可以让苏州人自慰的。我们起码可以从中窥见苏州人尚文的文化态度与苏州文化之昌盛。

概括起来,如果说以"水"为代表的(自然)文化生态体现了苏州文化之某种意蕴的话,那么,以苏州园林为代表的物化形态即文化结晶和以苏州状元为代表的人文文化景观,后者则更多地集中体现了苏州的文化含量。当然,苏州文化是丰富多彩的,这种"水——园林——状元"的粗线条勾勒,也只是意在概略地说明其在文化生成上的代表性与象征性。同时,应当着重指出的是,一切文化的创造都是在一定物质基础上的创造,苏州文化大厦的建构正是基于苏州地域经济发展的基础之上的,或许,我们在把自然环境即"水"的特色作为苏州文化之要素而首先提出,就已经隐含地指明了这一问题的本源意义与重要性。

说苏州文化发展与苏州区域经济发展两者之间的密切联系,还可以从以下的方面鲜明地显示出来。历史上苏州文化的鼎盛期当数明清时代,而这一时期的苏州经济亦正处于巅峰状态。苏州是早期资本主义萌芽表现得最为典型的地区,亦为全国的经济中心之一,此时苏州的文学艺术、工艺技术都处于领先水平,苏州文化享名一时。1840年鸦片战争之后,随着苏州近邻上海之兴起,经济中心东移,苏州的经济优势渐渐丧失,其文化上的显赫地位亦发生了动摇,虽未曾化为乌有,但其辉煌的光彩确有失色之处。仅举此两端,经济与文化之间的紧密关系亦可见一斑。文化原是以经济作为其凭借的,薄弱的经济难以支撑起灿烂的文化之果。

  当然,说近代苏州经济地位逐步下降及文化上显赫名声渐趋减弱,这是不争的事实,但要说苏州文化优势的丧失则是不确切的。苏州毕竟还戴着"人间天堂"与"东方威尼斯"的桂冠,吸引着无数的游客到这里观光,享受这一古老城市的静谧氛围,倾听着脚踩鹅卵石从小巷深处传来的历史回声。古城的文化层积毕竟太深厚了,这里的每一寸土地似乎都释放出一种文化韵味来。从文化面貌看,苏州体现出这么几个特点来:她是小的,城市的规模就是小的,比起大上海来,人称其"小苏州",镶嵌点缀其间的数十座园林就更显其小。但这种"小"又甚具意味,曲径通幽,移步换景,似乎让人想起美学老人"小的就是美的"名言来。苏州又是"柔"的,吴侬软语,评弹清唱,总令人联想起水的质地与流动,与浩荡雄奇的北国劲歌相较,它总是体现着清丽与雅趣。苏州还是"雅"的,有如苏绣的"平、光、齐、匀、和、顺、细、密"的针法,形成其"精细雅洁"的风格,在中国四大名绣中独树一帜。苏州更是"灵"的,这表现在其人杰地灵上,那一件件精美的工艺品反映出苏州姑娘的聪颖与纤纤细手的灵巧,集中地体现了苏州人的灵气。这"小"、"柔"、"雅"、"灵"的特色,在文化特色上亦自成一家。苏州的文化形象依然是鲜明的。

二

  斗转星移,日新月异,历史老人没有停止其前进的脚步。苏州是否永远保持着自身原有的文化形象呢?或者说,在现实的发展中,苏州是如何迈出自己步伐的呢?我们说,随着时代的发展,苏州文化并非是以不变应万变,她在发生着迁移。这种迁移是缓慢的、渐进的,又是有迹可寻的。

  从文化表层上看,苏州城市规模变大了,唐代诗人张继《枫桥夜泊》中"姑苏城外寒山寺"的名句真正成了一种历史的描绘,20世纪末的现实已经是"姑苏城内寒山寺"了。昔日的小苏州在变成大苏州,而《姑苏繁华图》的盛世之景又得以在这块旧地上重现。苏州一度似乎略显沉寂,有人曾经以调侃的口吻说道:"不到苏州终身遗憾,到了苏州遗憾终身。"实际上,苏州并没有让人遗憾,看一看近年来的有关统计资料即可明了,自20世纪80年代后期以来,苏州的经济一直在快速发展,在全国的排名位次明显上升。在海内外看好苏州迅速崛起的势头时,有许许多多的文章报道介绍苏州的发展态势,苏州人亦在内心里掂量着:到底能在全国坐上第几把交椅?公平地说,这种想法不是没有来由的。苏州是乡镇工业的重要发祥地,参与创造出了名噪一时的"苏南模式",如今的乡镇企业在其城郊与郊县遍地开花,真可谓满天繁星、群星闪耀。其六个郊县的发展势头势不可挡,人们惊呼曰"苏州跃起六虎",颇具权威的评论家兴高采烈地写下:"欣闻苏州成了虎!"苏州经济之发展真有那么点虎气生风的味道,这里到处都是活跃跃的创造,形成了龙腾虎跃的生动局面,描绘着苏南大地气势恢宏的辉煌画卷。

从文化深层看,苏州人的价值观念、行为方式与文化心理等亦在发生着深刻的变迁。一大批农民企业家的兴起,给苏州文化注入了一股刚劲清新之风。他们带着泥土的芬芳,努力地克服着原有的小农意识,逐步地向现代文明靠拢。这些苏州老乡们挣脱着千百年来小生产习惯势力的影响,尽情地遨游在商品经济的海洋中,开创了城乡共同繁荣的新局面。从乡村到城市,从领导到群众,一切都在发生变化。这种变化集中地反映在苏州人文化性格的变迁上。正如有人曾经指出的那样,苏州人的性格一直以"空"与"文"而著称。所谓"空",即指那个"苏空头"的雅号,意谓其尚虚多而务实少,重清谈而轻实务;所谓"文",意谓其尚文质彬彬而斥犷野质朴,尚风流儒雅而鄙急功近利。这种评价大体上是不为过的。之所以"空"与"文",大约是因为与其文化沉积有关:历史上那么多名流才子的倜傥风姿,封建士大夫的遗风余韵,黜武尚文的心理折光,大概就是古老文化留给苏州的另一面影响或者说是负面影响吧。传统文化本来就是有两重性的,如果说其积极的方面曾经给和正在给苏州人以有益的滋润,那么,其消极的一面也给苏州人予沉甸甸的重负。唯其古城文化的层积是那么深且厚,这种历史的重压才显得那么沉与重。而今,商品经济的潮水猛烈地洗涤着苏州人的心灵,引起了必然的变化与回应,因而在其性格上打上了深深的烙印。苏州人变"实"了,变"野"了。这"实",就是"不尚空谈,实干兴邦";这"野",就是在激烈的市场竞争中傲岸倔强不服输之斗志与小卒过河不回头那种大胆往前走的虎虎生气。当然,这"实"与"野"仍具苏州人原来带有的文化色彩,斥空谈而仍保留着苏州人那一份空灵的秀气,去斯文而仍承传着苏州人那一种文雅的风范,这不是其仍具价值之处吗?干实事、讲实绩、求实效而保持其灵巧与精细,走向市场、发展经济而不失儒雅的风采,这两者不是可以相互结合、相得益彰而并行不悖的吗?弃空灵而尚实干,去文饰而做儒商,苏州人于文化性格的变迁之中仍有其不变的方面,苏州文化在中国文化之林中仍然是具有个性的,是具有魅力的"这一个"。

三

从历史的深处走来,在现实的情境中发展,苏州文化在走向未来。在20世纪90年代的今天,面向21世纪的苏州文化应该有怎样的发展呢?我们必须及时做出文化上的选择与决断。

苏州应当有清醒的文化上的自觉,持有超前的文化意识。这不但是由于她作为一个历史文化名城来说应当如此,而且更是现实发展的需要。经济的发展必然要求建立起符合自身的强大的文化形象。到20世纪末,苏州要实现基本现代化,就必然要求相应的文化上的现代化。现代化是一个规模宏大的社会实践过程,从观念形态上看,就是要建立崭新的现代意识。现代化不是世俗化,不等于致富或者说不仅仅是物质上的丰裕。从根本上说,现代化应当体现为人的现代化即人的文化素质的现代化。现代化不是那种物质富有而引来文化沙漠的情形,它不应是"经济起飞,文化陨落"。警惕出现那样一种不良的局面,这样说并不是危言耸听。在物质财富开始大量涌流的时候,追求感官享受与低层次的文化消费,道德水平下降,人文精神失落,行为方式失范,不文明、不健康的风气抬头,这些仍然是不可忽视的文化现象。作为文化古城的苏州,应当具有高层次的、文明的和健康的文化品格,建立起与自身经济实力、与历史文化名城地位相称的文化形象。我们欣慰地看到,苏州已经在这方面做了不懈的努力。各种优良的文化设施的配备,具有较高水平的教育体系的建立,城市文化、社区文化、企业文化与校园文化等各项文化建设活动的蓬勃开展,这些都说明了苏州人在文化意识上的某种自觉。

当然,对于苏州来说,文化自觉的意义还不止于此。关于文化与经济的关系,是当前为人们所关心的一个热门话题。有人指出,文化是生产力;更有学者提出要培育市场经济的文化精神。这些都是精辟之论。从本质上看,经济发展的进程应该是文化发展、文明演进的过程,经济发展必然要求文化的高度发展,而文化之发展亦深刻地影响着经济的进程。苏州在历史上之所以享有如此的盛名,一是因为其经济实力,二是因为其文化水平发达。如果她不是富甲江南,就不会成为东南一大都会;如果不是有那么多文人学士、巧匠能工的文化活动,她就成不了一座文化之城。而没有了这两者,苏州也就不成其为人们心目中的苏州了。所以,经济与文化乃是一个区域腾飞之双翼,比翼而齐飞,缺一则不可。说到底,经济发展水平高,文化才有着落,而文化之发展又给经济注入新的上升的动力。文化的发展亦来自于人们文化自觉的提升。面向新世纪的苏州,应当切实制定远大的文化发展战略,把提高人的文化素质问题提到前所未有的高度。这正是苏州人应有的厚重的文化感。

人们都在谈"文化制胜",议论抢占"文化制高点"。如何文化制胜?这意味着要求苏州发挥自身的文化优势,采取经济与文化一体发展的模式。苏州的文化优势在哪里?首先,作为一座文化名城,苏州应当充分发挥名城的文化效应。与一般城市相比较,苏州历史之悠久、自然景观之独特、人文景观之众多,均是苏州所具有的文化优势。"借名城之名,走开放之路,得经济之利",就正是利用苏州雄厚的文化优势以发展经济的一着好棋。充分利用与开发历史文化名城的文化资源,这是苏州的文化拳头产品。近年来,苏州在文化开发上做了不少"文化搭台,经济唱戏"的尝试,取得了较好的效果。一批又一批外商纷纷前来投资,就是看中了其投资环境的优越,之中苏州文化名气的吸引是一重要因素。我们应当不遗余力地加大对外宣传力度,真正做到"让世界了解苏州",使文化优势成为"让苏州走向世界"的重要筹码。其次,如果说显层文化优势表现为苏州那些看得见、摸得着的文化景观,那么,苏州人文化素质相对较高则是浅层的文化优势。历史上尚文的文化心理与兴教重学的风气,使得苏州民智启迪较早,文化普及程度较高。目前,中国与新加坡合作建设苏州工业园区,新加坡方面看好苏州为人文荟萃之地,具有人才优势。苏州还具有深层的文化优势,表现为苏州人具有较为开放的文化心态,这也是有其历史缘由的。由于其面江临海的地域优势,使得这里的对外开放程度较高,早在唐代时海舶即可直抵苏州城下。苏州曾与广州等地并列为我国主要的海贸港口,其浏家港被称为"六国码头",万商云集,财通四海。对外交流与商贸交往,开阔了人们的眼界与思路,商品意识萌芽较早且较为发达,民间风气亦较开放。这些文化心理的积淀对于苏州经济的发展起了重要的影响,也成了今日苏州人勇于开拓进取、长于接受外来先进事物的先导。而今,这里开放式、外向型经济搞得如此有声有色,苏州老乡们具有那么大的决心与毅力联"老外"、走世界,除了置身于全国轰轰烈烈的大开放形势而外,不能不说有着历史上那么一点对外较为开放、商品意识较为发达的影子。而这正是苏州除了在显层文化与浅层文化优势之外,在深层文化即文化心理层面上所具有的优势。

  我们要发挥苏州的文化优势,当然是要保持苏州的文化传统,这是毫无疑义的。在谈到这一点时,人们首先着眼于历史文化名城的优势以及一系列相关的问题。常听到人们在谈及历史文化名城时有一种议论,一则曰"保护",二则曰"文化搭台,经济唱戏",后者往往更多地是在发展旅游业的意义上讲的。这种说法是对的,但我们感到,光是这样做还是不够的。仅仅如此,似乎仍有一种消极被动的意味,缺乏一点积极主动的色彩,似乎是仅着眼于传承与利用,少了一点发扬与开拓,是多于继承而少了发展。在这方面,我们应当在视角上有一个创造性的转换。

  诚然,关于古城的保护乃是一个需要以极其严肃的态度来认真对待的问题。古城苏州作为历史上辉煌文化珍品的遗存,在今天已具有了不可替代的历史价值与美学价值,并且随着岁月的流迁她将愈来愈有着弥足珍贵的文化意义。我们应当怀着对历史与后代负责的高度责任感来切实做好这项功在千秋的工作。正像人们所指出的那样,最终将一个城市与其他城市区别开来的将不是经济指标的高低,甚至也不是一幢幢拔地而起的高楼大厦,而是城市的文化生态。这个文化生态,主要意味着城市内在的、深厚的文化传统的律动。一个没有历史文化深厚积淀的苏州,将会失去其永久的魅力,也将不会是人们所津津乐道的苏州了。如果说,不是或者主要不是别的什么东西而是文化使威尼斯、佛罗伦萨、法兰克福这样一些著名的国际性城市具有了无穷的魅力,那么,保持苏州永久魅力之秘密亦正源于其文化传统的深厚与文化个性的鲜明。对于苏州古城与文化传统的损坏,将是对美与文明的亵渎与破坏。令人欣慰的是,苏州人在这方面已有了清醒的文化自觉,从古城保护到文化传统的继承,从"古城新区"的构想到"东园(苏州工业园)西区(苏州国家高新技术开发区),一体两翼"的蓝图,都做了大量的、卓有成效的工作。

  问题乃在于:常听到一些关于古城保护与建设发展的不同议论,也有一些人甚至发出"寻找苏州"的呼声。"寻找苏州"的说法实际上代表了一种文化态度。这些人似乎有一种小巷情结,在他们的心目中以为:寻找苏州就是寻找小巷。不错,苏州有着无数条的小巷,这曾经是她的历史风貌或者说依然是今日苏州的一个重要特点,但是如果仅仅在这种意义上来要求苏州原封不动地保持其本来的面貌,这就既是不现实的,也可能是一种缺乏时代感的"寻找"。人类已发展到 20 世纪,并将豪迈地跨入 21 世纪。苏州毕竟不是一件封闭在橱窗里的古董,其城市面貌终究将发生一些必要的与必然的变化。人们怀旧访古的心情是可以理解的,但时代的发展总会要求苏州在不妨碍其总体文化格调的基础上有所发展、有所进步、有所创新,对此,我们处于 20 世纪末的现代人不应该有什么失落。古城的保护与古城的新生,这是可以妥善处理好的、具有内在辩证统一关系的问题。在这方面,国外有经验可供借鉴,苏州亦有成功的实践。如果说岁月总会给苏州的外貌增加或减少一点什么,只要是无伤大局,只要苏州内在的文化精神仍然存在,那么就不会出现苏州的"失落"。"寻找苏州"者是可以释然于怀的。

现实的情形是:作为一个经济大市,又是一个具有文化优势的城市,苏州如何进一步发扬优良的文化传统,开拓出更高、更美的文化形态,在城市文化上如何创造出更具独特的文化形象,这是苏州走向21世纪所面临的重要课题。具体地说,如何处理好经济建设与文化建设的关系,在文化建设上如何处理好继承与发展的关系,在文化发展上如何处理好依据中国国情和苏州实际与借鉴国外优秀文化的关系,这正是跨入新世纪的苏州人应当深入思考并认真解决好的问题,也是所谓超前文化意识的题中应有之义。

四

我们正处于一个改革开放的时代,我们在走向新世纪、走向世界。在这样一个关键而重要的时刻,苏州应该发挥文化传统上的优势,开拓文化上的新境界,这是我们的文化时代感与文化责任感。诚如前述,苏州文化在许多方面是有优势的,这是我们走向未来的有力凭借与重要文化资本。在这里,要尖锐地提出的问题是:现代化最终是一种文化行为,要实现基本现代化,就要求人们应具备强烈的现代意识,我们苏州人在这方面主要还有哪些不足或者说应当注意克服与努力改进的地方呢?撇开一些细节不论,就其大的方面而言,除了文化的硬件建设仍需大力加强而外,突出地表现为如何使苏州人进一步具有现代的文化意识与文化素质。这是我们在文化心理建构方面重要而迫切的任务。

"上有天堂,下有苏杭","三生花草梦苏州"。苏州似乎背负着"天堂"的称号太久了,虽然这曾经给她带来了巨大的声誉,在现实的许多方面亦给其带来了有益的效应,但同时这也未尝不是一种无形的历史重负,特别是如果苏州人心安理得地去承接这一顶"天堂"的桂冠时,其情形就尤其如此了。假使我们不是在文化建设上去创造新的更高的形态,做一个积极的、自觉的文化创造者,而只是以文化守护者的身份自居,躺在前人的庇荫之下,一味炫耀祖先的光彩,那么,我们就将愧对文化先辈,亦将愧对后来的继承者们。一段时期以前,曾经有过较有影响的"强化天堂意识"的说法,我的看法恰恰相反,不是应当强化"天堂意识",而是应该淡化"天堂意识"。唯其淡化,我们才能更清醒地走出封闭的小圈子,发现别人的长处与优势,找出自己的不足与短处,更增添迎头赶上的决心与明了努力奋进的方向;唯其淡化,我们才能彻底地走出长期以来小农经济条件下形成的那种求稳怕富、小富即安的知足而守旧的情绪,积极参与国际大市场的竞争,在商品经济的海洋中搏风击浪而一往无前;唯其淡化,我们才能更知晓苏州所处于的现实地位,既不满足于历史上那种仍处于较低生产力水平上的封建时代的繁荣,亦不停留于目前已取得的、为人们所称道的成就,更不醉心于注视能够在国内排得上第几的名次,而是充满信心又脚踏实地,干出一个真正的21世纪的新苏州、新天堂!

  苏州还应当走出"小巷意识"。苏州的格局是小的,虽然现在逐渐变得大起来,但这并不意味着苏州人的文化心理已经成熟到足以与现代大市场的文化精神相适应的地步。由于历史因素的遗存,苏州人仍需做一番脱胎换骨的艰苦努力。在这一块古老的土地上,有着桃花源式的静谧与美丽,容易滋润、哺育出剔透玲珑、小家碧玉式的人文风貌,而缺乏或少有一股"王者之气"即阳刚之美,缺乏那种雍容华贵、气宇轩昂有似云吞八表的雄浑与气概。虽然说商品经济海洋的涛声划破了园林之城的宁静,一大批文雅的苏州人也在变得"野"起来,成为直立浪头的弄潮儿,但就整个苏州文化来说,她似乎浸润于小巷深处的氛围中太久了,其身上散发出的小巷意识仍显得那样的顽强与浓烈。长期的小巷格局之束缚,使得他们的眼界与心胸难免显得某种程度上的内敛与窄狭,表现出一种人文精神上的萎缩与缺乏刚劲。因而,虽然精细,总嫌狭小;虽然雅致,终少洒脱。这种文化心态与大生产、大市场、大格局的现代化要求是不相适应的,所以,我们应当走出"小巷意识"。走出小巷意识,就是走出小巷深处,走向五湖四海,走出格局小、气魄小的境地,摆脱小家子相,以更阔大的胸怀与魄力,以海纳百川、包容万物的气象,更上一层楼,再创新境界;走出小巷意识,就是摆脱小市民心态,树立现代公民与大市民的文明意识,以自身矫健的步伐适应现代化都市的文化节律;走出小巷意识,就是走出小桥流水、窄街幽巷的闭塞,走出历史的局限,摆脱作茧自缚,实现自我突破,走向21世纪的辉煌!

淡化天堂意识,走出小巷意识,苏州人应当有这样的文化自觉。如果说,北京人、上海人能够心平气和地谈论其城市文化的长处与不足,那么,苏州人更要有这种雅量与气度,这是其信心与希望之所在。苏州应具有文化上的气魄,把发展现代化、国际性的苏州文化都市作为一个战略性目标提出来,实现继承苏州文化传统与发展苏州文化的双重奏。虽然说,苏州文化曾经以其过去的辉煌永远值得人们追忆,拥有这些就令苏州人感到富足的了,但仅有这些又是远远不够的。未来的苏州不能仅仅以"小桥、流水、人家"的风貌与园林之城的美称而长留在中国文化史的画卷上,倘若如此,我们当代苏州人的创造与贡献又体现在哪里呢?"周虽旧邦,其命维新。"继承以发展,推陈而出新,苏州人应当续写其文化新篇章。

在即将走出20世纪而跨入21世纪的时刻,苏州文化历史性地处于继承传统与创新发展、立足中国国情与走向对外开放这种古与今、中与外的交叉融合点上。从城市发展的格局来看,其"古城居中,东园西区"的布局似乎形象地代表与象征了苏州的这种发展态势。用一个不太确切的话语来说,苏州正呈现为古苏州、新苏州与洋苏州的三重奏。这里的"古苏州",是指苏州古城区;这里的"新苏州",是指古城西的苏州国家高新技术开发区;这里的"洋苏州",是指古城东的中国和新加坡合作建设的苏州工业园区。当然,这仅仅是取一种比喻意义上的说法。无论是古苏州,还是新苏州或洋苏州,都将本着继承与发展的精神,体现出苏州文化传统的特点,依据中国国情与苏州区域的特点,走出一条开放型、大发展的道路来。我们很高兴地看到,对于苏州来说,跨世纪的宏伟工程、具有国际一流水平的苏州工业园区的建设,是一个难得的历史机遇,必将产生重要而深刻的影响。苏州工业园区不仅是要建成一个世界水准的现代化的工业园区,更重要的是,要根据中国国情和实际需要,自主地、有选择地借鉴运用新加坡经济和公共管理方面的成功经验,尽可能地积极吸收、消化包括新加坡在内的世界各国优秀的文明成果,使其中国化、苏州化,这是苏州对外开放、加快现代化建设进程的重要内容。在这种有选择地学习与吸收的过程中,苏州将能逐步实现与国际市场体系的接轨,有利于培育市场经济的文化精神,加速社会主义市场经济体系的形成与实现现代化的进程。无论是从经济的意义上还是从文化的意义上看,这都是一项具有不可估量之影响的重要工作。可以预料,这将是一个长期的辛勤探索与不懈努力的过程,苏州人将在这个过程中不断地提高自身的文化素质与文明程度,苏州这座古老的城市也将会以一个崭新的姿态展露出其文化名城的风貌。

月落乌啼的千年风霜,令人流连的寒山钟声与枫桥渔火,在涛声依旧之中,历史的航船已经启程,它将不再"重复着昨天的故事"。具有深厚传统文化积淀的苏州,在努力建设走向 21 世纪的现代化、国际性的文化都市。对于历史文化名城来说,由于这一进程将回答古城如何走向现代化与国际化的问题,从而超出名城保护的问题而具有了更为普遍的文化学上的典型意义。依存着东方古老的文化传统,发挥与发展其特有的文化优势,大踏步地迈向现代化、国际化,唯其如此,才能真正体现出苏州这个"东方威尼斯"之"东方"的风采、价值与意义!

原载《苏州大学学报》(哲学社会科学版)1995 年第 2 期。收入杨晓堂主编《苏州基本现代化研究》一书。

关于苏南文化现代化的思考

　　苏南地区正在开展着声势浩大的现代化建设运动,"基本现代化"、"初步现代化"是这一地区传媒中频频出现的字眼。苏南经济现代化的成就是有目共睹的,对其现代化建设进程中出现的问题,大家也能给予普遍的关注;相对说来,关于苏南文化建设问题,虽然对其也有一些探讨,但远没有像经济问题那样引起人们足够的重视。当前,探讨"苏南文化现代化"这样一个话题,似乎是切合时宜而又很有必要的。

　　要说在抓经济建设的同时应注意抓文化建设,这在苏南地区大约不至于有什么异辞,而要提出"苏南文化现代化"这样一个概念,则可能会引起一些不同的议论,学术界也曾有过不同的看法。其实,"文化现代化"这样的提法是合乎逻辑的,其理由甚为简单易明:为什么能够提"苏南工业现代化"、"苏南农业现代化"等等,而独不能提"苏南文化现代化"呢? 现代化建设应当包括文化现代化的内容。我们不是讲教育现代化、科技现代化吗? 教育与科技恰恰是文化中两个重要的支柱,是文化大系统中的两个子系统。因此,那种怀疑"苏南文化现代化"这一提法的看法是站不住脚的。

　　现代化从根本上说来是一种社会文化的变迁。说中国现代化的问题基本上就是一个从古老文化过渡到现代文化的问题,这在大体上也是可以成立的。凸显"苏南文化现代化"的概念,可能会给人以一种强烈的印象,使人们在着力于经济建设的同时,能给予文化发展以足够的重视。关于这一点,并非是毫无针对性的空泛议论,在现代化建设中只注重经济而忽略文化的做法不是没有市场的。比如说,前些年人们在谈到"苏南模式"、谈到乡镇企业的发展时,往往都是在经济的意义上谈得多,评价也较高,而对苏南模式在文化一维上的意义就讲得较少。

实际上，成千上万的苏南农民在脱贫致富奔小康的过程中，在其身上体现出来的摆脱愚昧落后的文化上之意义，并不亚于其在经济上的意义。当然，在物质上的温饱尚未得到初步解决之前，谈论文化问题可能会被视为是一种奢侈，而对苏南模式中伴随着经济发展而出现的文化变迁上的意义，也的确应当为我们所充分认识并予以密切关注。

提出苏南文化现代化的问题，是苏南地区现代化建设的题中应有之义，亦是时代的要求与形势发展的必然。问题不在于是否要提出文化现代化的概念，而在于要实现什么样的文化现代化。谈论文化，总不能离开谈传统，无论是谈传统文化抑或是讲文化传统。一般地说，文化总是有着现代化指向的，也就是说，随着经济与社会的发展，文化总是会伴随着时代的推移而逐步采取某种现代形式的，文化传统中总是会不断地生长出新的文化要素来的。当然，对于传统文化中的那些古代文化典籍，是无法使其现代化的，这是不言而喻的；但这并不妨碍其在新的历史条件下发挥某种作用，其中的某些内容被今天的人们作现代的理解与运用。这可以说是一种特殊的形式。再有，说文化会随着时代的发展而进步，这并非意味着它总是与经济、社会的发展相同步，在很多情况下恰恰会出现滞后或者超前的情形。那么，什么是苏南文化的现代化呢？或者说什么样的现代形态才是当前苏南文化所要追求的呢？在这里有两点是需要明确的：第一，考虑到历史继承性与地域特点等因素，由于苏南地区处于中国文化中吴文化区域的内核地带，所以当我们在谈论苏南文化现代化的时候，在某种意义上亦可以说就是在讲吴文化的现代化；第二，讲苏南文化现代化，其"现代化"的含义绝不是"西化"。不知从什么时候起，一讲起"现代化"，在某些人的心目中立即就会联想起它是一种舶来品，是西方的洋货。这是一种认识上的误区。中国是一个有着悠久的优秀文化传统的国度，有自身现实的国情。作为后发型搞现代化的国家，为着赶超世界先进水平亦即主要是一些实现了现代化的西方国家，采取其某些体现现代化水平的指标，学习其先进的科学技术与管理方式，有选择地、批判性地吸收其一些优秀的文明成果，这都是为在中国实现社会主义现代化这一总目标服务的。更何况，现代化在今日已成为一种全球性的现象，是人类文明进步的共同趋向,已非某些西方国家的专利。我们应当理直气壮地讲中国的文化现代化,这绝不意味着要全盘照搬西方文化。苏南文化现代化,就是要营造植根于中国地域文化即吴文化传统并适应当今时代经济、社会发展的新文化。这体现着传统文化在新的历史条件下与时代精神的良性互动,在综合创新中实现积极的文化变迁。一个民族文化的现代化过程,是适应本民族现代生存条件的过程,这就决定了民族文化特性是其基本特色;一个民族文化现代化的过程又是适应着浩浩荡荡的全球文明的潮流,这又决定了其必然打上鲜明的时代印记。就苏南文化的发展而言,它必须灌注、融合进改革开放的时代精神,吸纳人类一切先进的文明成果,这体现为其永不停止的文化创新性;同时,它又是延续着吴文化的历史传统,在其血管中静静地流淌着古老的文化血液,从而呈现为生生不息的文化传承性。由传承而创新,于创新中承续,创造更新、更高的吴文化的现代形态,这是苏南文化现代化的深层意蕴。那种一谈到文化传承就一股脑儿地翻腾起老祖宗的家当,闭眼不见世界文明的趋向,充耳不闻全球文化潮流的涛声,是一种文化上的抱残守缺,终究会成为不思进取的文化守财奴;而那种一谈到文化创新就把自家的文化说得一无是处,甚至变得唯外来文化是崇,似乎摆出一副要全盘引进的面孔,实际上是拎着自己的头发而要逃离脚踩之大地的幻想,这种文化虚无主义的立场,注定了其终究是没有出息的文化乞丐。文化守财奴们的故步自封,将会在世界文明的潮流中落伍,而文化乞丐们毫无自己的行当本色,在邯郸学步的亦步亦趋之中,也会乱了自己原先的步法,是没有不栽跟头的。这两种文化态度的表现形式虽有所不同,但其结果都将是无补于现代化之文化建设的。

　　吴文化作为中华优秀文化的一个分支,是吴地人民千百年来创造的文明成果,是其辛劳的汗水与古老的智慧之光辉结晶,也就理所当然地成为今日苏南区域之闪光的底色。如果说苏南地区今日的经济发展取得了令人瞩目的成就,那么,其吴文化的底蕴是功不可没的。有人讲得很有见地,说吴地人发了文化财。什么是文化财?这就是吴文化这种文化力至今仍在辐射出穿透力和影响力,吴文化之底蕴在释放出其巨大的潜在能量。这种文化力与文化能量是看不见、摸不着的,可是又实实在在地在起作用。不是吗？由于苏南地区面江临海的地域特点，使得这里积淀着较为开放的文化意识，往往容易得风气之先；由于这里商品经济的萌芽萌发得较早，因而市场经济的意识能够得到较快的传播；又由于吴地历史上办学蔚然成风，人文氛围较为浓厚，民智启迪较早，民间风气较为开化，如此等等，这种历史的积淀，使得其在今日现代化实践中具有敢于开拓的竞争意识与含茹包容的开放心态。在这块自然资源相对不足的苏南地区，如果说比较地不缺乏什么资源的话，那么这就是文化资源；而如果说其缺乏自然资源的话，那么这种蕴藏丰富的文化资源就弥足珍贵。综观历史，苏南有着丰厚的文化底蕴；审视现实，苏南正率先进行着现代化建设。在这种历史与现实的衔接之中，大力加强对吴文化资源的开发和利用，无论怎样估价其对于推动现代化建设的重要意义都不会过高。文化——这是苏南的底蕴、特色与优势所在。中国早期资本主义的最初萌芽，为什么会萌发于明清时期的苏南一带？享誉中外之乡镇工业的"苏南模式"，为什么会出自苏南地区？新加坡政府在反复的比较论证中，为什么选择苏南地区作为其建立苏州工业园区的场址？闻名遐迩的"张家港精神"，为什么能产生于苏南地域？其中可以举出数不清之别的什么理由，但有一点是共同的，这就是由于苏南地区有着丰厚的文化沃土。在这块文化土壤上，有着千百年来吴地先民们文化活动的层积，又有着今日苏南人活跃跃的文化创造。吴文化的脉线在这里一脉相承，时代的精神养分又给其注入了新的活力，使其文化的脉搏跳动得更加刚健而有力！

底蕴深厚的吴文化为苏南现代化建设拉开了广阔的背景，它也是苏南文化现代化的有力凭借。而张家港精神正是在这块古吴大地上绽开的现代化文化之崭新花朵。张家港精神体现了中华民族传统美德中艰苦创业精神同具有时代特征的开拓进取精神的较为完美之结合，是苏南文化现代化建设的一个典型例证，在其身上现露了新时代文明的曙光。张家港人讲"团结拼搏"，带有明显的群体价值取向与团队精神的色彩，在吸取西方市场经济讲竞争、讲个性发展的同时，继承与发扬了中华文化中那种群体为重、艰苦创业与负重奋进的优良传统，使个体的价值在群体的共同发展中得以实现。张家港人讲"敢于争先"，就是抛弃"出头椽子先烂"的传统保守意识,突破"贵和"、"尚中"那种传统思维模式的局限性,代之以"样样工作争一流"的"自加压力",代之以"大胆地试,大胆地闯",凭着一股拓荒牛的闯劲,在瞬息万变、竞争激烈的市场机遇中,闯出一条大开放、大发展的道路来。具有重要意义的是,经过市场经济的初步洗礼,张家港人的价值观念产生了积极的变化。这种深层的价值观念闪烁着社会主义市场经济文化精神的光芒,体现了生机勃勃的改革开放的时代精神。应该强调指出的是,这种体现新时代文明的张家港精神,是生长在中国传统文化之土壤上的。张家港人讲富,但不是为富不仁;张家港人趋利,但不是见利忘义,而是讲奉献,为群众、为集体谋利益。张家港还讲家庭伦理,讲人际关系的融洽……所有这些,都从中国伦理型文化崇尚道德、讲究和谐、注重诚信自律的传统中吸取了有益的养分。张家港人也吸取了西方市场经济文化精神中某些积极的因素,将其融进自身的文化传统中去,并进行熔铸构建和综合创新,取得了继承与发展之阶段性的初步成果。这是一个十分有意义的伟大实践,它将为苏南文化现代化建设提供许多有益的启示并产生不可低估的重大影响。

　　什么是苏南文化现代化?张家港的实践初步提供了一份较好的答卷。市场经济大潮的撞击与洗刷,激活了因吴文化的深厚积淀而蕴藏在苏南人身上的那种勇于开拓、敢于创新、长于吸收、善于吐纳的文化因子,使其在生活方式、行为方式上发生着一系列深刻的变化,这种表层的缓慢变迁,折射出其思维方式、文化心态与文化价值观念上的嬗变。在苏南大地上,人们可以普遍地感受到这种文化变迁的影子。这里有"昆山之路",奏响了大开放的时代音符;这里有一个个产业集团,荡漾着时代的企业文化精神……这些都显示出苏南文化现代化进程的足迹。而当我们在怀着对苏南地区历史上吴文化的自豪感,在回顾苏南文化在今日的蓬勃发展之时,也应当清醒地意识到:从文化发展的大目标去看,具有苏南文化特色的现代文明体系尚未完全建立;实现苏南文化现代化的任务还相当艰巨,可谓任重而道远;关于如何全面实现苏南文化现代化这个课题,亟待我们做出辛勤的艰苦探索与长期的不懈努力。

即以教育与科技这两个文化的重要子系统而言,苏南地区在这方面仍有大量的工作要做。苏南素以教育昌盛、人文荟萃而著称。这些年,苏南对基础教育明显地增加了投入,在改善办学条件尤其是学校硬件设施方面做出了积极的努力,取得了长足的进步。但是,无论是与国外的先进水平相比,还是从适应苏南地区经济、社会的发展来看;无论是从教育的规模,还是从教育质量水平来看;无论是从教育观念与教育思想的更新,还是从教育内容与教育人才的培养来看,都还存在着较大的差距。苏南地区要有与国际接轨的意识,要从与先进地区教育状况的横向比较中找出自身的不足。我们不能"只缘身在此山中",因一叶障目而不识世界教育发展潮流之大势,不能沉湎于历史上的辉煌和眼下已经取得的成绩而沾沾自喜。在这里,不能仅仅满足于已好,而要不断地追求更好。我们要有前瞻的眼光,因前瞻而生忧患意识。要充分明了发展教育事业对于一个地区实现可持续发展的深远意义。百年树人,教育为本。办教育比起白手起家、平步青云地搞几个大企业来要难得多。这是一项基础性工程,正缘于其基础性而显得尤为重要。对此,我们要有长远的眼光,要有神圣的使命感与光荣的责任感。人们都在大谈要迎接文化时代的来临。什么是文化时代? 其中的重要内容之一就是,在未来的经济发展中,非经济的因素或者说文化因素所占的比重将越来越高,其影响力也将越来越大。教育肩负着培养具有高水平人才队伍的重任。总的说来,苏南地区尚缺乏一支庞大的、具备良好文化素质的高级人才队伍。如果从现在起不引起足够的重视并加以积极的培养,那就将难以在未来的高科技、高文化的激烈竞争中做到领先一步而立于不败之地。外地曾有专家评论说,苏南地区缺乏科技原发力量,缺乏高等教育,这是短期内难以解决的。对于这样的忠告,有些人听了可能会感到有点刺耳。忠言逆耳利于行。我们不妨从这种友好的劝告中引起深深的思考,早日做好通盘的长期规划,采取切实有效的措施予以解决之。苏南教育现代化与科技现代化是苏南现代化的重要组成部分。如果没有这两个支点强有力的支撑,那么,所谓的人才为本、科技创新以及可持续发展等等,都将会流于一句空话,而这就将极大地影响苏南现代化的整个进程,并将可能丧失掉苏南地区原有的某些优势,从而会在未来的文化时代退居于一个落伍者的位置。

谈到苏南文化现代化,一些同志可能首先就会想到要在文化设施和文化硬件方面实现现代化。这当然是对的。我们要有文化设施的齐全完备,文化网络的形成,文化艺术活动的繁荣昌盛,群众性文化生活的丰富多彩,文化市场的健康发展,文化体系的建立,如此等等。不过,苏南文化现代化建设的伟大任务不只是体现在这种文化事业上,或者说这仅仅是一种手段而不是目的,不能把这种文化事业的开展看成是文化现代化建设的全部内容。文化事业只是文化建设的表层,其深层则要直指现代化的主体即人的现代化上。文化事业发展的着眼点和落脚点乃在于"以科学的理论武装人,以正确的舆论引导人,以高尚的精神塑造人,以优秀的作品鼓舞人"。文化的独特功能或者说主要功能在于其以"文""化"人,以"润物细无声"的方式,更新人的观念,增长人的知识,振奋人的精神,陶冶人的情操。这是苏南文化现代化的核心任务之所在。

在当今城市现代化建设中,人们开始越来越重视基础设施建设了。这当然是非常必要的。没有这一点,就谈不上一个城市的现代化。但比起基础设施这种硬件建设来,城市市民素质这种软件建设则具有同等重要的意义,从某种程度上来讲也许更为重要。城市的风貌反映一个地区领导的精神风貌与工作作风,书记、市长的水平有多高,城市建设的水平就有多高。要十分重视领导者的素质,而城市领导者又要通过抓人的素质而具体落实到城市建设上去。既见物又见人,从物见人,由人及物,最后归结到"人"字上。关键是人之素质。苏南地区的一位领导同志说得好:社会的现代化,归根到底取决于人的现代化;人的现代化,是思想道德和科学文化素质的全面进步。因此,无论是物质文明建设还是精神文明建设,都必须着眼于提高人的素质。这是一种很有深度的见解。所以,无论是在城市开展创建文明卫生城市活动也好,还是在农村开展创建文明卫生村镇活动也好,都不仅仅是一种文化活动,而是要就此增强市民和农民的文明意识,逐步形成健康、科学和文明的行为习惯,提高其现代化的素质水平。以这样的眼光去看问题,关注农民温饱后的文化生活,那就不光是一个文化事业的问题,更重要的是在于提高其文明素质而关系到人的现代化之大问题。同样地,对于城市市民来说亦如此,不能说城市市民就一定具备了较高的素质,也不能说城市文化理所当然地就是现代化文化了。只有建立起具有现代形态的思维方式、行为方式与价值观念,这才能从真正的意义上谈论实现城市现代化和农村现代化。

在苏南大地上兴起的工业化浪潮席卷了城乡的各个角落,给这一地区的经济带来了初步的繁荣。但是,物质的丰裕并非必然地带来文化上的进步。此中有人这样讲,有了钱还不算富,有了文化才算是真正的富。这种朴素的说法表明了苏南人对文化的渴求,他们不愿做物质上的"暴发户",而同时要做精神上的富有者。是的,搞现代化需要钱,需要物质基础,但光有经济上的繁荣,光有钱也是买不来现代化的;仅有物质上的丰裕,也称不上是一个具有完全意义上的、符合时代要求的现代人的,因为人的素质是不能靠花钱就能买来的。从现实的情形来看,一方面,由于苏南地区有着优秀的文化传统,又属于开放程度较高的地区,吸取了市场经济文明中许多适应现代化的文化因素,正在综合创造出适应新时代的文明,也就是现代化文化或者说是现代形态的文化;另一方面,又由于传统文化中某些有负面影响的东西或者是不适应现代市场经济的文化因子在起作用,再加上在对外开放中被裹挟进来的某些不健康或者说是属于糟粕性质的文化成分之不良影响,因而在这里亦出现某些不符合、不适应或严重阻碍建立现代新文明的情形。当前,苏南地区呈现出多元文化并存的局面,这在相当大的程度上与经济中多元经济成分并存的格局有着较为密切的关系。针对这样一种局面,我们必须认真分析与研究在现实生活中出现的文化问题,切实解决如何实现苏南文化现代化这一时代课题。比如说,在苏南的某些乡镇企业中,虽然工厂的厂房宽敞又明亮,生产流水线崭新而先进,到处一派现代的味道,但是那里的宗法观念较深,宗法化倾向甚为严重,裙带关系、家族化的情形表现得较为明显。这表明,虽然工厂似乎现代化了,但不少人的思想观念中还有封建思想的残余,还没有挣脱血缘、地缘的脐带,其思想水平、管理水平还远不能适应社会化大生产的需求。又比如,虽然一些地方经济上富裕得可以,但封建迷信活动仍时有发生,有时还表现得较为突出。这说明富则富了,而愚则依然,这种精神贫困的现象尚未得到彻底的根除。再比如,有些人腰包里开始有了点钱,不是将之用于提高自身的文化素质和经济发展上,而是在物质享受上与别人搞盲目攀比,讲排场,摆阔气,搞铺张浪费,追求高消费,甚至醉心于低层次的感官刺激。这种不健康、不科学、不文明的消费观念,既受了某些外来的负面因素与不良风气的影响,又有着小生产者狭隘心理的作祟。这表明了对物质财富的占有并不必然地带来人格上的健全,倒有可能造成心理上的某种畸形。所有这些不良文化现象均说明,在一些地方,在一些人身上,物质上、经济上的富有,恰恰与精神上、文化上的贫困形成很大的反差。因而,如何使其走出这一矛盾的境地,是摆在我们面前的一项艰巨而迫切的任务。

现代化的经济需要有现代化的文化与之相适应。很难设想,一个地区之现代化的经济能与前现代化的文化相融在一起;也很难设想,在一个前现代化文化的基础上能够全面地建成现代化的大厦。我们要实现苏南现代化,就必须有现代化的苏南文化的支撑。而苏南文化现代化的核心在于人的现代化,在于人的思维方式、生活方式、行为方式、文化心理以及价值观念等适应于现代化的时代要求。只有在这个基础上,我们才能谈论苏南现代化的全面实现。

苏南现代化建设的伟大事业正在向纵深发展。实现苏南文化现代化正逐步成为苏南人的着意追求和自觉行动。苏南人民中间蕴藏着极大的文化创造性和开拓精神。人们曾经交口称赞一位苏南文化老人带领大家经过多年的辛勤探索,在中国农村大地上独树一帜地建立起了一座"吴文化公园"。这一举动本身显示了巨大的文化意义,它昭示着:苏南人将会像其描绘现代化经济建设的蓝图那样,为自身设计和构建一座雄伟的文化大厦与美丽的精神家园!

原载《苏州大学学报》(哲学社会科学版)1998年第4期,《人大复印报刊资料·文化研究》1998年第6期转载。

走出苏州

到外地走走,总想听听别人对苏州的看法,看看苏州的影响如何。北京城有一条"苏州街",有一座"苏州桥",我们苏州人看了很兴奋。走进外地大商场,看到了苏州产品,就感到面子上有光彩;架子上没有摆苏州货,心中就不免生出一丝惆怅。又记起陪同客人游苏州的事。看看园林,逛逛景点,老朋友被姑苏的美景所陶醉,为苏州的日新月异而发出由衷的赞叹。不过,临了又笑着说:苏州名气挺大,但似乎辐射力并不强,影响面也不很广……

于是,就常常想起"走出苏州"这个话题。

一个城市的地位与其辐射力是分不开的。历史上的苏州,一度经济实力雄厚,文化蕴涵丰富,对外界产生了重要的影响,特别在明清时期,可以说达到了如日中天的地步。这当然给今天的苏州人留下了一大笔无形的资产。所以,人家说你"小苏州"什么的,心里就有点别扭。苏州"小"什么呢?瞧瞧历史,苏州不小;看看现实,苏州也很辉煌。"东方威尼斯","人间天堂"地,总有其胜人之处吧,否则,别人会把这一顶顶桂冠戴到你的头上去吗?而我们苏州人自己倒大不可自以为是,还是谦虚和理智一点为好,这样也显得更加大气一点。"上有天堂,下有苏杭。"这句俗语流传了不知多少年,几乎尽人皆知。在人家是一种赞誉,我们苏州人自己不要老是被这句话弄得晕乎乎的。桂冠不会终身戴,百尺竿头进一程。走出去看看别人啦,找找自己的不足啦,总是淡化一点天堂意识为好,解开一些小城情结才是。走出小桥流水,走出小巷深处,走出苏州去看看天南地北,看看大连、青岛呀,看看深圳、厦门呀,总能向别人学到一些什么。听惯了叮叮咚咚悠扬乐曲的耳朵里,再吹进一些北国劲歌与西部之声;看熟了粉墙黛瓦、曲径回廊的眼帘中,再映入一些塞外风貌、边疆气象;饱览了吴侬软语的儒雅风姿,再领略一下燕赵齐鲁的慷慨情怀,会开眼界,长见识,得滋养。苏州在历史上是吴文化区域的核心地带。今日的苏州人在这种传统之氛围中熏陶久了,也隐约会生出一点惰性来,而自己却常常并不知晓,大约是"只缘身在此山中"罢。因而,出去走走,犹如呼吸进一点新鲜的文化空气,于苏州总是有好处的。

也许有人会说,你这里一味地讲"走出苏州",走到什么程度,又如何个走法呢?其实,这里说的"走出",更多地是从文化的角度上讲的。如果仅仅是一般意义上的"走",走了一圈,走马观花,没有看看人家在做什么和想什么,没有学到一点什么,那就成了游山玩水,到此一游了,即使走到了海外,至多也是考察了一些异国风情罢了。至于有些人到外地转了一圈,回来总感叹"还是苏州好",那或许就如同坐井观天,有点儿夜郎自大的味道了。实际上,也有"不走之走"的。将外地的交响乐团请到苏州来演出,大家耳目为之一新,反响颇为强烈。像这样的"引进",也就是"走出",走出了一种文化上的局限。你能说这不算"走出苏州"么?

算来算去,"走出"的问题,苏州还真的做得不够。"走出",意味着一种突破。走出自我,突破长期以来形成的一些老观念,也并不容易。乡镇工业的"苏南模式"很有历史功绩,眼下就有一个扬弃与提升的问题。这就是走出自我的局限性。不妨考察考察"温州模式",做些比较研究,吸收点有益的东西进来。人家温州人闯到苏州来练摊,生意做得红红火火,苏州人当中究竟有多少人能跑到温州去闯荡的呢?恐怕力度远没有人家那么大。苏州的"名旦"、"名媛"也真沉得住气,据说在本地举办优质产品展销会时,外地厂家纷纷在此设摊,抓住机会亮相,而东道主苏州的反应并不热烈。是皇帝的女儿不愁嫁的自信,还是自家的酒好不怕巷子的幽深?!明明是小家碧玉,偏偏摆弄起大家闺秀的姿态,"千呼万唤始出来,犹抱琵琶半遮面"。走出来吧,苏州的"名媛"们!

恐怕主要的还是个眼界与襟怀的问题,说到底,则是个文化问题。人家说苏州"小",大概也就小在这个眼界与胸襟上。苏州园林很美,还扛回了一块"世界文化遗产"的牌子,但无论怎么说,其格局总显得小了一些。而假使苏州人的心胸也像园林这般大,那就不成其为美,倒显得有点儿小家子气了。如果我们光是在自己的园子里转悠,那大约也是会成为一种局限的。外面的世界很精彩。我们要走出园林看苏州,也就是睁开眼睛看世界。走出小苏州,闯荡大江湖。总之,我们要走出去。走出去,推销自己,听听人家对苏州产品的反应与意见;走出去,看看大千世界,拓展开我们的思维空间与向度;走出去,接受一点新的文化气息,进入一种更高的文化境界。时代呼唤我们走出去。冲破区域的局限,进行产业结构大调整;适应经济活动的开放性,投身国内大市场的形成与分割;参与国际经济大循环,加速经济国际化进程,这些都需要我们走出去。

而要真正地走出苏州,亦非易事。正由于苏州名气大,文化沉积厚重,反倒增添了一点难度。历史上的辉煌有可能眩晕我们的双目,使我们放不下昔日老大的架子,而现实的成就又可能会使我们自我陶醉,难以割舍当年曾行之有效的老套套。洒脱一点吧,何不潇洒走一回!卸掉一些背负着的过多、过重之赞誉,轻装上阵走出去,走得扎扎实实,走得专心致志,走得又快又好!

苏州的儿童剧走出去了,并在全国产生了影响。一些厂家也在走出去;苏州与西部一些地区也在相互走动起来;苏州工业园区与苏州新区更是走动到了海外。走出一步天地宽。总得走出苏州。走出去,会有长进;走出去,才有希望!

原载《苏州日报》1998 年 2 月 26 日。

再造苏州

作为千年文化古城的苏州,有没有一个再造的问题?答案应当是肯定的。仅从城市建设的意义上讲,这与"古城保护"也是相容的命题。在保持古城风貌与神韵的前提下,对旧街坊进行改造,赋予其现代化的功能,这就是对苏州的一种再造。苏州城"古城居中,东园西区,一体两翼"的发展格局,可以形象地喻之为古苏州、新苏州、洋苏州的三重奏,这也是一种较大规模与较深层次上的再造。

对苏州的再造,更要深入到文化的层面,亦即具体到人的层面去进行。苏州亮出"率先实现基本现代化"的旗帜已有数年了,经济、社会、文化事业的发展均取得了骄人的成就,但仍存在着种种制约因素,这主要不是体现在经济指标方面,最为关键的还是人的素质即人的现代化之问题,而这是需要在文化层面上才能予以解决的。

苏州之吴文化底蕴固然十分深厚,但同样面临着一个文化再造的问题。对历史文化的继承,并不等于一股脑儿地全按老祖宗的家法行事,为了适应社会主义市场经济的新形势,必然要求我们当代人在新时代里进行文化创新,体现出吴文化之"当代性"。在继承中创新与发展,在创新中承续与扬弃,这是吴文化生生不息的旺盛生命力之所在。一条干将路,连接和贯穿古苏州、新苏州、洋苏州,生动地展现出苏州的古与今、中与外之文化交融互动和综合创新的发展态势。对于文化内涵丰富的苏州地域来讲,这种文化再造和综合创新从未停止过,只不过没有像今天这样丰富多彩而已。就以苏州工业园区之建设为例,不仅引进了先进的技术,而且亦有吸纳先进的管理文化等方面的意义。有选择地、批判性地吸收外来的优秀文化,是文化综合创新的题中应有之义。

苏州文化再造,应当最为直接地体现在对于苏州人文化性格与人文风貌之再造上。苏州人精致、柔和、雅秀、灵动,表现出"小、柔、雅、灵"四大文化特征。这是苏州人的可爱之处,也是苏州文化之精华。在走向现代化的进程中,我们不能丢了这些东西。精细平和,文雅灵秀,其秀外慧中、心灵手巧的一面,不是正可以在对于技巧程度要求较高的高新技术行业中一展身手吗?那么多外商到苏州来寻求发展,正是看中了苏州人杰地灵,看中了苏州人灵巧文慧。但也有外商感叹,到苏州找熟练的操作人员甚易,而要找合适之本地营销人才则难。为什么呢?这大约与不少苏州人耽于安逸而冲劲不足、闯荡世界的热情和兴致不高有关。这点破了苏州人文化性格中的一个弱点或不足之处,就是苏州人柔弱有余而刚健不足,平和守成有道而披荆斩棘开拓疆域之魄力和气度稍逊。精致固佳,不可流于纤细;柔和亦可,不要失之柔弱;雅致不能少了洒脱;空灵不能缺了厚实。当浸染于古老文化传统中的苏州人将自身之特色发挥到极致之时,同时亦暴露出明显的缺陷之处,其间形成了鲜明之反差。这大约亦是文化辩证法之内在规律使然吧?这种种不足和弱点,有些是大有碍于苏州之大发展的,因而要对苏州之文化精神、对苏州人之文化性格来一番再造。譬如说,保持住苏州人精致之本色,学得一些外地人的大气与雄浑;保持住苏州人柔和之底色,学得一些北方人的刚劲与坚毅;保持住苏州人的雅致,学得一些温州人风风火火闯九州的洒脱;保持住苏州人的空灵,学得一些北方人的厚重与质实。在缺陷之处补强相应的文化养分,当会使苏州人之文化性格变得更加丰厚宽广,使苏州人之人文风貌变得更加光彩照人。

再造苏州城,再造苏州人,苏州的文化品位将在这种再造中得到提升,从而进入一个新的更高的文化境界!

原载《苏州日报》2001年6月25日。

再造苏州在造人

——《人的现代化与苏州》读后

曾经有人这样描述过20世纪苏州农村的发展：60年代造田，70年代造厂，80年代造城。如果说从造田、造厂到造城体现了一种历史性的进程，那么，苏州"90年代造人"则是在更高层次上合乎逻辑的展开，是苏州现代化建设中更为辉煌的篇章。

为了适应这一客观形势发展之需要，冯瑞渡、朱永新同志组织部分专家学者撰写了《人的现代化与苏州》一书。该书就人的现代化与一个区域范围内全面实现现代化之关系问题，做了较为集中、系统而又深入的探讨，既丰富了对于"人的现代化"问题的理论认识，又在实践运作的层次上做出了许多建树。如果考虑到在全国范围内甚少像这样就一个区域开展人的现代化与区域发展之研究，那么其意义就更显其大了。

综观《人的现代化与苏州》全书，理论性与实践性的有机统一是其显著的特点。作为一本理论著作，其源头乃是苏州地区伟大的现代化实践，本书正是以理论成果的形态，对苏州人民正在进行中的现代化探索与实践进行了概括与抽象。由于它源于生活之树，因而这种探索是生动活泼的，而非言之无物的教条八股；又由于它是从个别归纳为一般，从具体上升到抽象，因而具有较强的逻辑性和系统性，并非零星材料之堆砌。本书"绪论"开宗明义而又提纲挈领地指出："实现基本现代化，关键是要实现人的现代化；没有人的现代化，就没有真正意义上的现代化。"接着，又从苏州基本实现现代化的三个层面，即生产力水平，建立新体制与新机制，提高人的文明程度和社会文明程度，探讨三个层面之间相互依存的关系,着力凸显"人的现代化是苏州基本现代化的核心"这一全书的主旨。书中明确指出:"我们研究现代化的苏州人,就要从苏州的实际出发,并结合苏州的市情和苏州传统的文化底蕴。"这里,不但表明了研究者的方法论,亦体现出其坚持理论与实践相结合的学术品格。

  为什么要实现苏州人的现代化?什么是苏州人的现代化以及现实的情形又是什么?如何去实现苏州人的现代化?《人的现代化与苏州》围绕着"苏州人"这一出发点与落脚点,层层展开,渐次递进。本书的前三章"绪论"、"人的现代化:理论探索"、"人的现代化:实践运作",集中阐释了人的现代化之理论内涵,为"苏州人的现代化"这一问题的探索提供了坚实的理论依据与广阔的理论背景,同时亦构成了全书结构的逻辑起点。第四章"苏州人:人文风貌与文化底蕴",充分地展示了苏州人的历史文化蕴涵特别是当下的文化生存状态,为全书的主题提供了一个富有深度历史感的文化背景。第五、六、七章则分别就青少年、市民素质、领导者与苏州基本现代化的关系进行具体的分析。例如,书中第五章深入地阐述"把现代化的核心定位在人的现代化上,而把人的现代化定位在青少年社会化和成年人继续社会化上",这就赋予了青少年成长与苏州基本现代化建设以更加深刻的时代内容和战略意义。这不仅在于其说法本身是深刻的,而且还在于青少年问题正是"人的现代化与苏州"这一课题中不可或缺的一环,其论述的展开正体现了全书逻辑性的严密与内容上的丰富。第八、九、十、十一章分别就教育、文化、大众传媒、制度文明与苏州人现代化的关系做了探究。从"教育发展是实现人的现代化的一个组成方面",到文化现代化是"人的现代化的重要前提",从"人的现代化进程应充分发挥大众传媒的积极影响",到"人的现代化的生成,有赖于与现代制度文明的互动",这是又一个逻辑行程中的环节,即以什么样的方式去实现苏州人的现代化?书中以诗化的标题"21世纪的憧憬——现代化的苏州与苏州人"作为结束语,热切地呼唤"新世纪,苏州人将在创造现代家园中完善人格",又一次拨动了"人的现代化与苏州"这一主旋律,给这一逻辑行程拓开了深远的未来指向性!

再造苏州在造人。现代化建设应当"以人为本",这是《人的现代化与苏州》一书给我们带来的深刻启迪。尽管本书的写作并非十全十美,其中对于一些问题的探索和研究尚未能进一步充分而深入地展开,但是,作为当前苏州现代化实践中孕育出的一个理论成果,其意义则是不可低估的。并且,随着从基本现代化到全面现代化这一现代化进程之不断地向前推进,人们将会愈来愈明晰地认识到"人的现代化"之重要意义!

原载《江南论坛》1999年第11期。《人的现代化与苏州》一书由苏州大学出版社于1998年10月出版,该书系《现代化与苏州》丛书中之一种。

文化和合与苏州再造

自从境外企业和跨国公司在苏州这块土壤上开始经营运作,我们对于经济全球化这股汹涌澎湃的浪潮就已经感同身受了。作为中国对外开放程度较高的苏州地区来说,经济国际化已变成并不陌生的东西,它已经像穿衣吃饭一样融入我们的日常生活之中。与此同时,伴随着经济全球化,本土文化与外来文化在苏州大地上也悄然呈现为一个相互融合的过程,我把它叫作"文化和合"。对于这个文化和合的过程,似乎不少人还没有明晰的认识,或者说尚缺乏自觉的文化意识。

在说到苏州的发展时,我曾经把它概括为"古苏州"、"新苏州"和"洋苏州"的三重奏。虽然这样的说法并不一定很确切,但它也较为形象地展示了今日苏州之态势。单从城市的形态上看,从古城到"古城新区",再到"古城居中、东园西区、一体两翼",其城市形态在历时态中呈现"古"、"新"、"洋"的横向展示。而这亦与苏州经济的走势相符,即从古城区经济发展到现代化新区的经济,再到国际化工业园区的经济,在纵向上也走过一个"古"、"新"、"洋"的历程,其足迹相当之清晰可见。与同期的城市形态与经济发展相似,苏州文化亦展现出"古"、"新"、"洋"的三重境界,呈现为"古"、"新"、"洋"的文化和合。这一情形,亦同样地有迹可循。如果我们简单地把吴文化作为古城区的代表,把现代化作为苏州新区的标志,把国际化作为苏州工业园区的象征,那么,吴文化、现代化与国际化这三个构成当下苏州的元素,其"古"、"新"、"洋"之蕴涵就既是经济的,又是文化的,是苏州经济与文化在历史行程中合乎逻辑的展开。在这里,经济发展推动了文化的进程,文化的繁荣又促进了经济进步;经济向文化积淀,文化向经济生成。总之,吴文化、现代化和国际化,一则体现了苏州经济与文化之间的双向构建,二则呈现为经济与文化之间的互为同构。

　　文化和合,这种文化现象在苏州表现得非常明显;文化和合,苏州人对此应持有更为自觉的文化意识。苏州有着极为深厚的古老文化的积淀,又是在现代化建设中处于国内领先地位的明星城市,更是在经济国际化浪潮中的弄潮儿,因而,古(吴文化)、新(现代化文化)与洋(外国文化)这三种文化形态在当下是如此地交织在一起,使苏州真正地处于中外文化与古今文化的交叉融汇点上,呈现为一种典型的文化和合的态势,其文化内涵的丰富性、深刻性与复杂性,绝非一般城市所能相比。一部文明发展史告诉我们,文化的交流与融合是社会前进的源泉。苏州在这一文化和合的进程中,定会得到较历史上任何一个时期都更为辉煌的发展。问题在于,对于苏州人来说,正像其在经济建设上提升了发展战略,具有了较为自觉的科学地发展的意识一样,在文化发展上也应当提升自身的文化战略。要突破诸如一讲起苏州文化来就仅仅是一味地强调原封不动地保护古城传统文化的那种粗浅的文化意识。保护古城文化,承续古城传统,这种说法当然是对的,现在可能很少有人就此提出异议,但它并不是苏州文化的全部,更不是苏州文化发展的全部,也不应该是其全部。在批判地继承古城传统的基础上,要发展新文化,这就是创造现代化文化。之中,我们还要吸纳与扬弃异质文化或者说"洋"文化,取国外之长,创中华之新。"周虽旧邦,其命维新。"如果不能在传统文化的基础上,取鲁迅所说的拿来主义的态度,以汉唐时代那种阔大的胸襟与雄浑的气魄,博采众长,吐故纳新,则何以体现我们当今苏州人之创造?从早期单纯地讲"古城保护"的文化意识,到对于传统文化与现代化之关系的深入思考,再到在现代化与国际化进程中,对于文化和合情境下的文化综合创新的认识,正是苏州人自觉之文化意识的不断升华。苏州人应当追求在文化上对自身的某种超越,这是苏州实现经济超越的题中应有之义,也是经济社会发展对文化必然提出之时代要求。

　　谈到文化和合,也许有人会担心:在这一文化融会的过程中,苏州文化的边界是否会变得模糊,或者说,作为中华文化中一朵奇葩的苏州文化是否会因之而丧失其自身之特性?这是我们在讨论"文化和合"

的话题时必须回答的问题。其实,经济全球化并不必然带来文化雷同化,而我们所讲的"文化和合"与"文化雷同"亦并非同一个概念。"文化和合",不是文化雷同,也不是文化同化。美国学者亨廷顿讲"文明的冲突",这是我们所不能同意的。中国人认为,不同的文明之间可以友好地相处,做到"文明的共存"。在这种简单的说法中,实际上有着深刻的中国文化的智慧。从儒家孔子的"和为贵",到道家老子的"无争",在中华文化里形成了讲求和合的文化基因。但是,我们讲文化"和合",并非不讲不同文化之间的差异,而差异本身就是矛盾,有其不相一致的地方。文化"和合",这里的"和",是孔子所讲的"和而不同"之"和",不是一味地苟同,差异自在其中,故而文化的差异是包含于"和"之中而并非在其外。如此看关于苏州文化特性的问题,就会产生以下的认识:一是没有理由说苏州文化特性会在这种文化和合的过程中丧失。苏州有悠久辉煌的历史,我们充满了文化上的自信。二是苏州文化亦在发展之中,变中有不变,不变中有变;可能变化的是表层的文化形态,不变的则是苏州文化的内核,是苏州内在的文化精神。在这样一个"文化和合"的过程中,苏州文化将可能在更高层次上实现向文化特色愈加鲜明的"文化跃迁"。文化和合,并不是必然以丧失文化个性作为其代价的,我们完全可以做到"和而不同",在"文化和合"中凸显与张扬苏州城市自身之个性,苏州仍然可以是个性鲜明的"这一个"!

  有一位学者曾经预言,那些能够改善居住和文化环境的城市,在经济发展上必定击败那些只知道"改善投资环境"的城市。这使我们想起一位苏州领导者讲过的话:现在外国人要到苏州来投资,我们不是先说要给他什么优惠政策,而是让他休息一下,了解了解苏州的文化。这两段意味深长的话,都不约而同地说到文化对于一个地区发展之重要意义。因此,当我们瞩目赫然镌刻于苏州工业园区一座雕塑上的"圆融"两个大字时,就不但领略到古苏州、新苏州、洋苏州之间文化交融、文化和合的深层意蕴,而且仿佛看到了苏州无比辉煌的明天!

原载《苏州日报》2005年3月26日。

三重奏下的和合苏州

数年前,当中新合作的苏州工业园区在金鸡湖畔蓝图初绘之时,我曾经做过这样的预言:苏州将呈现为洋苏州、新苏州和古苏州的三重奏。如今,洋苏州初展英姿,新苏州生意盎然,而古苏州则在深厚的历史积淀之中透发出无穷的魅力。

在进入全球化的情境下,苏州这个古老的东方文化名城的状况如何?其发展的指向又是什么?这是一个为世人所普遍瞩目与关注的话题。历史将苏州又一次推到古与今、中与外的交叉融汇点上,使其面临着新一轮文化抉择。走向21世纪的苏州人,从容不迫地交出了一份答卷,让世人感受到其沉甸甸的历史分量。

当下的苏州,其发展态势是:取外国之洋,创中华之新,存东方之古。存古为继承传统,取洋以博采众长,创新则自出机杼。三者统一,其意则为再造苏州,重铸辉煌。文化辩证法其义深奥,倘一味"存古",不领略浩浩荡荡之世界潮流,有悖于"周虽旧邦,其命维新"之大义,古则古矣,总不免抱残守缺、泥古不化,难以跟上时代前进之步伐;倘一味"取洋",唯"洋"之马首是瞻,全无自己的一套当家本色,则难以逃东施效颦、邯郸学步之命运,恐怕学他人之步未成而先乱了自己的脚步;倘一味求新,了无依傍,全无凭借,虽以花样翻新而求出奇制胜,但难免有蹈空凌虚之感,在追赶时髦与热闹一番过后,总是少了一份厚重与稳健。苏州之道,有别于此。所谓"三个苏州","三"者,不是"一",不是"二",亦不是外在的、互不关联的三块,而是三者内在地相互包孕,洋而中,新而古,唯其如此,方能多元共存,融会贯通。这正是当下之独特的苏州。

所谓洋而中、新而古,意态纷呈,气象万千,择其大要有三,一曰现代与传统相得益彰,二曰经济与文化互为协调,三曰科技与人文比翼齐飞。

就传统文化与现代化的关系而言,人们常常不能很好地把握其间的内在联系,从而出现处置失当之情形。苏州的建设者们则较好地解决了继承与发展、推陈而出新的课题,这在古城保护的问题上表现得尤为明显。讲创新,讲现代,并不是要一味地模仿与采纳西方的建筑风格,特别是对于这样一个富有浓厚文化韵味的苏州古城区来说,如果不尊重历史的传统,完全按"洋"的一套去搞,就会破坏掉其中许多具有内在韵味的东西,就会使原有的文化厚味变得淡薄,从而造成永远不可弥补的文化丧失。问题的另一面则是,古城亦不是空中楼阁式的存在,作为现实的人居之地,决定了其功能必须随着时代的步伐而走向现代化。笼而统之地讲维持原貌,企图将其凝固而封存起来,使其处于"冻结"的状态,这既会窒息其内在的生机,也是不切实际的、带有理想化色彩的做法。苏州人以其对古城的钟爱,以其自觉的文化意识,凭借其聪慧与灵巧,犹如制作苏绣般地描绘了一幅城市现代化与古城保护完美结合的新的《平江图》。一个适应时代、具有现代化功能而又充满着小桥流水情趣的苏州古城区,正折射出苏州人娴熟地处理现代与传统之关系的水准和能力。

从经济与文化之间的关系上看,苏州正呈现为一派良性互动的情形。近年来,苏州经济发展势头迅猛,成为中华大地上一颗耀眼的明星,被人们惊呼为"苏州速度",誉之为"苏州现象"。当然,在苏州的经济奇迹为人们所交口称道的同时,亦有一些关心苏州发展的人士在心中忖度:苏州是否只注意GDP的巨大增长而忽略了其他方面的协调发展?苏州吸引外资的骄人业绩是否会隐藏了经济中空化的情形?如此等等,其实质乃在于担心苏州的发展后劲也就是可持续发展问题。当然,这样的担心不是没有来由的,这些问题也并非不值得苏州方面引起警惕,尤其是这些善意的提醒更是苏州人应当心存感激的。而现实的情形是,从苏州近年来发展的实践来看,其以"协调"为特征的发展模式颇为引人注目。一、二、三产业之间的协调,人与自然环境的协调,经济、文化与社会的协调,这种以"协调"为特征的文明发展观支撑着苏州的发展。同时,"文化"之一维也直接地推动着苏州的进步,表现为一种现实的生产力。苏州的经济发展与文化发展是交融在一起的。由于有着深厚的文化底蕴,苏州将有着持续的发展后劲。历史将证明,像苏州这样一个有着极为深厚之文化积淀的城市,其繁荣与昌盛将是稳定的、长久的,这座文化之城的无形的文化力是巨大的,有着持久的辐射力、穿透力和无限的生机。

科技苏州与人文苏州之齐头并进,是苏州新时期发展的又一态势。科技之于一个地区发展的重要性自不待言。苏州精心打造科技之城,正是勇立于知识经济的大潮之中,为提升城市的核心竞争力而扬帆远航。苏州人目光远大,业绩可嘉,已摘得世界新兴科技城市之桂冠,其前程正不可限量。科技之城的建设,对于苏州这一东方古城来说其意义尤为重大,它不但为苏州经济的发展提供了源泉与动力,而且为古老的状元之城注入了科技理性,在文化层面上强化了其科学精神之一维。古老深厚的人文传统之积淀,新型的现代科技理性之融入,这种科学精神与人文精神的交融,将会使苏州文化跃迁到更高的层次与进入一个崭新的境界。

曾经有一位学者把中国哲学概括为"和合哲学"。这使我们立刻想起苏州寒山古寺的寒山、拾得"和合二仙"。苏州人是推崇"和合精神"的。并且,在我看来,当下古苏州、新苏州、洋苏州的三重奏,正是这种"和合精神"的典型之体现!

原载《苏州日报》2004 年 6 月 28 日。

苏州有多大

在不经意之间,苏州城悄悄地变大了,苏州在走向大城时代。多年前,当苏州工业园区在古城东部蓝图初绘之时,笔者曾经做过这样的预言:苏州将呈现为古苏州、新苏州、洋苏州的三重奏。如今,三个苏州齐头并进,在长江三角洲这块土地上形成了大苏州的雏形。

问题在于,伴随着经济的迅猛扩张,苏州跨入大城市门槛的步伐是如此急速,不免使人们在心理上产生了某种程度上的不适应甚至是文化焦虑。的确,自近代以来在人们心目中凝定而成的一直是"小苏州"的形象,只是被视为一座有韵味的"江南小城",充其量也就是一个富裕的中等城市,怎么说都与想象中的大城市沾不了边。而从苏州人自身来说,井喷式的经济发展,"忽如一夜春风来,千树万树梨花开",仿佛从历史的沉睡中一觉醒来,急切地希冀拥抱大城时代,憧憬着大苏州的辉煌。这是既合乎逻辑又有着现实基础的心路历程。

实际上,我们每个人都在心底里探询:苏州有多大?苏州到底能有多大?

说苏州"大",苏州确实不小;比起一般的城市来,苏州的名气尤其不小。翻翻历史,苏州很是风光。遥想苏州当年,明清时期的雄州,江南地区之经济文化中心,别看如今硕大无比的上海,从前可是不在苏州话下的小城。再看看现实,苏州亦颇牛气。别说在省内,就是拿到全国去比,苏州的GDP也是硬邦邦地排在前几名的,虽说这也使得有些城市心里痒痒的,不时地会找上一些话题给苏州说事,但这GDP还是真格的,苏州人骨子里自可心安理得。有了这点底气,苏州人也就敢掂量掂量自己在全国的位置,似乎可以问问鼎之轻重了。或许,在许多苏州人看来,苏州已俨然是一个大城市了。不过,这历史上的辉煌只能说明老祖宗阔得很,不代表今天还有多少家当,更不能保证当下苏州之"大"。这 GDP 之高,自可表明一个时期经济上某方面的成就,能够说明一些问题,但也不能说明问题的全部;若以之衡量一个城市之大,特别是以之来衡量苏州之"大",则尤为不可。作为一个大城,一个大苏州,当然要有与之相匹配的 GDP,要有与之相适应的城市发展空间,要有一定的人口规模,要有大交通,要有高楼大厦,如此等等,这些都毋庸置疑。但是,我们要提出的问题是,难道这些就是作为"大苏州"的充分条件和必要条件吗?苏州有了这些就足够"大"了吗?

或许,我们在这里对苏州提了一个不恰当的问题。难道有了"大",或者仅有其"大",就可以理所当然地成为"大苏州"了吗?难道苏州的发展仅仅是让其变"大"就大功告成了吗?问题显然不应该如此简单地去予以理解。

"君到姑苏见,人家尽枕河。"小桥流水的苏州在历史上就是一个以"精致"著称的城市。显然,"精致"是这个城市的文化精神和文化传统,是其最为本质的内在底蕴和一线相承的文脉。在苏州这样一个有着深厚文化积淀的城市搞现代化建设,如果不能本着"精致"的态度,那么无论搞得多么大、多么快,也可能只是浮光掠影,在某种程度上甚或可能会陷入一种肤浅。我们讲又好又快,但做起来往往是快则有之,好则未必,谈得上精致的更是少之又少。这从深层次上说来,是一个发展理念的问题,也就是一个文化观念的问题。大概是一顶"小苏州"的帽子在头上戴得太久了,所以苏州人起而求"大",这种心态完全可以理解,但切不可仅有"求大"思维,以为只要有了"大",其他的一切就可以甚少顾及。高楼大厦是一种"大",外地有些人也常以之自炫而诟病苏州,这其实是浅薄的看法。倘若我们苏州人自己也这么看,则不但是没有了一份文化自信,更是在发展理念上犯了糊涂。苏州发展的要义应该不在这里,我们苏州与别的城市比的也不是这些。我们要比的不光是"大",更应该在于"好",在于"精致"。有的城市不是提"不求最大,但求最佳"吗,难道苏州不应当在"不但求大"而"更求精致"上再多做一些思考与努力吗?这难道不是苏州这样的城市最应当留意、最应当有所作为之处吗?当然,我们说要"精致",完全不是说不要"大"发展。至于那些怀有些许伤感的情绪，留恋于昔日小苏州情形下的小桥流水，对于今日苏州轰轰烈烈的现代化建设冷言冷语的人，我们只能说其文化态度是抱残守缺的了。我们所要追求的是，在做到"精致"前提下的"大"发展，在"大"发展中做到"精致"。这两者之间是有其内在统一性的，不可将其对立起来看。尤其是对于苏州这样的城市来说，光是一味地注重外延的扩张，仅追求量上的"大"，发展方式上粗放，不注重质上的提升，不注意"精致"的问题，就可能会是一种大而无当，将会葬送掉苏州内在的文化精神，也将不会是令人一提起就悠然神往的苏州了。如果那样建成的大苏州，其内涵就未必会"大"，或许会是南辕北辙而适得其反。苏州自农耕时代传承下来之精耕细作的传统，苏州帮匠人精巧绝伦的手艺，苏州园林造园艺术的无比精湛，苏州刺绣中体现出来的精细雅致，之中蕴藏的"精致"之文化精神，如果能在当前的大苏州建设中得以弘扬，那么将会给我们的子孙后代留下多少值得永远回味的文化篇章啊！那样的苏州，其文化内涵将会是何其深厚，而又岂是一个"大"字可以涵盖得了？那将是不刻意求其大而自成其大！事物发展之辩证法，往往就是如此。

　　走向大苏州，要有大发展。苏州人一改其"小巷情结"，具有高远的目光，怀有阔大的心胸，挥动宏大的手笔，正在构建人间新天堂。我们已经取得了不小的成绩，并将会取得更大的成就。苏州人可以自信，但不可以自恋；可以自尊，但不可以自傲，更不可以自大。我们不能沉醉于已经做"大"了苏州，我们更要做"精"苏州，做深、做透苏州，把苏州做成精品。这是一种更高层次上的经营城市，是一种更策略地做"大"苏州，也是最合乎苏州城市精神本质、最能延续苏州城市文脉、最能重现苏州文化辉煌的一种发展，还是最能体现苏州优良城市传统与新世纪时代精神相融合的一种可持续发展。

　　或许有一天，外来的人们将不会再谈论"苏州有多大"这样的话题，而是会发问："苏州有多精致？"对于这样的提问，我们苏州人现在充分准备好了吗？

原载《苏州日报》2008年6月12日。

苏州发展升级　经营理念转型

当前,苏州发展的中心词是创新和转型升级。苏州市委、市政府提出开展"三区三城"建设,吹响了走向大发展、跨上新高度的号角。我认为,如何经营好苏州这座城市,实现其发展升级,在思路上也要来一个转型。

一、树立"文化立市"理念　促进苏州发展转型

苏州这些年经济上成就突出,是万众瞩目的明星城市,可以说是光芒四射。相比较而言,似乎总觉得苏州作为文化城市的形象倒有点儿淡化了,或者说在强烈的经济光环掩映之下显得有些弱化了。我们现在则是要进一步地高举起文化的大旗。实际上,外地人看苏州,在看了你的"经济苏州"之后,主要的还是要看你的"文化苏州"。像苏州这样有鲜明特点的文化城市,在国内是并不多见的。当年的文化名人林语堂,就选择了苏州和西安分别作为南方文化和北方文化的代表,从中可以想见苏州在城市文化类型上所具有的典型性和代表性。这是人们给你这个城市在心理上的定位,也是符合苏州历史发展和文化特点的准确认知的。

从文化城市的理念出发看苏州的城市发展,可能更符合我们苏州城市历史的特点、现实的特点和走向未来的特点。从这个角度去看苏州的经济发展,或者说产业发展,或者说文化产业的发展,可能会看得更清晰一些。这就不光是一个经济指标数字的问题,不光是 GDP 的问题了。应该说,苏州历任领导抓经济建设,抓文化建设,都是不遗余力的,成就有目共睹,业绩世所瞩目。但问题在于,苏州在经济上交出的

成绩单更为突出,经济上的振兴可以说是重铸了历史的辉煌。这似乎也形成了某种惯性,以为苏州经济就应该这样一路高歌地走下去。设身处地一想,我们的书记、市长在实现经济指标上所承受的压力也真够大的。经济指标上必须每年增长多少多少,只可升高而不可稍降了那么一丁半点,这算是自加压力;再加上周围兄弟城市的你追我赶,比如说无锡就紧紧地咬住苏州,这样就更加搞得大家喘不过气来。我们不妨静下心来想一想:面临如此的经济大战,苏州在经济上的优势地位到底还能维持多久?经济发展的潮水总是有涨有落的。我们不妨大胆地设想一下:苏州经济会不会在将来的某个时候或某个时段被无锡再度超越?这恐怕都很难讲。无锡经济发展的势头还是很猛的,他们的光伏产业和工业设计什么的,最近又在搞物联网,抢得了先机,说其经济会在某个时段一度再超苏州,这也并非没有可能。不过,即便如此,也不值得恐慌。苏州要走自己的路,也就是文化发展之路。

倒是无锡这几年在文化发展上有许多新的举措,他们在打造文化名城,意在迎头赶上苏州,这恐怕更值得引起苏州人士的关注和深思。无锡在吴文化源头和吴文化中心所在地等问题上,与苏州明着较劲。他们在中央电视台搞了声势浩大的"说吴"。他们在打造文化城市,有时采用的方式是"无"中生"有",诸如"吴文化公园"之类。苏州的吴文化研究力量明摆着强于无锡,他们往往借用苏州的研究力量。我们则常常是把自己的文化资源无偿奉送。例如,苏州忙着把原有的太湖乡给撤了,而无锡马上就搞了个太湖镇。我们自己不是说要打"太湖牌"吗,那为什么就没有这个"太湖意识"呢?苏州自己还把远近知名的太湖边上的西山镇改为"金庭镇",这"金庭"与"西山"两相比较,哪一个才是真正的金字招牌呢?这不能不说是缺乏品牌意识吧,说到底还是缺乏文化意识的表现。

苏州当然要大力发展经济,要提高 GDP,这是毋庸置疑的。但我们不能丝毫忘了文化。不能说起来如何如何重要,而在措施上却显得不甚得力。

苏州在本质上是个文化城市,还是文化要紧。国家级的"太湖文化论坛"会址,为什么会选择在苏州?因为苏州有这个资格。苏州是经济大市,又是文化大市,是历史底蕴深厚的古老城市,又是对外开放的新兴城市,这就是她所具有的多重的典型意义。1994年建立了苏州工业园区,我在1996年所写的《走向二十一世纪的苏州文化》一文中提出了"三个苏州"的概念,认为苏州将呈现为古苏州、新苏州、洋苏州的三重奏。苏州的文化发展在全国有典型意义,在世界上大概也会有这个意义。当今的苏州处在古与今、中与外的交汇融合点上,所以我很欣赏苏州工业园区那个"圆融"的雕塑,它有很重要的象征意义。这体现了一种文化和合。我也探讨过"文化和合与苏州再造"这个话题。

苏州自始至终应当是"文化立市"。起码在长江三角洲来讲,我们最应该也最有资格说这个话。我们不能忘了这一点。这是我们城市工作的基点、原点和立足点。要有这一清晰的、自觉的文化意识,这也是我们经营苏州这个城市最为核心的内涵。GDP对于苏州城市发展来说是一种诱惑。我们要超越GDP,现在也正是到了超越GDP的时候了。当然,GDP的提高为苏州文化的发展提供了现实的可能。文化与经济总是相辅相成的,是一种共生关系。经济向文化积淀,文化向经济生成,是相互促进的良性互动。今天的苏州文化,正是历史上苏州经济繁荣的积淀。

现在,苏州经济发展的态势很好,要有意识地向文化积淀。是不是也可以从科学发展观的角度来看待这一问题?这是一个深刻的、具有丰富内涵的过程。

说苏州不但要有繁荣的经济,更要有繁荣的文化,这无疑是正确的。苏州的历任领导都是比较重视文化建设的,当下的情形就更是如此。有一句古诗云:"苏州太守例能诗。"苏州从来不缺乏文化太守,像韦应物、白居易、刘禹锡等等。当然,这个所谓"诗",不要从狭义上去理解。以我们今天的眼光去看,我们的领导都是有文化情怀和文化意识的,继承了历史上苏州太守注意经营文化城市的做法,是文化市长、科技市长。

"以经济建设为中心",这完全正确。但苏州是不是更应当以文化发展为重点、为特色、为抓手?这似乎也并不错。两者不可偏废。苏州提出建设"新兴的科技创新城市"、"重要的现代产业制造基地"、"江南文化名城"、"著名的国际旅游城市",这都很好。我觉得,把建设"国际文化名城"与"著名的国际旅游城市"作为自己的旗帜,可能更能彰显自身的特点,也就会与上海、深圳这样的城市区分开来了。我们不是说要在上海这棵大树下种好自己的碧螺春吗?实行错位发展,这样也会使相互竞争得不亦乐乎的苏州和无锡之间有那么一点区分度,能够充分发挥自身的优势。苏南产业结构高度雷同,这恐怕是个问题。相邻城市之间过度竞争,显然不利于可持续发展。

我们要把经营好苏州这座文化城市作为第一要义。这当然不是说忽略经济发展,不去注意 GDP。但客观地看,GDP 总是会有波动的,如果有一天苏州的 GDP 掉了一点,不是坐在前几把交椅上了,那么也大可不必惊慌失措,只要我们能够充分凸显和张扬城市自身的文化个性,苏州就仍然会是有影响力的,仍然会是有魅力的中国名城。这当然是极而言之,实际的情况也不可能会这样糟。我在 1996 年撰写的《苏州现代化建设的文化蕴涵》一文中指出,有深厚文化底蕴的苏州,必然会有经济上的繁荣;而文化底蕴深厚的苏州,也必然会有可持续发展的后劲。当时的市委领导也赞同这个说法。后来,我看到联合国教科文组织与世界银行 1998 年的《文化与可持续发展:行动纲领》的报告,觉得自己那篇文章中的观点还是站得住脚的。

一个地区的文化力与经济力总是相辅相成的。所以,发展城市文化,努力经营文化城市,从这个角度来看转型升级,可以拓宽我们的思路,也是可以大有作为的,特别是对于苏州这样的名城来说,这是合乎历史与现实的发展,也是合乎逻辑的发展。

二、大力发扬精致精神　变换苏州经营方式

从着力经营"经济苏州"向努力经营"经济苏州和文化苏州"转变,也需要我们在发展方式上有一个转变。有一种时髦的说法叫作"换一种步伐前进"。从大的方面说,就是以科学发展的方式,具体地说,就是要用我们苏州的方式。什么是苏州的方式?这就是以文化的方式,也就是以精致的方式。精致,就是文化的极致之形式。

苏州是中国最为精致的城市。外地人大多习惯地这样看待苏州。事实亦如此,或者说应当如此。

2008年,看到一篇关于无锡的文章《无锡除了缺锡,还缺什么?》,此文在无锡范围内引起了大讨论。受此触发,也有感于无锡、苏州网友之间唇枪舌剑的网上论战,诸如比谁的楼高,比谁的城区面积大,如此等等,不一而足,一句话,就是比"大",我针对此种现象写了《苏州有多大》一文。后来在报纸上发表时,编辑朋友大概是为了吸引眼球,把题目改为《苏州的发展空间到底能有多大?》,这就不完全符合原意了。又有好事者把它在网上予以发布,转载时竟又被改了题目,变成《苏州精致吗?一点也不精致》。这样一来,就遭苏州人骂了,特别是某些老苏州人。

我在文中确实谈到了当下的苏州城市发展有不尽如人意的地方,有不够精致的地方,希望她发展得更好一点、更精致一点。我着重谈了如何看待苏州"大"与"小"这个问题。我是同样希望苏州城变大的。我曾发表过《再造苏州》一文,当时的一位苏州市领导对此文很感兴趣。那篇《苏州有多大》的文章本意是说,苏州应当是一座精致的城市,没有必要与其他城市去比建成区有多大,楼盖得有多高。苏州城区现在也很大,高楼也不少,但是,我们没有必要和其他城市去比;如果非要比不可的话,那么,要与其他城市比的也不应该是在这些方面。我们在精致上与其他城市有得一比,这才是我们城市的底色和闪光点。我在文中提出,苏州的城市发展要"不但求大,更求精致"。我们要精致地经营苏州,不能光是摊大饼式地一味求大,而是要把苏州做深、做精、做透。能够做精了苏州,就是"小"一点,也没有什么关系;小苏州可以做成大事业。这个"小",内涵并不小,实质是精致。更何况,即以各种体量而论,苏州又何尝"小"?

这里,我想顺便谈一点对于概括为八个字的苏州城市精神的个人理解,它与这里说的话题亦不是毫不相关的。"崇文、融合、创新、致远",概括得很有力,也很有号召力,但似乎缺少了一点苏州自身的特色,没有能完全点破"苏州精神"的实质。苏州文化精神最为本质的特点无疑是"精致",而这在八个字的概括当中没有能得到应有的体现。

我觉得,没有包含"精致"这一内容的口号,就似乎没有把苏州与其他城市之间的口号区别开来,或许有点儿流于一般化,一般化也就往往可能显得有一点空泛化。

苏州的城市经营,从大体上看说得上是精致的,但以高标准去要求,则还显得很不够。就以城市建设而言,在规划设计、城市管理上离"精致设计"、"精致管理"的理想状态均尚有不小的距离。我们的城市管理,往往在细部上不太留意或者说不够用心。举一个小小的例子:在工业园区有一条金鸡湖大道,又有一条金鸡湖路,这又是"大道"又是"路",把行人弄得一团雾水。难道我们就不能稍微细心地为游客着想一点,为什么非要起个相似的路名而让人不容易区分开呢?苏州本地人都搞不清楚了,外地游客怎么办?中国游客都搞不清楚了,外国游客怎么办?这些城市细节,看似小问题,实质上反映出我们在管理方式上的某种粗疏。要建成国际一流的城市,这些细节都是不能忽略的,都是应当予以十分留意的地方。我们只有采用精致的方式,才能铸就精致的城市。苏州的城市发展由追求 GDP 增长向追求经济与文化一体化发展转变,其城市发展方式也相应地要由粗放向精致转变。这是历史发展的进程,也是苏州城市发展的内在逻辑行程,同样是继承和发扬苏州优良的精致精神传统的历程。

三、努力打造精致产业　助推苏州城市升级

有学者提出,未来改革开放要解决中国产业发展的战略是,不仅要发展"高技术产业",实现产业结构升级,也要努力将传统产业发展为"精致产业",培育更多的"精致企业"。我省扬州市提出"精致城市"的发展模式,他们认为:精致的扬州需要精致的产业。他们选择发展智能电网、新光源、新能源、循环经济,这是符合其城市特点的精致产业。选择这些,当然亦能尽量摆脱环境资源的制约。苏州经济的特点是两头在外,更应当选择符合自身特点的产业结构和发展路径。

看体育新闻,说苏州女儿陈艳青是举重大力士。这似乎不是苏州女子的传统形象,林黛玉的形象则更能代表苏州。这当然是说的一句

玩笑话。而在最近的全国运动会上,苏州运动员在田径赛上得了几块金牌,媒体上说这是更符合苏州人特点的运动项目。恐怕情况确是如此。

关于苏州人的总体特点,我曾把其总结为"小巧精细、柔和淡远、雅致秀丽、灵动飘逸",也就是"小""柔""雅""灵"四个字。苏州人精细而又灵气。当年陈德铭书记说,外商来苏州考察投资,看到苏州人的刺绣,一双手那么地灵巧,那么还有什么样精细的产品做不出来呢?OK,他就拍板定下来了。再看苏州的产业状况,张家港有著名的沙钢,好大的家伙,都进世界500强了。这当然是一件好事,是苏州的光荣。但我总是隐约地觉得,更适合于苏州发展的,恐怕主要的不是这些东西。温家宝总理视察苏州时说:小桥流水的苏州,产业结构是不是过重了一些?这是非常意味深长而又语重心长的话。我们应当在城市发展的实践中努力地加以领会而认真地深长思之。

可以而且应该把苏州的产业结构调得更轻一点。苏州也已经有了很好的实践。现在的纳米材料研究,苏州抓住了机遇。苏州的IT产业、半导体产业,在国内举足轻重。不少人士建议,苏州工业化要逐步转向创意产业和智慧产业。苏州应当是一个智慧型城市,要不断地从"苏州制造"走向"苏州智造"。由"制"变"智",虽然这只是一字之差,其结果则会大不相同。

苏州文化向经济生成,大力发展文化产业,自是题中应有之义。从历史上讲,苏州的文化产业就是比较繁荣的。历来就有"三苏"之说,指的是苏货、苏样、苏意。所谓"苏样",就是"苏州设计";所谓"苏意",就是"苏州创意"。"苏州样,广州匠",当年苏州设计是领风气之先的。以苏州的文化底蕴,以苏州人的灵巧,苏州发展文化产业和创意产业还是有很大优势的。我们要充分发挥吴文化优良传统的长处,大力整合各类资源,不断进行综合创新。在这方面,一是要发展传统的文化产业,比如旅游业、工艺、园林建筑等;一是要发展新型的文化产业,比如动漫业、网络游戏等。

我想在这里特别提一下苏州的文化旅游业,感到现在这个产业还是有点分散,资源整合的集中度还不高,像撑开了的巴掌,没有形成一个拳头有力地打出去。就从资源管理的角度看,也时可见到政出多门的弊端,难以形成大旅游的格局。曾经有人提出过成立旅游委员会的建议,似乎也是值得考虑的。我们还要进一步加大文化向旅游业的渗透。比如说,可以采取一些措施,让动听悦耳的评弹、昆曲弥漫于苏州的大街小巷,这样让游客一踏进苏州城就能浸润于浓烈的苏州文化的氛围之中。再比如,网师园夜间有评弹和昆曲表演,轻歌曼舞,良辰美景,可谓赏心乐事。其他有条件的地方,是不是也可以仿效?要想尽千方百计,采用各种有效的途径,让游客乐在游中,游而忘返,充分地体验苏州人的精致生活,使他们感到这就是真实的苏州,就是他们心目中向往已久之精致的苏州。发展大旅游,这方面的空白点还很多,还没有做深做透,还远谈不上做到了精致、极致。把苏州建设成著名的国际旅游城市,这是一篇大文章,我们要用精致的方式切实地把她做好。

城市发展升级,经营理念转型。坚守经营文化城市的理念,以精致的方式实现城市发展,以精致产业助推苏州城市升级,这应该是当下值得我们进一步深入探讨的课题。

2009年11月12日,苏州市政府阎立市长就创新型经济和转型升级问题举行专家座谈会,这是我在座谈会上发言的整理稿。原载《东吴学术》2010年创刊号,题目改为《城市发展升级与经营理念转型》。

文化苏州：在圆融会通中综合创新

苏州是一个富有深厚历史文化底蕴的古老城市，又是正在轰轰烈烈地开展现代化建设的先锋城市。苏州在中国众多的城市中具有某种特定的、典型的意义，而从文化这一角度上去考察，其情形更是如此。苏州现代化建设中的文化问题，其范围之广泛、含义之深刻、内容之重要、意义之重大，永远都是说不完、道不尽并且是常议常新的沉甸甸的话题。

多年前，当中新合作的苏州工业园区的蓝图初绘之际，我在一篇文章中做过这样的预言：苏州将呈现为古苏州、新苏州和洋苏州的三重奏。如今，洋苏州初展英姿，新苏州生意盎然，而古苏州则以其深厚的历史积淀而透发出无穷的魅力。"三个苏州"只是一种比喻意义上的说法，意在概括当下苏州的生存状态和发展趋向。在进入全球化的情境下，历史又一次将苏州推到古与今、中与外的交叉融汇点上，使其面临着又一轮文化抉择。苏州人从容不迫地交出了一份答卷，让世人感受到其厚重的分量。

之所以有必要在这里重提关于"三个苏州"的问题，是由于近日偶然看到一则消息，方知不久前在网络上有过一场颇具规模的、民间自发的关于苏州文化的热烈讨论。这场讨论的参与者之众多，其话题探讨之深入，讨论问题的态度之严肃，都是值得我们充分关注的，起码也可以从中窥见相当一部分人之基本的文化态度和文化心理。一个城市需要有自己的文化评论家，对于城市的文化发展做出探索，以彰显这个城市文化思考的高度、广度和深度；一个城市更需要有成千上万的市民对于其所居住的城市发出自己的声音。大家都来关心自身城市的发展，这才是一种健康的城市文化生态。虽然每个市民对于自己城市文化的理解不尽相同，但是，这种众声喧哗表明人们对于自身城市文化的关心与思考,这也正是苏州现代化伟大实践之广泛的群众基础和深厚的动力之源。

在网络上引发了许多跟帖的《苏州,你在忘本》的热帖,是一位怀揣着美丽的水乡情结来到苏州工业园区工作了八个年头的寻梦青年所写。作者写道:"生活在园区,工作在园区,居住在园区,让我远离梦中的——苏州。""我来到了西面——这里的生活没有园区的高效,这里的小桥流水没有园区的壮阔,这里的亭台水榭没有园区现代,这里的男人女人,比起园区,似乎有更多说不完的话。"这里的"西面",指的是苏州古城区。作者感到:"也许这里,才离我的梦——更近些。"在文末这位富有才情的青年发出深深的喟叹:"梦里的水乡——苏州,你在哪里?"

不言而喻,所谓"忘本"之"本",应当指的是古老的苏州文化。作者似乎是在诉说:苏州的发展,特别是园区的发展,与其心目中的真正意义上之苏州正在渐行渐远。作者的感受,引起许多人的文化共鸣。有的跟帖说,苏州的韵味就是苏州的本;如果丢失了老苏州的韵味,苏州叫不叫苏州了? 有的跟帖说,园区的高楼大厦,让我们不敢相信这是传说中古色古香、小桥流水的苏州了。城市更新带走了太多的文化和城市灵性。这个跟帖的作者还发出"苏州,请把'根'留住"的呼吁。另外一位帖子的作者"还我苏州"的说法与其大致相近。又有人说,苏州是文化古城,园区是想让苏州走向另一个方向,不可能! 还有的人说,园区"与苏州的性格不相符","苏州的发展已经迷失了方向"。另一则帖子批评说,园区的工作和生活模式西化了,苏州人的工作和生活模式西化了。更有的帖子一针见血地指出:"——这就是'洋苏州'模式的后果,同时也是园区的悲哀,还是回归古苏州的模式吧。"

与"忘本"说的看法相左,有的作者明确地表达说:"我觉得年轻人就应该在高节奏的环境下生活,这样才有动力啊,园区挺能激发人的活力的。"有的人说:"我喜欢天堂,因为他是天堂,天堂很美好。但是我在想,苏州仅仅靠这个能不能发展起来——我们应该紧跟时代步伐,走出像园区那样的生活方式。只有那样才是品位。"还有的人认为,在园区找老苏州的味道,那叫缘木求鱼。这些帖子的作者明显地表露出与持"忘本"说者截然不同的文化取向。

大体上可以归为一类的,还有第三种文化态度。之中有人说,老苏州是姑苏的前世今生,园区更代表苏州的未来。有的人表示:"希望更客观地来看待苏州这座城市。毕竟作为一个古城,要充分融合历史人文和现代文明,有一定的难度。"另一个帖子则评论道:"关于新老苏州之争,我看各有各的观点,这很正常。一个城市要发展,还是看它的改革与继承的关系做得好不好。"

富有意味的是,参加这场讨论的人们对于处于西部的新苏州则大都充满了期待。

苏州有文化。这是那些时时处处欲与苏州一争高下的城市不得不承认的事实。苏州又有着那么多热爱文化、守护文化的人,这应该也是令外地城市羡慕的。透过这场颇为热烈的讨论,我们仿佛可以触摸到参与者关爱苏州文化和期盼苏州健康发展的一颗颗热忱的心,感受到他们真切的人文关怀和深度的理性思考。

不过,所谓苏州忘本一说,是并不能让人苟同的。

"本"为何？什么是苏州之本？它是一个本体的存在,还是一种源头意义上的根本？我们同意说文化是苏州之本,乃是说文化对于苏州来说具有特别重要的和根本的意义。倘要说到底,则这个"本"应该是人类存在之实践。"忘本"之说中的那个"本",指的是古老的苏州文化,而它是勤劳智慧的苏州先民们所创造的,是在人们的生产和社会实践中产生的,是一种长时程的历史之积淀。文化生成的这种历史性和历时性,就宣布它自身不是一种一成不变的存在。因而合乎逻辑地说,文化是一种在生长中、形成中、成长中的东西,它并非是像生物基因那样的存在(再说,生物基因也是进化的产物,只不过其变化相对缓慢而已)。我们常听到有"文化基因"的说法,但这应该只是在比喻意义上的某种用法,并不是陈述的一个事实。文化有它的完成式(准确地说,这里所指的"文化"乃是一种文化产物),就是说它消亡了,或者是成为某种凝固的、封存的、博物馆里的东西;而活着的文化则永远是一种进行时,因为它在本质上是创造的、充满活力的、蓬勃向上的,它犹如从根上生发的永远常青的枝繁叶茂之参天大树,它有似从源头上流淌而下的永远奔腾不息之滔滔河水。文化大树,文化河流,如果不能保持它的一种持续的活力和动力，那么就注定会衰竭、枯竭。在今日苏州，这种活力和动力乃是我们正在进行的现代化建设之伟大实践。

有一种文化现象长期以来就普遍存在，这就是在走向现代生活时人们心中所愈来愈增长的怀旧情绪。"三生花草梦苏州。"苏州古城恰好成为无数本地人和外地人魂牵梦绕的怀旧之地，成为人们对于如花似梦之"童年"的永远的追忆、无穷的回味，这显然说明苏州有深厚的文化底蕴和独特的文化魅力，也体现出这个"梦里江南"在文化学上所赋予的意义。苏州忘本之说，恐怕正是这种怀旧情绪的自然流露。现代化建设中这种怀旧的文化情怀，实在是应该叫人充分理解的，但我们并不能予以全面的支持。诚然，正像马克思当年所热情洋溢地赞赏的那样，希腊神话是人类不可企及的范本，古老的苏州城确实也是不可多得的稀世瑰宝，它应当是人类独特的文化遗产。在今天的现代化建设中，保护好苏州古城和各项文化遗产，是我们当代苏州人义不容辞的文化责任，无论怎么强调其重要意义都不会过高。保护好这些，就是保护我们的文脉，保存我们对这座城市历史的集体记忆。这是我们的文化之根，当然要"留住我们的根"。公正地说，虽然由于诸多历史和现实的缺憾，苏州的古城保护以及各项文化保护工作仍然存有不少不能令人满意之处，但总体上说来，苏州在这方面所取得的成绩是巨大的，也是有目共睹的。

那么，为什么还是常常有人强烈地表达出对于苏州文化保护的种种质疑，特别是像在苏州忘本之说中所表露出的对于苏州文化发展的种种疑虑呢？在我看来，除了人们的怀旧情绪，以及在古城文化保护和苏州发展也包括苏州工业园区发展中确实存有的不可忽视的遗憾和缺陷之外，问题的要害仍然是在于如何看待苏州文化继承与发展这个看似简单实质上并不简单的老生常谈之问题。

文化非基因。文化并非是基因式的成长；我们可以说在文化的延续中会保存某种文化元素，但在总体上它不可能是一种复制。如果言必称希腊罗马，就会想起"罗马不是一天长成的"这句西谚，我们似乎也可以再加上一句：罗马也是变化的。这是由于，既然罗马是长成的，并且不是一天长成的，那么亦可以认为罗马也是处于变化之中的。事实也确实如此。小桥流水的苏州与高楼大厦的苏州,古苏州与新苏州、洋苏州,从逻辑上说并不存在着内在的、必然的排斥关系,它可以是一种并列的、共存的关系,甚至在某种程度上呈现为相容的、包容的关系——当然,其前提是如果我们在现实中处理得足够好的话。有一位与苏州有着较深渊源关系的外地著名作家说过:"不能想象苏州成为国际化大都市会是什么模样,这将是一个灾难性的变化。总以为发展就是好事,其实对于有传统的城市,保留过去,丝毫不比发展逊色。"让有传统的城市"保留过去",这当然是对的;但这位作家并不认为"发展就是好事",则未免有点不做具体情况分析就以偏概全;而把苏州如果变成国际化大都市想象成会是一场"灾难性的变化",这种看法就着实叫人不能赞同了。事实是,也令人欣喜的是,苏州正在大踏步地向国际化的都市迈进,并没有出现像这位作家所担心的"灾难性的"情形,在可以预见的将来似乎也看不出有这样的迹象。苏州仍然在一如既往地健康地成长。

为什么这种质疑的声音总是不绝于耳?是因为人们的文化认知常常存在差异。多年前,就有"不到苏州终身遗憾,到了苏州遗憾终身"的调侃之说。我针对一些人发出的"寻找苏州"的呼声,曾这样写道:"这些人似乎有一种小巷情结,在他们的心目中以为:寻找苏州就是寻找小巷。不错,苏州有着无数条小巷,这曾经是它的历史风貌或者说依然是今日苏州的一个重要特点,但如果仅在这种意义上来要求苏州原封不动地保持其本来的面貌,这就既是不现实,也可能是缺乏时代感的一种'寻找'。"我认为,苏州毕竟不是一件封闭在橱窗里的古董,其城市面貌终究将发生一些必要的和必然的变化。时代的发展,总会要求苏州在不妨碍其总体文化格调的基础上有所发展、有所创新、有所进步。对此,我们现代人不应该有什么失落。如果说,岁月总会给苏州的外貌增添或减少一点什么,只要苏州内在的文化精神仍然存在,那么就不会出现苏州的"失落"。"寻找苏州"者是可以释然于怀的。面对持有苏州忘本这一说法的人,我们也表明同样的文化态度。是的,在苏州工业园区里没有诗人戴望舒所写的"悠长又寂寥"的"雨巷",在那里也不可能"飘过一个丁香一样地结着愁怨的姑娘",这样的情影在苏州古城区的丁香巷里也难再寻觅,遑论在车水马龙的洋苏州!但是,在那里,有宽敞宜人的湖滨大道,如果你有一双能够发现美的慧眼,你就会欣赏到许许多多现代的亮丽的丁香们!

"风物长宜放眼量。"从古苏州发展到"三个苏州",如何理解苏州的这一发展?如何把握其中的文化变迁?如何看待苏州之"变"?这个"变",是古今交替之变,是中西碰撞之变,是从农耕文明走向工业文明、后工业文明的变化,是千古以来未有之大变局。在日常生活中,连苏州人熟稔的苏州菜肴也悄悄地在起变化,有川菜、鲁菜等国内各大菜系的渗透,更有国外菜肴的闯入。苏州菜肴如此,其他方面何尝不然?不变是不行的;变也会是可行的。变则通,通则久。但变之中还能保持住苏州特色,就像苏州菜肴并非是把它变成为各种菜系的大杂烩,乃是万变不离其宗,这就大有讲究了。由此看来,这继承与发展之关系问题,说继承诚属不易,这是对的,但恐怕谈发展则更显艰难,而如何真正做到在继承中发展又在发展中继承,就当然是难上加难了。所以,这就要求我们以严肃认真的而不是似是而非的文化态度,去研究和处理文化发展中的问题。苏州现代化建设中的文化问题,岂是像有些人所想象的那样靠解决一个古城保护问题就可了得!即以古城保护而论,也要深入研究如何在形似的层面上并且更应在神似的层面上保护好古城的风貌,要特别强调从承续苏州古老而优良的精神传统,即从弘扬其精致文化精神方面做好文化传承。如果一味地强调要原式原样地、丝毫不变地保持古城风貌,那么我们不禁要问,古城的某些风貌在历史上就一直处于变动不居之中,究竟以哪一个截面为蓝本,才算得上是原汁原味的古苏州呢?

工业园区这个洋苏州,在苏州这块古老的土地上已经破土生长了一些年头。一谈论起它,人们往往瞩目于其所取得的巨大的经济成就,而常常忽略其对于苏州之重要的文化意义。其实,它在文化上所具有的意义则更为重大,也更为深远。在美丽的金鸡湖畔耸立着硕大的"圆融"雕塑,它富含了深刻的象征意义,就像寒山寺的和合二圣所代表的和合精神,它们都正是今日苏州文化精神的某种象征。当下的苏州,其发展态势是:存东方之古,取外国之洋,创中华之新。存古以继承传统,取洋为博采众长,综合创新则是自出机杼。三者统一,其意在再造苏州,重铸辉煌。所谓"三个苏州","三"者,不是"一",不是"二",亦不是外在的、互不关联的三块,而是三者内在地相互包孕,洋而中,新而古,唯其如此,方能多元共存,圆融会通。所谓洋而中,新而古,其具体表现则为:现代与传统相得益彰,经济与文化互为协调,科技与人文比翼齐飞。苏州没有忘本,也没有躺在文化先辈的成就上吃老本,他们在孜孜不倦地综合创造,返本开新。

波澜壮阔的苏州现代化建设有着十分丰富的内容,也有着极其深刻的文化蕴涵。充分理解和把握现代化建设中的各种文化问题,这正体现为我们当代苏州人的一种文化自觉。

原载《东吴学术》2011年第2期,文字有删节,题目改为《圆融会通 综合创新——苏州基本实现现代化过程中的文化漫谈》。《苏州日报》于2011年3月16日摘载此文,题目改为《传统与现代的文化圆融》。

出版漫谈

走向精致出版

经过出版人多年辛勤的探索和努力,中国出版业正呈现出大繁荣、大发展的生动局面。在全球化浪潮之猛烈撞击下,在融入市场经济运行之大的文化背景下,出版业亦遭逢前所未有的挑战与机遇。如何精益求精地做好出版工作,真正地在出版社的内涵发展上下功夫,这是我们所面临的时代课题。21世纪是走向精致出版的时代。

一、精致,作为一种出版理念

所谓精致出版,就是精心细致地做好出版工作。它是出版人在为谁出书、出什么书、如何出书问题上的一种文化价值追求,表现出其目的性与策略性的统一。这样一种出版理念,是出版作为文化事业的本质属性,也是适应图书市场发展的内在要求,因而体现了出版业内在规定性与外在规定性相统一的属性。它有着丰富而深刻的内涵。

走向精致出版,就是要把先进文化具体落实到图书形态这个物质载体上,是其对象化的凝结与结晶,是其在图书形态上的最佳呈现方式。精致出版的理念是深层次的文化价值观,凸显出版人的文化理念问题。从本质上说,出版事业是中国先进文化的一个组成部分,担负着"以科学的理论武装人,以正确的舆论引导人,以高尚的精神塑造人,以优秀的作品鼓舞人"的历史重任。精致出版有两方面的内涵:一方面,我们要将代表先进文化的积极的、健康的、科学的内容纳入出版范围,拒绝那些消极的、腐朽的、糟粕的东西;另一方面,要以精致完美的、为人民大众所喜闻乐见的形式去传达出先进文化的内涵,而不是以那种浅陋的、粗制滥造的形式去败坏那些在内容上可取的东西。精致出版要求在内容与形式两者的统一上传播先进文化,用内容精深、思想精练、艺术精湛、装帧精美的图书产品传承与弘扬中国文化。不能设想,让内容庸俗不堪、形式粗糙丑陋的书籍充斥图书市场,就可以说是图书市场繁荣了;更不能设想,这样的图书出版就算是代表中国先进文化了。因而,精致地出版,就不单是一个出版什么与如何出版的问题,而是出版的图书如何成为表达先进文化之形式的根本性问题。同时,书籍出版作为一种文化积累,只有那些经受得住时间检验的图书才能流传下去,而经过精致出版的东西,才可能具有这样的品格。从这个意义上讲,拒绝文化垃圾,拒绝低级与平庸,这样的精致出版,才能向世界、向后世传播当代中国的先进文化,从而成为传播文明的方式。

走向精致出版,就是走出粗放式经营的老套路,是出版业走向成熟的一种体现。无论是就整个出版业还是就每个出版社来说,精致出版都是实现内涵式发展的必由之路。一段时期以来,出版行业在实行"两个转变",即从生产型向生产经营型转变,从数量规模型向优质高效型转变。这是出版业从自在走向自为而在出版理念上达到自觉意识的良好开端。毋庸讳言,在过去相当长的一段时间内,不少出版社的发展走的是粗放式外延扩张的路子。在选题构思上,"捡到篮子里就是菜",缺乏总体上的精心构思;在编辑出版上,粗疏草率,少了一份精耕细作;在经营方式上,抱有"广种薄收"的想法,在细分市场与深度开发上用心不够。这实际上是出版浮躁的一种表现。当然,中国图书出版刚刚走上市场经济运行的轨道,不少出版人急于要让自身融入市场之中,一心要做大品种规模,尽快将自己的图书产品推向市场,因而求多、求快,以求迅速适应市场瞬息万变的快节奏变化。这种心情是完全可以理解的。殊不知,以这样躁动的心态,以这样粗疏的方式,其推出的产品往往并不能适应图书市场的需求,也就不能有效地促进出版社自身的发展;或者说,即使这些图书差强人意地实现了某种市场价值,但从长远的角度去看,并不能持续而有效地满足图书市场的需求,也就不能很好地保证出版社长期而稳定的发展。这样的增长,往往不是一种发展意义上的增长,而常常是没有发展后劲的增长,也是不能持续的增长。而实行精致出版的方式,其情形就将不会是如此。精致出版是充分调动与整合出版资源,对出版资源做深度的开发,运用精致的出版手段与营销方式,实现图书生产与市场运营的最优化。精致出版营造的是一种良性的出版生态,可达到图书出版良性循环之目的,因而呈现的是一种可持续发展的态势。对于出版业来说,精致出版内在地具有可持续发展的品格。

走向精致出版,乃是在中国图书出版业融入世界图书市场的情境下应对全球化文化背景下出版业竞争的必然要求,尤其是对于中小型出版业来说,更是其立足于出版之林的制胜之道。众所周知,有着多年图书市场运作经验的国外出版业特别是西方出版业,其图书运作的基本思路和实践手段是我们一时还难以比肩的。比如说,在对于一般图书出版的梯度开发上,在20世纪30年代就出现了英国的企鹅系列图书和美国的锚版图书(Anchor Books),它们有着一套相当完整的市场运营模式,其产品特征、出版策略、发行渠道和促销办法都非常精致入微。相比较而言,我国图书的梯度开发态势尚远未形成,还谈不上形成自己的商业模式。这说明我们在图书产品与市场营销上的工作还远远做得不够,比起人家来相差一大截。这表面上是一个运作方式问题,实质上反映出在出版理念上与其之间的差距。比较一下就不难看出,我们在出版理念上显得粗糙空泛而不够精致。以这样粗糙的方式,再加上浮躁的心态,怎么可能与别人家做好了充分准备的出版攻势相抗衡呢?又怎么能打破西方世界出版话语上的霸权呢?打铁还得自身硬。打造出自身过得硬的出版形态,才能参与到国际图书市场的出版竞争中去,并在这种竞争中处于有利的位置。对于中国出版人来说,这是一项崇高而神圣的文化使命,是我们的事业心与责任感之所在。

现在,人们愈来愈意识到品牌对于一个出版社之重要性了。没有品牌就没有特色,而一个没有特色的出版社将会在图书的海洋之中被湮没而默默无闻。没有品牌的出版社将不会在业界占有位置,不会在白热化的竞争中有其生存空间,这对于占了出版业大多数的中小型出版社来说,其情形尤其是如此。要迎接加入WTO的挑战,与国际出版市场接轨,首先我们必须在自身的特色从而在打造品牌上早日做好准备。品牌与特色不是靠喊喊口号就能招之即来的,它需要有明晰的出版理念,需要锲而不舍的持续追求,需要辛勤的劳作与精心的打造,一句话,它需要我们开展精致的出版工作,从而达到出版的精致。在这里,来不得丝毫的粗疏与半点的草率。我们的事业心与责任感应当具体地落实到这种精致上,否则,它将只会是镜花水月的美好空谈。

二、精致,作为一种出版策略

提到精致出版,也许人们就会想到图书质量问题。质量问题当然是精致出版的题中应有之义,是其重要的指标与向度。但是,精致出版的内涵远比其宽泛与丰富。精致出版作为一种出版理念,体现了出版人的文化关怀,它统领着对于出版过程中诸多关系的认识。从这一角度去看待与分析问题,将会有助于我们对具体出版问题的处理。

精致出版,首先体现在出版社如何用好用活自身的出版资源、在图书选题结构关系处理上带来新的思路。综观多年来的图书出版,不少出版社往往是跟着感觉走,市场上什么书好销,什么书热销,大家就一窝蜂地跟着上,也不多顾及是否为自身之优势与长处所在,不多顾及市场的发展趋势与现实条件,结果往往造成大量图书选题的雷同,形成图书积压。事实上,在别人那里可能畅销、热销的图书,在自己这里就未必能取得同样的效果,常常会适得其反。这种情形,被称之为"耕了别人的田而荒了自家的地"。每个出版社都有一个如何精确地进行图书市场定位的问题,都有一个差异化战略的问题。图书市场是一个客观存在,其发生、发展有其自身的规律;每个出版社均有其自身的特点,这也是一个客观存在。如何在这两者之间寻求到最佳契合点,从而将文章做在这个契合点的延长线上,是我们精致地做好自身出版定位的第一要务。在这个契合点的延长线上,集聚自身的品牌图书与特色图书,形成系列化、规模化与深度化的开发,进行梯度性、多层次、全方位的挖掘,将会是一个出版社最具有价值、最具有核心竞争力从而也将会收到最大效益的根本之所在,也是一个出版社在图书市场上定位的内在依据之所在。寻找到这样的契合点,长期不懈地坚守在这样的契合点上,应该是出版社念兹在兹的紧要之处。不要轻易地四处出击,而只在最能充分调动与运用自身优势资源从而也最有市场前景之方向上累积自己的优势,打造自家的出版品牌,凸显本社图书之市场效应,构建长期而可持续发展的竞争力。这将是一个出版社明智而有效的发展战略。如果没有这样的明晰意识,而是遍地开花,东一榔头西一棒子,那么,犹如张开十个指头而形不成拳头,形不成自身的战略重点与突击方向,从而也就难以取得什么显著的战果。即使是在一时一地上取得了一些战果,有一些蝇头小利,也由于其并不是自身的优势方向所在,从机会成本的角度上讲,则是失去了更多的东西,在总账结算上不能说是得了,而是失了,不能说是赚了,而是赔了。在图书出版策略上,那种往日所采用的散兵游勇的游击方式已经过时了,凸显阵地战亦即坚守自身优势战略据点与制高点,已成了制胜之招数。坚持有限目标、重点突破、有所为有所不为之精致出版方略,已成为业内有识之士所达成的共识。这正是走向精致出版时代出版人在处理各种出版关系时必须具有的精到而高明的认识。只有这样精细的出版方略,才能与日益细化的图书市场相吻合,从而不至于在眼花缭乱的图书市场上迷失自己的作战方向。在当前瞬息万变的出版格局中,我们呼唤这种精致出版的战略意识。

就具体图书的操作而言,树立精致出版的意识,希望不至于引起一种误解,以为提倡精致出版就是在倡导图书出版的贵族化意识。精致出版与图书出版中的贵族化倾向不是一回事。应当承认,在目前中国出版业中一味盲目追求"高、精、尖"的所谓精装图书、大部头图书和豪华本图书的现象是存在的,这种不切实际地追求图书高档化的情形与精致出版的要求不是同一个概念。精致化并不等于高档化。除了那些符合市场自身需求的高档位图书而外,不少徒有豪华包装外表的图书并不符合图书出版市场的内在规律,因而也就不能包含在精致出版的范畴之内。精致之含义,并不是追求形式上的豪华与高档次,它没有追求出版贵族化的意味。出版内容精湛与形式精美相统一的大众化图书,恰恰是中国图书出版业的根本性任务之一。这也是体现社会主义图书出版的群众性观念问题。精装书是需要的,豪华本也是可以的,但只有当它切合了图书市场运行规律之实际才是可行的,也才是符合我们所说的精致出版之要求。而更为重要的是,大众化的、一般性的图书出版也应当是精致的,从内容方面到形式方面的要求上均应如此。难道出版普及性读物或者教辅类等图书就可以降低要求,就可以不要求其做到精致出版吗?答案显然是否定的。可能正由于存有这样的糊涂认识,一些出版社在做其所谓精品图书上是尽力的,而在出版普及性或教辅类图书上就似乎降低了要求。眼下教辅类图书市场上良莠不齐,出了不少质量相当成问题的垃圾书,似与这样的出版心态不无关系。这种出版态度是不够严肃的,而从出版理念上讲,也是毫无根据的。精致出版的理念并不是与某些品种、某类图书相关联,而是对于整个图书出版的要求,它内在地要求我们所出版的每一种图书均应当精致,均应当精心设计、精心操作。这不但在理论上而且在出版策略上说来都是如此。且不说,在这里有着对"精品书"概念理解上的偏差,以为一提到精品书就是指那些"高、精、尖"的东西,以为只有那些书才需要用心对待、精心制作,其他的图书则可以相对松懈一点。实际上,那些通俗浅显而适合于一般读者或非专业读者阅读的图书,也可以成为精品书;而且,更为重要的是,作为一名出版人,应当牢固树立把每一种图书都当成精品书来打造的意识,都应当努力实现其内容与形式的高质量之最佳统一。提出这样的出版目标,并不是一种苛求,它是达到精致出版从而实现最佳社会效应与最大市场化的行之有效的途径。

  我们还应当明确,对于精致出版的要求,将贯穿于图书出版的整个流程之中,并非为某一环节的具体目标。假如把精致出版仅仅理解成拿出精美制作的图书,那么,这还没有把握精致出版的关键。在市场经济条件下的图书出版,出版社不再是如计划经济时代那种按指令性的计划安排图书生产,而是以客户需求为核心组织图书生产并进行市场推广与销售,因而精致出版的实践活动不但应体现于图书生产过程之前与之中,而且将一直延伸到图书生产之后的营销活动等过程。深入一层地去看,这一变动将不只是在时程上的简单延长与持续,而是更体现了出版理念与出版策略上的转换,从而对各个出版环节、对图书整体出版活动产生深层次的影响。其影响就在于,不仅要将图书生产而且要将图书生产成果的市场价值之实现纳入出版人的视野之中。出版的图书应当是精美的,亦应当是市场所需或者是能激发起读者购买欲望的,是有市场价值的。从而,这将在出版活动中引起一系列不能不精确回答的话题:你要出版的图书之读者是谁?在同类图书的出版当中,有哪些出版社与你形成竞争对手关系?你要出版的图书有何独特的卖点?该图书出版的时机是否适当?根据市场预测,读者会对你将准备推出的图书在内容、装帧、定价上有什么要求?你将如何进入并占领市场?如此等等。在此,对于任何一个环节都必须进行深入细致的考察与探究,任何轻率从事或不求甚解的态度,都将会对图书出版活动产生不可小视的负面影响。因此,精心、精到、精细之精致精神,应当体现于图书选题论证、编辑加工、出版印制、销售经营等整个出版过程之中,任何一个环节的疏忽都将不能说是实现了精致出版的全部,而恰恰会波及和影响到整个出版活动的全部。任何一种图书参与到图书市场上竞争,均是该出版社各种资源的全方位的总动员,都是对出版社如何确立精致出版的理念及其实现程度的一次检验,而富有远见卓识与踏实严谨风格的出版人在这里总是会游刃有余而大有作为的。

三、精致,作为出版人的一种职业素质

图书作为文化的重要物质载体,在人类进步的历史进程中产生着不可估量之影响。每一个有使命感的出版人,都会感到肩负着的沉甸甸的重量,都会对其神圣性产生一种敬畏。敬畏出版,将会使出版人遵从出版规范和恪守职业道德,并且养成严谨、周密、踏实、细致的作风。精致出版的理念,也正是通过将精致精神内化为自身素质的出版人之活动来体现于出版实践上。精致出版的时代,对于出版人的自身素质提出了更高的要求。

出版作为一项崇高的事业,需要我们出版人全身心的投入,更要其掌握精湛的出版技艺和精深的出版学问。在这方面,古往今来许多优秀的出版家做出了典范,是我们的楷模。在当今出版繁荣的年代,出版人应当主动适应出版事业飞速发展的形势,把我们自己正在从事的事情做好、做精、做完美。有人说,出版人的职业"并无高深之处","不过是一群爱书人为另一群爱书人呈现手艺"。这在某种程度上说出了出

版人的职业特点。出版人自是"一群爱书人",是其本性使然,否则难以有全身心的投入;而"为另一群爱书人呈现手艺",虽是一项平凡的工作,但这"呈现"的深度怎样与效果如何,恰恰是大有学问的"高深之处",也是平庸而无所作为的出版人与凭借出版大舞台驰骋用武的出版人之分野所在。业内人士中有人把"出书"说成"做书"。这一个"做"字,虽是通俗浅近,却点出了出版这一行当的特点。做,要用"心"去做,把手艺做精、做娴熟,把图书做完美。做而不精,做而不完美,是糟蹋出版的浮躁之举,也亵渎了职业出版人这一光荣的称号。这是出版人走向精致出版的一种自觉追求。"鸳鸯绣出从君看,肯把金针度与人?"能深入而美丽地呈现与传达,就是尽了出版人的一份天职,至于其金针技艺,则是要在业界同仁之间细加斟酌、相互切磋了。

  精致在编辑,精致出版要求自始至终地将精致之精神贯穿于编辑过程之中。从市场调研到出版选题的形成,再到审稿加工、校样核定,其着眼点均在一个"精"字上。关于市场调研,不能说我们没有注重,但问题在于功夫下得有多大,调研的深度够不够,这尚是一个大大的问号。有一种现象颇值得引起注意:往往一说起市场调研,大家就是跑到书店去摸底调查一番,取回一些数据,得到一些感性印象。诚然,了解市场上的图书及其占有率,做这项工作是必要的,我们的选题策划应当充分顾及这些因素。但是,问题在于这些图书市场指数更多地是表明别人已经占有了的市场,如果仅以此为出发点去组织选题,那么很可能是马后炮式的策划,等你的图书出来,该种图书的市场可能已经饱和,你的图书兴许就成了明日黄花。嚼别人嚼过的馍没意思;跟在人家后面亦步亦趋,也缺乏一个有创新精神的出版人之原创力。关键是要潜入到市场的底层,走到市场主体即图书的读者当中去,了解其需求,真正把握住市场跃动的脉搏。比起国外同行的市场调研来,我们自身还是欠了点火候,工作做得不实、不深、不透,做得不够精到。按照这样的方式摸到的所谓市场信息,就很难精确地反映市场供需变化的灵敏程度,依据这样的信息确定的选题也就难以贴近市场需求的真正实际。同样的问题,也见之于对出版资源的开发与利用上。既然说开发选题,就得在"开发"二字上把文章做足、做透。开掘要深,要找出富集矿藏,提高选题含金量。而在一些编辑那里,轻率地处置出版资源的现象是并不鲜见的。有业内人士很有感触地谈到国外同行们在选题策划上的用心程度,人家每每能把题目做得很深很透。例如,日本一家出版社引进我国一本书的版权,经过其筛选加工,把一本书分成两本来做,这样内容更加集中,针对性更强,读者群更加稳定,再返回中国图书市场来销售,有着良好的市场反应。一位出版评论家就此发问道:"我们离世界还有多远?"这个问题问得好,确实值得我们出版人深长思之。其间的差距在哪里?差距就在于我们缺乏出版人所应有的一份精致。比如,同样类型、同样题材的图书,国外同行采用的编辑手段,诸如文字处理、图片配置、版式设计等,往往比我们做得到位,相比之下,不能不佩服其精到与细致的程度,也不能不感叹于我们自身的某种粗疏与肤浅。抑其躁气,沉下心来,切实地立足于把每一个选题、每一种图书做足、做完美,是我们图书编辑工作中亟待解决的一个问题。

以上仅就出版过程中的编辑工作环节探讨我们出版人精致地去做书的问题。其实,从精致在制作、精致在营销、精致在管理等方面,在出版活动的每一个环节和全部过程,都存在着一个职业出版人的精致精神问题。我们需要精到地策划选题,需要精细地编辑书稿,需要精美地制作印刷,需要精心地策划营销,需要对于宣传技巧的精通,需要管理艺术的精湛,等等。当然,我们更不能忘了对图书成本、利润上的精打细算,在出版利润空间愈益狭小的情势下,凭拍脑袋决策、大而化之、心中无"数"的经营者,是称不上一个精干高明的出版人的。总之,出版活动是一项精细的工作,它无条件地要求出版人拥有一份应有的职业上的精致。精致精神体现为细致的工作态度、严谨的工作作风,它是出版工作的职业特点使然,从而应当内化为出版人的一种自身素质。

呼应经济全球化、出版国际化的时代召唤,中国出版人正积极地做好准备,到国内外出版市场上一展身手。"欲穷千里目,更上一层楼。"怀抱着精致出版的理念,不断地锻造出版人自身精细的素质,精心地做好出版工作,中国出版将会走向一个新的、更高的境界!

原载《中国出版》2002年第12期。

全面推进出版文化建设

谈到中国出版,人们就会谈到诸如出版文化和出版经济的关系、出版事业与出版企业的关系、出版家与出版商的关系,如此等等。这些问题的探讨,对于促进中国出版业的健康发展无疑是十分重要的。在当今的中国出版界,如何全面地推进中国出版文化的建设,则是一个更为重大的时代课题。

全面推进出版文化建设,要求我们出版行业树立高度的文化自觉意识,历史性地肩负起崇高的文化使命,始终坚持中国先进文化的前进方向。出版作为传播、积累文化的主要手段、中介和载体,其自身是一项重要的文化活动。正是由于有了出版,许许多多重要的文化成果才得以凝定下来而实现了人类文明跨时空的传承与延续。在这个意义上讲,出版是传播文化之非常重要的方式,也是文化发展的重要杠杆之一。中国历代丰富的出版活动实践,留下了汗牛充栋的宝贵典籍,为中华文化的发展与传播创下了巨大的业绩。1949年新中国建立以来,特别是改革开放以来,中国的出版事业得到了蓬勃的发展,为社会主义建设事业做出了杰出的贡献。但是,我们也要看到当前存在的一些不足,这就是:由于出版工作兼有出版文化与出版经济、出版事业与出版产业这样文化与商业的双重属性,因而当出版活动在行使其作为根本属性的传播与积累文化之过程中,有可能在市场经济利益的驱动下而产生某种文化价值上的偏离甚或是严重异化。而在新时期的出版实践中,一方面,我们出版行业注意了文化价值取向与经济运行的协调和平衡,不断壮大的经济实力为文化事业的繁荣奠定了雄厚的物质基础;另一方面,也出现了不少光注重经济效益而对社会效益相对忽视甚至是淡化的不良情形,往往过于计较出版利润的指标而全然不顾及其文化目标。忘记了出版工作以文化取向为主导，就助长了出版工作中某些一切向钱看、以赚钱多少作为评价标准的错误倾向。这是对我们社会主义出版工作根本宗旨的严重背离和扭曲。中国出版业作为社会主义文化建设事业的重要方面和组成部分，应当以传播先进文化和承载人类文明为己任，发挥其为社会主义现代化建设提供智力支持和精神动力的现实文化功能，始终坚持"以科学的理论武装人，以正确的舆论引导人，以高尚的精神塑造人，以优秀的作品鼓舞人"，为人民群众提供精美可口的精神食粮，服务改革开放的伟大时代，服务中华民族全面复兴的宏伟目标。这是我们出版工作的出发点，也是出版文化建设毋庸置疑的根本性任务。

全面推进出版文化建设，要求我们出版企业坚持神圣的文化理想，坚守出版文化理念，并以之规范自身的出版行为，赋予其精神产品以较为深厚的文化蕴涵。出版企业的文化理想应当体现于其出版物之文化品位上。有的出版工作者说得好：落实先进文化，就是要把我们的每一个产品都做成精品。这种精品意识，不只是从表面上看属于把自身的工作做好、做到位的意义上，而且是在深层次上体现出一个出版企业内在的文化追求。只有生产出高品位、高文化含量的精品图书，才能满足人民群众日益增长的文化生活需求，倡导与推广健康向上的生活方式和先进的思想文化，提升人们的思想境界。有一家出版社鲜明地把"创造太阳"即"创造心灵太阳"树立为自身的出版理念，因为作为社会文化载体的图书就是人的心灵之太阳。这种"创造太阳"的出版理念，反映了出版文化作为一种文化的自身规律，更凸显出该出版社富有自觉承担宏伟的历史使命感与强烈的社会责任感。毋庸讳言，相比较之下，也有一些出版企业似乎就缺乏这样的文化格调，出了不少粗制滥造的平庸之作，这样的一些文化垃圾，造成图书选题的低水平重复，形成"不好不坏，又多又快"的出版现象，也玷污了出版文化生态。以这种没有文化责任感的出版态度，怎么能够生产出无愧于泱泱出版大国先辈们的精品力作呢？又怎么能使我们的出版物传之久远而留给我们的子孙后代呢？有些人或许以走市场的图书为理由，似乎以为这样的图书难以做成精品或者不值得当作精品书来做，但是，所谓"市场书"就不要有文化含量，就不可以做成精品书吗？不是也有人家那些"通俗名牌，大众精品"的成功实践吗？说到底，这里的关键还是有没有承传与积累文化的内在文化诉求。

全面推进出版文化建设，要求我们出版人不断地提高自身的文化素质，培育与时俱进的文化创新精神与良好的职业风貌。出版文化的生命力在于创新。创新是出版业永不枯竭的动力和源泉。一个有文化事业心而又有文化底气的出版人，会感受到时代的召唤，把自己的心血和生命融入出版文化的壮丽事业中去。他们有着长远之文化追求而不屑于某些一时诱人的蝇头小利，有着高远之文化境界而不会陷入庸碌无为的泥沼，有着明亮之文化目光而不会为某些浮云所遮蔽而看不清前进的出版方向。他们将研究与掌握知识经济时代出版文化的发展规律，不断地做到选题创新、编辑创新、出版创新、营销创新与管理创新等。面临经济全球化与出版国际化的大潮，他们将会是搏风击浪的弄潮儿，而不会是因循守旧、亦步亦趋的落伍者，因为时代需要这样的出版文化工作者，而他们自身也正是风云际会的时代之子。他们还将以其无私的文化奉献与严谨的文化态度，为职业出版人这一光荣的称号添上浓墨重彩的一笔。

全面推进出版文化建设，中国的出版企业，中国的出版人，将会把自己的不懈努力与无数创造写在社会主义文化出版史上，写在中华民族的精神发展史上！

原载《中国新闻出版报》2002年12月30日。

地方高校出版社的定位与选题战略

在目前形势下，出版社的竞争已进入练内功的阶段，在选题上的表现就是打阵地战，而不像80年代那样打游击战。所以，从某种意义上说，出版社实行阶段性转移就是提高选题质量以瓜分市场。作为地方高校出版社，要有明晰的发展思路，对于即将到来的更为激烈的国内外市场竞争，在思想上、行动上都要有所准备，制定好自身的发展战略。

谈到出版社的发展战略，首先是出版社定位的问题，具体地说也就是规模大小和出书方向等设计的问题。我们应当充分注意走内涵式发展的道路，在出书品种上不是越多越好，而是要有所控制，在指导思想上应该摒弃那种广种薄收的想法。要搞精耕细作，走精减品种、提高单位产品价值之路，努力增加每一本书、每一套书的效益。在当前出版界要提高规模集中度的时刻，需要搞大企业，造大船出海，但每家出版社要面对自身的实际，不应盲目攀比。实际上，问题不在于规模大小。在未来的市场竞争中，各种类型的出版社均可以有其自身的位置，关键在于其效益如何。大型出版社固然好，小型出版社也可以办成名牌，也可以有很好的社会效益与经济效益。就目前地方高校出版社的规模而言，一般均不是很大。我们要立足于社情，走出一条针对自身特点而依靠内涵发展的路子来。规模不大的出版社也可以努力建成各种类型的小而优、小而特的出版社。

出版社的定位，在很大程度上依赖于选题战略的选择或者说定位。根据目前的发展态势，要想在出版市场上有所作为，在办社上必须有自身的特色，也就是说，你这个出版社得有鲜明的个性，最好是有着他人所难以替代的特点。把一个出版社真正办出特色来，也才可以说这个社在大体上能站立起来了。而富有个性特色的选题之设计，则是增强办社特色的中心环节之一,是出版社在图书市场上准确定位的落脚点。没有一个富有本出版社个性特点的"特色选题群"的支撑,要创办特色出版社的设想就将会是空中楼阁,势必难以在激烈的市场竞争中处于不败之地。头等重要的大事,是搞好选题方面的战略规划,这是出版社发展战略的集中体现。

在选题问题上,首先应当理清几个关系。

第一,教辅读物与一般图书的关系问题。在这方面,要淡化教辅读物,实行重心转移。众所周知,目前我国教辅类读物的出版与发行仍较为明显地带有计划经济的色彩,估计这种状态的根本性改变尚需时日,但这种局面的某种变化将会很快到来,而且从局部上讲我们已经嗅到了它的声息。在这样的情势下,地方高校出版社在战略指导上就不能把注意力的重心长时间地放在教辅一类读物的出版上,要及时地把精力转移到对一般图书选题的策划上,增加对出版一般图书读物的兴趣。诚然,就地方高校出版社的现状而言,一般图书的出版状况从总体上说来尚不能令人满意,经济效益不太高,社会效益也并不那么理想。这在客观上也诱使人们把注意力较多地集中在教辅类图书上,而对一般图书出版的钻研与关注程度远为不够。必须在选题上实现对一般图书的突破,要有这个雄心壮志与远见卓识。未来的出版社之间的竞争应该体现在对一般图书市场的占领上。谁能赢得这个市场,谁就将是最后的胜利者。我们应当不遗余力地抓好一般图书的出版,以迎接未来的和现实的挑战。

第二,畅销书与常销书的关系问题。常常有这种情形:一提到畅销书,就想方设法去出教辅类的读物,而一提获奖创牌子的图书,就只会去搞一些冷门的东西。畅销书不只是教辅类读物,而创牌子的书就假定是不能畅销的,但总也可以退而求其次,应该成为常销书、长效书吧?我们要破除思维定式,要提出这样的口号,即所有出版的图书都应当是能够实现销售的。畅销书可以一下子成批量地销售出去,并且做到重印率高,一印再印;而那些不成其为畅销书但又必须出版的,也应当能够做到逐步地、及早地实现销售。问题是对这些书要有一个合理的印数,不能胸中无数,书一印出来就长期积压。有人说得好:有本事的出版家把纸变成钱,没本事的出版家把钱变成纸。我们一定要把好选题这道入口关,并且注意控制有关图书的印数。

第三,高品位图书与普及性读物的关系问题。地方高校出版社有义务出好具有高学术品位的图书,为学校的教学与科研服务。在这方面,一是要找准确实属于高品位的图书选题。要在了解前沿性学术动态和出版界行情的基础上,听取有关专家的论证意见,确定好这类选题,并且把握好其学术质量关。二是不少高品位的图书也可以做到普及化。不能一提到高品位的图书,就是厚厚的一大本,就是高头讲章,仿佛出了普及本就会掉了身份。那是一种似是而非的糊涂认识。书求其用,是要有读者去阅读的。除了那些极少数的确是高、精、尖的高品位图书,可能只在很窄的专业范围内流通、传播之外,这类图书大多数都是要进入市场,要接受读者的严格挑选的。所以,我们应当尽量写得通俗一点,再通俗一点。通俗才能普及。学术类图书的通俗化问题,也是出书中的群众观点问题。另一方面,只要经过一番努力,学术图书的通俗化也是可以做到的。不少大学者写的专业书,深入浅出,生动活泼,内容精深而又通俗易懂,深受读者欢迎,市场反应也好。我们应当在图书通俗化问题上有一个突破。其目的只有一个:让读者喜爱看我们的书,让我们的书更好地、更快地走向市场。

第四,零散选题与系列选题的关系问题。在图书选题上,系列化、丛书化、整体化已越来越成为一种趋势。虽然我们总是要出一些不成系列的、零散性的图书,不可能把每一本书都囊括在套书当中,但系列化应该是我们的着力追求。单本书、零散书已被证明在汪洋大海般的图书市场中越来越难以听到其声音。我们应当有明确的套书化的追求。要将已有的初步形成影响与规模的套书进一步做好延伸开发与配套,同时每年再开发出几套新的丛书,这样经过一段时间的积累,就可能会产生较大的经济效益和社会影响,而所谓"名牌工程"、"精品工程"应当也能够在这种系列化套书的追求中得以实现。

第五,作者自然投稿与出版社主动策划的关系问题。选题的实现形式很重要,对于不少地方高校出版社来说,由于还没有形成一支稳定的作者队伍,再加上在工作中缺乏经验,因而在选题上还是以等米下锅为主,有明显的来料加工那种守株待兔式的色彩。由于在选题这第一道关口上未能体现出版社之总的意图,因而辐射到整个后面的出版流程,给后续工作带来种种的不便与不利。根据国内不少办得较为成功的出版社的经验,在选题策划上,出版社一定要有总的盘子,有总的结构安排;对于每一个具体选题,出版社也要有总的要求。理想的形式应该是:出版社出题目,然后组织合适的作者按照出版社的意图与要求撰写。当然,出版社的要求又只能来自于对市场信息的敏锐捕捉与正确判断。这样做出来的书在市场上应当会走得好一些。我们一直强调图书的"编辑含量",编辑含量首先应当体现在选题策划上,这是第一位的编辑含量。要加强主动策划,在选题设计与对作者写作过程的介入上要更为积极一些,更为深入一些,更为透彻一些。有人说,不要让作者牵着鼻子走,而要引导作者走。这在选题策划上起码应该说是对的。高明的出版家能够培育市场,干预市场,引导市场。出版社应当体现出更为阔大的宏观上的考虑,体现出选题策划上的主动性设计。这也才充分体现出其积极意义。在这里我们还应当注意两点:一是从编辑方面而言,要有策划编辑,设置策划编辑室,加强策划力量;二是从作者方面而言,地方高校出版社要建设一支稳定的、高质量的作者队伍,要提出培育作者队伍的问题。要在依靠本校、本地作者队伍的基础上,在全国范围内物色合适的好作者,这对保证出版社的选题建设与高质量的书稿将是十分重要的。

关于地方高校出版社选题战略之总的思路,应当是特色选题战略与优化选题战略。要办成特色出版社,当然要有特色选题;而要搞好选题建设,又必须实行选题优化。对于地方高校出版社而言,前者是一个特殊性和个性的问题,后者则是一个带有普遍性和共性的问题。优化选题是出版社选题建设的永恒主题。

关于特色选题战略问题,由于各地方高校出版社实践的差异,不可能形成一个明确的套路,大家都各自处于积极的探索之中;并且,由于高校出版社既要面对本校,又要面向市场,这种状况也在客观上给选择特色选题战略增添了一定的难度。以苏州大学出版社为例,依托百年老校,发挥学科优势,立足文化名城,体现地域特色,全社上下也在积极地探索符合自身特点的图书选题战略。粗略说来，或可以这样来表述：以吴文化为特征，以特色学科为基础，服务教学科研，配合地方建设。也可以简单地将之概括为"吴文化与特色学科"，就是把以吴文化为特征的图书与特色学科类图书作为其出书的主要方向与主要特点。做这样的概括，并不是说不重视其他方面图书的出版，而是从所处地域的特点来看，从与其他出版社的比较优势来看，从图书市场的现实状况来看，目前把特色选题战略定位在"吴文化与特色学科"上，似较为适宜与较为有利。

"以吴文化为特征"，这里所说的"吴文化"是一个较为宽泛的概念，既涵盖了吴地的古与今，又包括了经济、政治、文化诸方面。苏南地区丰富的历史文化资源与当前轰轰烈烈开展的现代化建设之实践，为开发出富有特色的出版选题提供了很大的便利与可能，是可以大有作为的驰骋用武之地。探讨吴文化丰厚的意蕴及其在今日的传承与弘扬，将会对苏州大学出版社出书特色的形成起到重要的作用。苏州大学是一所学科门类齐全的综合性大学，充分发挥其学科与专业优势，这是苏州大学出版社作为地方高校出版社而在选题战略中应当优先考虑的内容。历史悠久，有一批专业基础较好，影响广泛，近年来又涌现出一些在省内乃至在国内有较高知名度的新学科与新专业，应当发掘和利用其学科优势与专业优势，这样既能配合学校的教学与科研，体现办社的宗旨，又能通过逐步积累而形成其另一特色。要抓住一些带有综合性、全局性和前沿性的课题，配合学校组织多学科通力协作，力求搞出一些系列精品。对学校的某些特色学科，比如财经、法律和丝绸等，更要寻找突破口，精心组织，努力抓出一批特色图书来。总的来说，要找出有本社个性的东西，这是我们安身立命之根本。根据地域、学科等方方面面的条件，"吴文化与特色学科"有望成长为苏州大学出版社的优势与特色，应当力争把它做成自己的品牌。读者到市场上买书，其实是买品牌。出版社从卖书到卖品牌，是其走向成熟的重要标志。我们应当怀有远大的目标，有长期的打算，搞出一批代表本社品牌的标志性图书。在探讨未来的发展战略时，我们应当怀有这样一个梦。

作为对出版社战略定位和选题战略的支撑，地方高校出版社还应当强化如下四个意识：

第一，市场导向意识。图书要赢得市场，出版者就要走近读者，了解读者，研究读者。要倾听读者的呼声，熟悉他们喜爱什么图书与不喜爱什么图书。这就要搞好市场调研。如果没有对图书市场的调查，那么所谓选题提出和选题论证，就将是无本之木与无源之水。要增强对市场的敏感度。要组织编辑参与一部分图书的发行过程，以增进他们对市场的了解与快速反应能力。我们还要加强市场宣传。"好酒不怕巷子深"，这是陈旧的皇历；"好酒也要勤吆喝"，这是市场的呼声。要强化自身的市场形象，努力追求本版图书的市场最大化。

第二，质量取胜意识。"今天的质量，明天的市场。"质量与对市场的占有是联系在一起的。"质量与市场"——这是时刻要牢记的两个基本之点。要强化全员质量管理与全过程质量控制。在质量问题上，要有新的认识，不能一说到质量就是编校质量。选题质量、书稿质量、服务质量等等，都有一个质量的问题。我们要在质量管理上下功夫。

第三，人才为本意识。出版社的发展需要有高素质人才的支撑。在这方面，高校出版社有一些优势，但也有不足之处。关键是要建立起一支综合素质高、奉献精神强、作风严谨的人才队伍。要引进必要的人才，但更多地是要靠在职人员的不断培训与继续提高。每个人都面临一个不断再学习和再提高的课题。高明的出版家也要先有一个学习的过程。要组织好岗位培训，利用各种机会积极地培训队伍。要站在面向21世纪、面向地方高校出版社大发展的高度，充分认识到人才之于出版社发展的重要意义。

第四，科技创新意识。知识经济的大潮已经在全球范围内蓬勃兴起。在这一大背景下，市场竞争又体现为科技之争。要熟悉与掌握各种先进的信息获取手段，以广泛了解世界范围内的出版信息与有关资源。对于电子出版物诸问题，从现在起也要积极地予以探索。机遇只会垂青于有准备的头脑。在世纪之交，我们不应当丧失机遇。

原载《苏州丝绸工学院学报》1999年第4期。

服务地方建设　增强办社特色

——关于地方高校出版社发展战略的思考

作为地方性高校的出版社,如何才能办出自己的特色？我们认为,应当立足本校实际,同时,还应当针对所处地域的经济、文化和社会发展的需求,努力提高为地方建设服务的自觉意识,在深度融入地域发展中走出一条富有自身特点的路子。

一、准确定位,树立为地方建设服务的自觉意识

目前,全国有数百家出版社,出版市场的竞争日趋激烈,从图书选题开发到图书的市场营销,均呈现出这一总的态势。在出版社林立的情势下,大家都面临着一个如何在市场中定位的问题。从我们苏州大学出版社来说,建社时间不长,还谈不上有什么资源的积累。从地缘上看,东有上海、西有南京、南有杭州,处在几十家出版社的三面夹击之中,确实是在夹缝中求生存。这样的一种局面,给我们以很大的压力,亦富有极大的挑战性,迫使我们在发展战略上做出思考与抉择。

回顾当年苏南乡镇企业崛起的道路,似乎能在思路上给我们带来一些有益的启示。苏南乡镇企业家们那种吃尽千辛万苦、走遍千山万水、想尽千方百计的创业精神与艰辛历程,以及在产品生产上所采取的"人无我有,人有我优,人优我转"的策略,对于我们创办有自己风格的特色出版社,无疑具有很大的参考价值。苏州大学出版社如何办出自己的个性？这当然是由苏州大学自身的特点所决定的,并且也为苏州这一地域特点所影响。这是苏州大学出版社所处的现实环境与所面临

的基本态势。不考虑到这样的实际状况,恐怕就谈不上能办出自己的特色来。苏州大学提出"立足苏南,服务江苏,辐射全国,影响海外"的方针,明确地考虑到地域因素。苏州大学出版社应当打"苏州牌",打"苏南牌",这是其优势所在,也是其考虑问题的着眼点。

当前,苏州或者说苏南的大势是什么?这就是广大人民群众正在生气勃勃地开展现代化建设运动。苏州这些年取得了令人瞩目的辉煌成就,被誉为是有中国特色社会主义理论在苏南的成功实践,在全国乃至于在世界上都引起了较大的反响。我们处于长江三角洲的这样一块风水宝地上,目睹了其巨大变化,应当积极投身到这样一个大开放、大建设、大发展的洪流中去。只有这样,才能为苏州现代化宏伟大厦的建设添砖加瓦,并在这一参与的过程中将苏州大学出版社办得有声有色而富于鲜明的个性特色。

服务于地方建设,是地方高校出版社的办社宗旨之一。增强为地方经济、社会和文化建设事业服务的意识,我们将能在与地方的密切联系中,在参与地方建设的发展过程中不断地发展与壮大自己。化苏州或苏南的地域优势为苏州大学出版社的优势,我们将能准确地做好自身的定位,脚踏实地地走出一条"社会主义出版事业在苏南"的路子来。因此,服务于地方建设,这不是一句空洞的口号,而是有着十分丰富的内涵。只有从这一高度去认识问题,我们才能增强为地方建设服务的自觉性,减少出版工作中的盲目性,唯其如此,也才能办成一个有苏州特色或者说有苏南特色的地方高校出版社。

二、精心设计,开发具有鲜明地方特色的出版选题

苏州富有特点的历史文化与当前轰轰烈烈开展的现代化建设的伟大实践,为开发有特色的出版选题提供了很大的便利与可能。不过,如何将这一潜在的可能性转化为现实性,仍然需要我们做出辛勤的探索和不懈的努力。

苏州历史文化的深厚与博大,为开发特色选题提供了取之不尽的宝藏。苏州是一个具有影响的历史文化名城。苏州历史文化遗迹之丰

富、文化名人之众多、文化精神之厚重、文化特色之鲜明,均使得很多城市难以望其项背。这份丰厚的历史文化遗产,已得到苏州人的积极传承而成为建设今日新苏州的巨大财富。对于处身于这样浓厚历史文化氛围中的苏州大学出版社来说,应当积极挖掘这一丰富的历史文化资源,使之服务于当下的社会主义物质文明和精神文明建设。有人提出,学术走向民间,研究面对现实。如何使得苏州古老的优秀文化遗产在新的形势下得到继承与发展,这方面有许许多多的工作要做。苏州大学有吴文化研究所,出版社可以和大家一道努力,协同搞出一套"吴文化研究丛书"来。其中,可以有实证性的个案分析,也可以有通论性的总体概述;可以有微观性的专题探讨,也可以有宏观性的综合研究。要制定一个总体规划,进行阶段性的分步实施。这样,经过长期的努力和逐步的积累,最终形成吴文化研究的基地和出版中心。做好这项工作,无论是对于图书出版的文化积累,还是对于形成出版社自身的特色来说,都将是一件很有意义的事情。

如果说研究历史上的苏州文化是"古为今用",是探讨其历史性中的"现实性",那么,对于当前苏州现代化建设伟大实践的探讨则更具有直接的"当代性",也就成为我们捕捉与设计特色选题的另一个重要领域。由于苏州现代化建设实践的丰富性,从经济的增长到文化的进步,从旅游业的繁荣到第三产业的兴起,从科技教育的振兴到各项社会事业的发展,可以从各个领域、各个层面、各种视角开发出具有鲜明特色的选题。譬如说,苏州所在的苏南地域是中国乡镇企业的重要发祥地,参与创造了闻名遐迩的"苏南模式",虽然说对苏南乡镇企业的研究已有不少论著问世,但就其研究的深度和系统性而言,似乎还有许多题目可做;况且,随着形势的发展,"苏南模式"亦呈现为一个动态的发展过程,跟踪、把握其发展变化的内在轨迹,进而进行前瞻式、预测性的对策研究,就仍然是富有生命力和可以有所作为的选题。又比如,从小城镇建设问题的探讨到"苏锡常城市带"论题的提出,目光敏锐的学者们不失时机地抓住了苏南经济与社会转型中的一些关键性问题,如果能很好地组织,则可以抓出一批有分量且有特色的选题来。再比如,当前全国掀起学习张家港的热潮,张家港在苏州,我们有很多便利的条件,应当抓住这一契机,组织一批系统的、有深度的选题,研究"张家港精神"的外延和内涵,考察其形成与发展,探讨其深层的文化蕴涵。此种选题意义较大,如能抓好,当会具有特色。

特别需要指出的是,苏州市明确提出要在20世纪末实现基本现代化,全市上下都在为了实现这一宏伟目标而努力奋斗,这是今日苏州最大的"热点"。应当把苏州地方上的这一"兴奋点"变成苏州大学出版社考虑选题的着眼点。苏州是全国的先进地区之一,其现代化的进程怎样与未来的走向如何,有哪些成功的经验和需要解决的问题,均具有重要的示范意义。就此点抓出一批选题,对苏州这样一个典型的区域进行纵向的历史考察和与其他区域之间横向的比较分析,不但是对于苏州的经济、社会和文化进行比较深入的系统研究,而且亦是探索社会主义事业在一个区域的伟大实践,总结与探讨其建设社会主义的成功经验(当然亦含有总结其某些教训在内),有着重要的典型意义和普遍的指导价值。同时,从图书出版的角度而言,也将形成苏州大学出版社的拳头产品并且具有鲜明的个性特征。目前,苏大社正策划与编写一套"现代化与苏州"丛书,得到了各有关方面的赞同与支持。

富有个性特色之选题的设计,是增强办社特色的中心环节之一,也是出版社在图书市场中准确定位的落脚点。如果没有一个具有本社个性的"特色选题群"的支撑,那么,创办特色出版社的设想就将会是空中楼阁,也就将难以在激烈的市场竞争中处于不败之地。因此,如何围绕地方建设,精心设计有特色的选题,这是我们应深长思之而又应尽力为之的一个重要任务。

三、调动一切积极因素,充分发挥地方综合优势

如果说提高为地方建设服务的自觉性是办好地方高校出版社的指导思想问题,抓好特色选题的建设是一个内涵型的问题,那么,充分发挥地方上各种力量的综合优势,相对说来就是一个外延性的问题了。如何利用外部资源来办好特色出版社,是一项值得引起我们重视的工作。

首先，虽然地方高校出版社身处高校，得到上级主管部门与本校各部门的指导、帮助，但同时也不可缺少地方各部门的大力支持。在积极为地方建设服务的过程中，如能得到地方各级领导与社会各阶层的理解与协助，将会对创办特色社的工作以有力的推动。地方高校出版社要面向地方建设，就有一个如何与地方上接轨和衔接的问题。举例来说，为了配合对中国和新加坡合作建设苏州工业园区的介绍，在园区开发仅数月之后，苏州大学出版社就出版了《新加坡与苏州工业园区》和《今日新加坡》两书，直接得到苏州市委宣传部、苏州广播电视局和苏州工业园区管委会等有关方面的支持。再比如，苏大社正在策划和实施中的"现代化与苏州丛书"，也得到苏州市委领导的关心与支持。这种支持是多方面的、卓有成效的。从更大的范围上说，苏州社会主义建设实践的丰富性、广泛性和深刻性，常常超出我们的视野之外，如能得到各方面的指导与支持，会对苏大社的选题建设产生多方面的积极影响。

其次，高校教师是高校出版社作者队伍中的主力军，但地方上各种学有专长的研究人员亦是不可忽视的一支重要力量，特别是在开发具有地方特色的选题上，其情形尤为如此。苏州是文化之城，文化底蕴十分丰厚，握管运思之士甚众，素有"藏龙卧虎"之说。如何发挥这一支潜在力量的作用，此中大有文章可做。我们应该与之建立广泛的联络渠道，可以采取走出去、请进来的办法，增进感情，交流信息，请其为出版社设计特色选题、撰写特色图书而出点子、出力气。可以想见，在苏州形成社会各阶层普遍关心与支持苏大社建设之日，也将是苏大社形成特色、形成气候、形成影响之时。

再次，由于社会各阶层对出版社的支持是多方面的，也就包括了在经济上可能给予的资助。这样说，当然希望不致引起误解，似乎出版社在向地方社会要"孔方兄"；也不是说，似乎没有地方社会上的物质支持，有特色的出版社就办不起来。问题在于，一方面，从出版社的角度来说，如果能有强有力的物质支撑，建立一些专项出版基金，特色选题的开发与落实将会有相对牢固的基础与保证；而从另一方面来说，苏州地方上许多有眼光、有魄力的领导和企业家，他们会热心于支持文化事业,这方面的义举常见诸报端。既然他们对教育、文艺等事业会如此热心而慷慨解囊,相信其对于同属于文化事业的图书出版也会有鼎力相助之时。我们不应当放弃对这种外部支持的争取。

发挥地方综合优势的内涵很广泛,在此不一一列举。这里要顺便提及的是,就与图书出版密切相关的图书印刷和图书发行来说,苏州地域上亦已形成了自己的某些特色,出版社如何在这方面与其相互配合而共图发展,是我们建立有特色出版社的题中应有之义,也是一个值得深入分析和专门探讨的话题。

以上从定位于服务地方建设、构思有地方特色的选题与发挥地方综合优势等三方面,就创办有特色的地方高校出版社特别是关于苏州大学出版社的发展战略问题谈一点管见,意在探讨地方特色与形成出版社个性之间的内在关联性。实际上,就"有特色的出版社"这一概念而言,之中有着多种规定性,而"地方特色"只是其中的一种规定性而已;并不是说,只要有了地方特色,就一定会是有特色的出版社。不过,富有地方特色,当是创办特色出版社工作中的重要内容之一;特别是具体到苏州大学出版社来说,其情形就尤为如此。充分利用好苏州地域这种"天时、地利、人和"的有利条件,将会为我们创办特色社提供广阔的舞台与天地。再有一点需要说明的是,我们讲服务于地方建设,开发有地方特色的选题,又并不是囿于"地方性"。越是有地方特色的东西,就越是可能会产生普遍的认同。但是,地方的特色需要发挥,而"地方性"则不可取。我们打"苏州牌"、"苏南牌",目的乃在于走出"地方性",走出区域,以特色出版社的面目自立于全国出版社之林,正如我们苏州大学的发展战略一样,归根到底是要"辐射全国,影响海外"。这一点是不言而喻的。

原载《苏州社会科学》1996 年第 2 期。

读 解 扬 州

——"扬州文化丛书"编辑手记

扬州地处南北走向的大运河与东西走向的长江之交汇点上,自古以来即为江淮名邑。扬州文化以其鲜明的个性特色,在中国文化史上占有重要的一页。

扬州之所以赫赫有名,是因为其文化形态之丰富与文化创造之活跃,在于其文化成果之丰硕与文化影响之深远。扬州文化内涵丰富,体现在琳琅满目的工艺珍品、独树一帜的园林胜迹、脍炙人口的美味佳肴、争奇斗艳的服饰民居等多姿多彩的物化形态上,呈现于千姿百态的扬州戏曲、博大精深的扬州学派、蜚声中外的扬州画派等门类齐全的人文形态上,还表现在其文化创造的活跃、文化氛围的浓厚与文化心理的成熟上,如此等等。自古以来,扬州作为一个文化重镇,就曾经辐射出巨大的文化能量。这里产生过、活动过、寄寓过数不胜数的文化人物,从文章太守到诗人词客,从巧匠能工到杏坛名家,从书家画士到歌女名伶,他们在扬州都留下了雪泥鸿爪,留下了诗文名篇与千年画卷,留下了动人的故事与美丽的传说……或许可以这么说,在中国文化的诸多门类中,扬州都写下了自己辉煌的篇章。说扬州文化是中国文化的典型代表之一,这是恰如其分而毫不夸张的。文化底蕴之深厚与文化内涵之丰富,造就了这么一个令人神往的扬州,凝定了其作为中华文化渊薮之区的鲜明形象。

扬州文化之丰富与厚重,更在于其文化精神的博大与深邃。这种文化精神,体现为"天行健,君子以自强不息"那种日日新、又日新的创造与出新,体现为"地势坤,君子以厚德载物"那种海纳百川之胸怀与兼容并蓄之气度，体现为精致入微、一以贯之的对于真善美的不懈的文化追求。

　　历史上的扬州是辉煌的，现实中的扬州也没有停止其创造的步伐，正向着现代化的宏伟目标阔步迈进。仰慕于扬州文化之源远流长与博大精深，苏州大学出版社在诸位作者与诸多方面的共同努力下，本着"古为今用"、"推陈出新"的宗旨，推出了一套"扬州文化丛书"，意在较为系统、全面而深入地总结与继承扬州文化这份丰厚的历史文化遗产，探讨与研究扬州文化的内在价值，弘扬与光大优秀的扬州文化精神，为当前现代化建设提供某种借鉴与启迪。这套丛书共八册，分别为《扬州史话》《扬州掌故》《扬州民俗》《扬州食话》《扬州园林》《扬州八怪》《扬州文选》和《扬州诗咏》，书中力求做到资料翔实，图文并茂，可读性强。如果读者能够从这些文本中了解到扬州文化的某些侧面，并引发出进一步读解扬州文化的兴趣，那么这也就正符合于我们编辑出版这套丛书的初衷了。

　　　　　　　　　　　　　　　原载《中国出版》2001 年第 12 期。

竹西佳处话扬州

——"扬州文化丛书"编后记

编完"扬州文化丛书"书稿,像是对扬州的历史文化匆匆作了一番巡礼。现在,它终于付梓出版了。掩卷之余,我们似乎对于扬州有了深入一层的了解,扬州对于我们来说也显得更加亲切,其形象也更加立体化了。

编辑出版"扬州文化丛书"之缘起,乃在于扬州历史文化那无比诱人的魅力。扬州,它在中国文化史上的突出地位是显而易见的。可以说,在中国文化的版图上,很少有几个城市能像扬州那样在人们的心目中熠熠生辉而留下抹不去的记忆。"故人西辞黄鹤楼,烟花三月下扬州。"李白这位诗仙高唱出对扬州的深情向往,历朝历代亦不知有多少诗人词客浓墨重彩地写下了对这座"淮左名都"的赞美与眷念。"十年一觉扬州梦",杜牧这位风流倜傥的才子在其诗中描绘出了唐代扬州的繁华富庶,道出了扬州悠长的韵味。千百年来,人们津津乐道说扬州,一提起它,就像是在指称一件美丽的事物,它如花似梦,轻盈飘逸,神采奕奕,令人陶醉。扬州自身就是一部美丽的大书,值得我们细细咀嚼,慢慢回味。

打开扬州历史文化这部大书,它是如此琳琅满目,使我们犹如进入宝山赏宝,大有目不暇顾、美不胜收之叹。苏州大学出版社推出的这套"扬州文化丛书",只是掬取浩瀚长河中的几朵浪花,拾掇恢宏画卷中的几个画面,截取雄壮乐章中的几个片断,意在以此一斑窥豹,领略扬州的风采。它意在鸟瞰式地把握,粗线条地勾勒,写意式地描画,当然,它更有细部的刻画,局部的梳理,精致的剖析,因为只有这样才能使读者看得真切，犹如身临其境，而非雾里看花。见概貌于细微，融实证于宏观，这大约就是我们的创意与初衷了。譬如，在《扬州掌故》中，既有对扬州整体地域人文风貌的概括，对扬州与苏州等城市文化性格的宏观比较，又有对扬州名物风情、史料故实的具体考察与详尽探究；在《扬州食话》中，既有对淮扬菜系在中国饮食发展史上源流演变之把握，对其重要历史地位画龙点睛式的评价，又有对扬州饮食各个层面与侧面细枝末节的深入分析。丛书作者以其深厚的学养与独到的见解，爬梳典籍，钩沉史实，入乎其内又能出乎其外，把其对扬州文化的精心读解奉献于广大读者面前。作为一名出版工作者，对于他们的辛勤劳动，我们不能不油然而生一股深深的敬意。

　　人的历史实践活动向文化积淀，历史文化的深厚底蕴又在向人生成。人类之文化活动总是指向未来的。从某种意义上讲，"扬州文化丛书"展示的是一种浓缩了的扬州历史文明，翻开其中的每一页，就像是打开了扬州文化图景的一张张历史相片。翻阅这历史的每一页，我们不光是发思古之幽情，不光要领略扬州文化的丰富博大，不光赞叹古城扬州创造精神的活跃与文化成果的丰硕，更是为了有助于今天的现代化实践。扬州的历史已成了逝去的华章，但在历史活动中人的文化精神将绵延不息，永无止境地涌动向前。我们要承续历史文化精神，不断开拓创新，去创造新的文化辉煌。如果这套文化丛书能够在伟大的现代化实践中发挥其一点微薄之作用的话，那么这将是我们的至盼了。

　　"天下三分明月夜，二分无赖是扬州。"我们为古城扬州历史的美丽而唱赞歌，我们为扬州文化的辉煌未来而热烈地鼓与呼！

原载《中国新闻出版报》2002年1月25日。

深度开发地方文化出版资源

——"扬州文化丛书"出版手记

一、出版"扬州文化丛书"之缘起

"扬州文化丛书"由苏州大学出版社于2001年12月出版。这是我们苏大社继"苏州文化丛书"之后推出的又一套文化丛书。这套丛书的出版,是苏大社重视地域文化类图书出版、注重文化积累的一项具体成果,也体现为在出版理念上一种自觉的文化追求。

作为苏南地区的一家高校出版社,苏大社本着"依托百年老校,发挥学科优势;立足文化名城,体现地域特色;注重学术积累,服务广大读者"的出版理念,重视对地域文化资源的开发与研究,努力发挥其在社会主义现代化建设中的重要作用。苏大社在指导思想上明确地认识到:加强有中国特色社会主义的文化建设,要求我们弘扬优秀的传统文化,在继承中国古代优秀文化的过程中进行综合创新;加强对地方文化资源的开发与利用,这对于现代化建设来说有其特殊的功能。扬州文化作为历史悠久、特色鲜明的地域文化,具有十分丰厚的蕴涵。2000年10月下旬,江泽民主席在故乡扬州会见法国总统希拉克期间,应扬州方面的请求,欣然题词:"把扬州建设成为古代文化与现代文明交相辉映的名城。"研究扬州文化,阐述其内在的文化精神,不但可以释放扬州这座文化名城的文化能量,扩大其文化影响力,提升其城市形象,而且对于发展中国当代的社会主义新文化,都是很有借鉴意义的。如何将这一丰厚的地域文化资源转化为本社的出版资源,从而形成出版特色和出版优势,这是一项大有可为的工作,也是填补图书出版上的一项空白。正是基于这样的认识,我们酝酿了"扬州文化丛书"这一选题,并展开了相关的工作。

二、"扬州文化丛书"的出版过程

2000年下半年,我们带着"扬州文化丛书"这一选题设想,前往扬州组稿,在扬州和苏州先后召开了几次组稿会,从丛书书目的形成到作者人选的选择,从书稿撰写大纲的拟就到丛书体例、风格的确定,从前期稿件写作的安排、编校人员力量的配备到装帧设计、加工制作等后道工序的流程,均做了反复的考虑和仔细的斟酌。

在丛书书目的确定上,我们与有关专家学者进行了多次酝酿,最后敲定为八册,其书名分别为《扬州史述》《扬州文选》《扬州诗咏》《扬州园林》《扬州八怪》《扬州掌故》《扬州风俗》和《扬州食话》。扬州文化丰富多彩,博大精深,要写的内容实在太多,为什么要选定这八种呢?这是着眼于其代表性、典型性与特殊性。《扬州史述》概述扬州历史文化,是为一纵向勾勒,考流溯源,似不可或缺;《扬州文选》与《扬州诗咏》遴选采撷历代文人描写与咏唱扬州的诗文,美轮美奂,清丽可观;扬州园林名闻遐迩,在江南私家园林中与苏州古典园林相媲美,风格别具;"扬州八怪"在有清一代画坛独领风骚,影响流传,极一时之盛;《扬州掌故》涉及扬州文坛的珍闻逸事、市井旧景、史记考证等,颇有兴味;《扬州风俗》介绍岁时风物、服饰家居等扬州民俗的诸多方面,使读者对扬州区域的社会文化生活有一概貌的了解;《扬州食话》则是谈论淮扬饮食文化这一脍炙人口的话题,丛书中似亦不应缺了这道文化大餐。总之,这次所推出的八本书,大体上能反映出扬州文化的某些侧面与基本概貌。

在丛书作者的选择上,也考虑了诸多方面的因素。我们提出了"扬州人写扬州"的基本思路。由于这是涉及扬州地域的文化丛书,因而作者队伍似应从扬州方面去寻找,他们对扬州情况熟悉,掌握的资料丰富,比起找外地专家来写有其长处和优势。这次所邀请的扬州作者,均是有关方面的专家,在各自相关的领域均有较深的造诣,占有大量的资料且具有较高的写作水平和文字功底。像《扬州八怪》的作者对"扬州八怪"有深入的研究,出过几本专著,写这样的题目也就驾轻就熟;《扬州掌故》的作者是研究扬州地方文化的专家,出过较有影响的研究扬州方面的专著。这些作者水平较高,写作态度严肃、认真、一丝不苟,由他们来完成丛书写作任务,可以保证书稿的质量。

在丛书出版的组织领导和丛书编校力量的配备上,我们也做了相应的安排。出版社为此组织了专门的工作班子,成立了由本社社长与扬州市委宣传部部长牵头的编委会,抽调了有副编审以上职称的资深编辑与有丰富经验的校对人员负责对书稿审校。每本书均设责任编辑、责任校对、责任印制,进行了四个审次、五个校次;社委会的成员还分别负责某一本或两本图书的编校质量,落实责任制,把好质量关。同时,在装帧设计与加工制作的环节上,我们也采取了有力的措施,保证图书的整体质量。

三、"扬州文化丛书"的几个特点

从我们对这套丛书的构思设计及其完成情况来看,它有以下四个特点:

第一,以通俗性为主,兼顾学术性,体现了通俗性与学术性的统一。"扬州文化丛书"分门别类地介绍扬州文化知识,探讨扬州文化现象,阐述扬州文化的内在精神,是一本了解扬州文化的普及性读物。同时,我们在写作要求上明确地提出了要注意书稿的学术品位,使其达到适当的深度。譬如说,在《扬州食话》中,既有对淮扬菜系在中国饮食发展史上源流演变之一般介绍,有对其重要历史地位画龙点睛式的概要评述,又有对扬州饮食各个层面与侧面细枝末节的深入分析;在《扬州掌故》中,既有对扬州整体地域人文风貌的概括,有对扬州与苏州等地城市文化性格的宏观比较,又有对两地名物风情、史料故实的具体考察与详尽探究;等等。融通俗性介绍与较具深度的学术探究于一体,这样的写作处理,可以使读者在一般了解和掌握扬州文化基本知识的基础上,又能生发出一些思考,有助于其深入一层地把握扬州文化的内在意蕴。

第二,图文并茂,可读性强,体现了生动性与科学性的统一。

图书图书,似应有图才成书,尤其是像"扬州文化丛书"这样通俗性的文化类图书,应当有一定数量的插图;这也是针对读者的消费心理和适应图书市场的需求。在本套丛书中,每册均配了百余幅插图,平均两到三页就有一幅图片。当然,插图是根据内容的需要,与文字内容相匹配,是为文而图,图是为了说明、补充与深化文字内容,图文相生,图与文交相辉映,而不是为了配图而配图。图片的选择上,注意了形式的多样化,有照片、书影、剪纸、印章、国画和书法条幅等,样式丰富多彩,不拘一格。图片的大小,所放的位置,也注意有所变化,避免形式单调,采用参差错落的处理,以不断调节读者的阅读兴趣。书中不少图片具有较高的史料价值,亦有一定的观赏价值。例如,在《扬州八怪》中,就选用了有关画家很多代表性画作,观赏性较强。

第三,形式配合内容,制作较为精美,体现了整体性与系统性的统一。

介绍扬州文化的图书出过一些,但大多为单本的零散读物,缺乏系统性。"扬州文化丛书"是第一部较为系统、完整地介绍扬州历史文化的套书,系统性是其一大特点。与之相匹配,丛书的装帧设计也表现出了整体性的特色。封面上以琼花(扬州市花)的图案作为丛书标识,每册封面上彩印不同的扬州器物作为该册内容的提示。例如,《扬州食话》用一提盒(食盒);《扬州风俗》用一剪纸;《扬州掌故》用一铜灯,令人联想到是在作深夜长谈。最有意味的是《扬州史述》,用一古老的井栏,使人想到历史本来就如一口深井,作者娓娓道来,犹如从井中汲水而出,清澈纯净。这些富有文化格调的处理手法,在透出扬州地域情调之中表现出形式上的完整性,呼应与强化了丛书内容系统性的特点。丛书每册均为8.5印张(266页),这种外在形式上的整齐划一,可以使人产生一种整体性的视觉效果。

第四,平装书精做,体现了精做书与普及本的统一。

丛书采用平装形式,一是考虑到其为普及性读物,不宜用精装式样;二是考虑到读者的购买心态和承受能力,定价不宜高。不过,不搞精装,可以精做,采用精做的方式把书籍做得精致一点。我们追求的是普及本中的精品,是平装的精做书。现在从丛书的成品来看,可以说达到了这一预期的效果。

丛书出版后,在外界引起了较大的反响。《人民日报》《光明日报》《中国新闻出版报》《中国出版》《中国图书评论》《文汇报》《新华日报》《扬州日报》《扬州晚报》、中央电视台和中央人民广播电台等媒体或作了报道,或刊载了书评。著名学者、南京大学博士生导师卞孝萱教授系扬州籍人,他在谈到"扬州文化丛书"时说:"关于扬州文化的书籍,虽出过一些,但迄今为止,能全面系统地反映扬州文化盛况者,要推这套书。"对该套丛书做了较高的评价和充分的肯定。《扬州日报》以《一道丰富的文化大餐——喜读"扬州文化丛书"》为题评论说:这套丛书最为值得称道处"是在于它学术性与可读性的有机结合","以一种现代的眼光、文化的视角、平民的心态、通俗的语言,娓娓动听地向我们讲述。这种平民化的叙述姿态、化雅为俗的现代文本,读来亲切、生动、晓畅、惬意"。另一篇评论则以诗性的语言写道:"这套'扬州文化丛书'的出版,理性且又多情地抚摸着古城文化浸透的漫长岁月,从而激活了扬州的历史记忆,这对于正在努力建成古代文化与现代文明交相辉映的名城扬州来说,实在是功德无量。"

原载《苏州大学学报》(哲学社会科学版)2002年第4期。"扬州文化丛书"由苏州大学出版社出版,高敏、赵昌智担任主编,陈长荣担任总策划。"扬州文化丛书"获得第十四届"中国图书奖"。

读解苏州

——"苏州文化丛书"编辑手记

接近一座城市,就像是打开一本包罗万象的书,感受她是一种享受,而要内在地理解她,则又需要拥有一种健全的心智。读解一座城市,既是容易的,又是困难的,特别是在读解像苏州这样一座文化古城时,其情形尤其是如此。

作为一个悠久的历史文化存在物,苏州在其自身积淀了丰厚的文化底蕴,两千五百多年的历史风烟在这里凝聚了无尽的文化层积。谈起苏州,人们不能不想到其园林胜迹、古桥幽巷,不能不说到其评弹曲艺、诗文画卷,不能不提到其丝绸刺绣、工艺珍品,更不能不仰想其才子佳人、儒者高士……从物的层面上去看,园林美景、丝绸工艺、路桥街巷这些文化活化石,映显了苏州文化活跃跃的创造成果,生动地展示了苏州文化耀眼的辉煌。阅读苏州这本大书,首先跃入眼帘的就是这些物化的文化结晶体。外地人初次触摸苏州,大约更多地是从这一层面上去接受。这也确实是一个至关重要的视角。再从人的层面上去看,赫赫有名的苏州状元,风流倜傥的苏州才子,儒雅醇厚的苏州宰相,巧夺天工的苏州匠人,在中国文化史上亦称得上是一大文化奇观。特别是在明清时代,其熠熠生辉的光芒照亮了东南大地的星空,一直为人们所津津乐道。从人到物,由物及人,这些厚厚实实的文化存在,就是人们在阅读苏州时所注目的两大焦点。当我们展读苏州这本大书时,那些活生生的文化人物与活跃跃的文化创造物,就像流光溢彩般地凸显在眼前。

或许正是为了帮助读者去阅读苏州这一文化存在,于是便有了这一套"苏州文化丛书"。

感谢丛书的作者们,由于他们的辛勤劳作,为我们提供了一套有益的文本。在这些文本中,经过他们的爬梳与整理,奉献出大量的阅读资料,并且从其自身的特定视角出发,阐释了其对于苏州文化的认识与理解。作为对苏州文化事实可能知之不多、知之不广的外地读者来说,这无疑是提供了一个让其接近苏州文化母本的间接文本,而对于熟知苏州文化的读者尤其是本地读者来说,则是提供了一个"奇文共欣赏,疑义相与析"的有利于展开相互交流和共同讨论的文本。这对于扩大苏州文化的影响,对于深化苏州文化内涵的理解,自然都是十分有益的。

有一千个人阅读莎士比亚,就有一千个哈姆雷特。对于每一个文本的理解,都是一个独特的视角,都是一种个性化的文化理解方式。就"苏州文化丛书"而言,重要的不是在于希望读者都能同意与接受作者们对于苏州文化的这种阐释,而是在于他们能够从这些读解中受到某种启发,从而生发出对于苏州文化进一层的深入认识。正像有人所说的,你从这些资料中读出一二三四五,而他人则可能从中看出六七八九十。重要的不是这种读解中得出的结论,而是在于对这种读解过程的积极参与,体现出对当下苏州的文化关怀。如果能在这种不断往复的文化探询中达到某种程度上的视界融合,并对苏州现代化的伟大实践产生积极的推动作用,那么,这就正切合我们编辑出版这套"苏州文化丛书"的主旨与初衷了。

读解苏州是一项颇有意义的文化工作,既有其文化学上的意义,又有其重要的现实功能。读解苏州文化,并不光是发思古之幽情,更在于要在历史文化与现实发展之间寻找到一个连接点。纵观历史,苏州有着丰厚的文化底蕴;审视现实,苏州正率先进行着现代化建设的实践。在这种历史与现实的衔接中,大力加强文化开发和文化建设,无论怎样评价其对于推动现代化建设的重要意义都不会过高。而读解苏州文化,理解本地域文化的自身特点,正是建设文化大市的一项基础性工作。文化苏州,文化兴市。文化——这是苏州的底蕴、源泉、特色和优势所在。中国早期资本主义的最初萌芽,为什么萌发于明清时期的苏州一带?享誉中外的乡镇工业的"苏南模式",为什么会出自于苏锡常地区？新加坡政府在反复的比较论证中，为什么选择苏州作为其建立工业园区的场址？名闻遐迩的"张家港精神"，为什么能产生于苏州的地域？在这里，可以提出许许多多别的什么理由，但有一条是共同的，那就是苏州有着丰厚的文化沃土。读解苏州，就是读解苏州文化；不光是注目其物质文化的层面，而且，更重要的是要由读"物"进而读"人"，读解其内在的文化精神，并且在这种文化传承中实现文化的大发展，从而创立体现当代精神文明水平的"苏州文化模式"，推进伟大的苏州现代化建设进程。

"苏州文化丛书"是站在20世纪末的角度对苏州文化的一种读解。她是一群文化研究工作者在世纪之交对苏州文化的整理和总结，当然也带有对新世纪苏州文化的某种展望。读解苏州，是读解一种文化存在，读解一种文化精神，而其"读解"之自身亦体现为一种文化创新活动。只要人们的文化创造活动没有停止，那么，这种对于苏州文化的读解工作就不会有止境。我们热切地期待着人们对它的参与、关注与回应。

原载《苏州日报》1999年10月7日。"苏州文化丛书"由苏州大学出版社出版，高福民、高敏担任主编，陈长荣担任总策划。

全球化数字化下的中国基础教育

——读《基础教育再把脉》

教育为国家命脉之所系。基础教育又是教育发展之关键所在。全球化和数字化作为一个宏大的文化背景,日益影响到基础教育的各个层面和环节,将在很大程度上引起基础教育内部结构与诸种内外关系的变化、调整甚或是革命。研究其间之关系,对于重构基础教育的基础和深化教育改革,将是很有意义的。《基础教育再把脉》一书作为"教育系列话题"之一,就这些问题做了广泛涉猎和深入探讨,的确是一部适时佳作。

如何在全球化与教育技术数字化的背景下进行基础教育创新,是该书着重探讨的焦点话题之一。中国基础教育的长处是其基本知识和基本技能打得相当扎实,这一点为国际所公认。但另一方面,在培养学生的创造能力、好奇心、求知欲与积极的情感体验、自信心等方面,则还存有很大的缺陷。比照西方教育中对学生创造能力的培养,我们尚有较大的差距。在本书中,作者认为:"中国的教育塑造了一条巨龙,但点睛之笔没点上,那就是创新、个性。"在经济全球化的时代,企业所需的人才要有很强的开拓能力和学习能力,这就对人才的创新性提出了更高的要求。中国学生素以善于考试著称,但到了大学教育阶段特别是到了研究生教育阶段之后,就逐步显现出动手能力较差和创造性思维较弱等缺陷。这与中国基础教育中的考试均是标准答案与不鼓励孩子有创新的思维不无关系。这在某种程度上对学生的创造力造成了直接伤害。在应试教育的日子里,我们得到的是许多对生命发展并无多少价值的知识积累,丧失的是无数学生创造性的能力。当前教育技术的数字化,将我们的创新教育带上了新的平台。数字化手段,不仅仅是传统教育的一个延伸,更是一场静悄悄的革命。在网络上,实现师生教学互动以及优质资源共享,如此等等,能够使学生学得更多、更快、更活,理解得也更为透彻。我们要充分利用数字化教育这个革命性的手段,在内容的支配下,在教育方式、教育模式、教育理想的支配下,为创新性教育插上有力的翅膀。

如何在全球化与数字化时代注意加强人文教育,应对西方文化的挑战,这是在基础教育层面上必须回答的问题,也是该书探讨的又一个话题。长期以来,我们对于基础教育中德育内涵的理解过于狭隘,现在应该是把其内涵扩大到进行人文精神培养的时候了。十多年前,联合国教科文组织在北京召开的"面向21世纪国际讨论会"上提出了人类道德滑坡的问题。20世纪90年代,我们再次提出要弘扬中华民族的传统美德。科学精神与人文精神,这是人类发展的两个重要支柱。"无科技无以强国,无文化足以亡国",正成为有识之士的共识。使科学精神与人文精神教育在我们的基础教育中得以协调进行,这是要着力强化的一项基础性工作。不能认为现代化就是科学化;加强中华人文精神的培养,在全球化进程中自有其特殊的价值与使命。我们在中小学德育工作上曾出现过一些偏差。有的专家在本书中尖锐地指出,目前在德育中出现了跟着"功利"走的趋向:有功利就搞德育,无功利就不搞德育。这对于中小学生人文道德精神的培养是很不利的。这些语重心长的见解,确实值得引起我们每一位基础教育工作者深思。

《基础教育再把脉》一书对于中国基础教育均衡化发展的问题也给予了极大关注,使该书增添了浓厚的现实感。如何使地区之间、城乡之间,也包括同一区域内学校之间的办学条件、办学水平不至于产生太大的差距,这是当前教育部门上下都很关心的一个话题。普通学校——这是中国基础教育中"沉默的大多数"。关注其生存状态,关心其发展空间,了解其酸甜苦辣,这涉及教育发展如何代表最广大人民群众根本利益的大问题。在本书中,讨论了在教育决策时到底是考虑效率优先,还是效率优先、照顾公平,抑或是公平优先、兼顾效率的问题。对于弱者群体的关注,体现了专家学者们强烈的人文关怀。比如说,在优质学校与薄弱学校之间,其间的剪刀差过大,我们往往习惯于"锦上添花",而忽略了"雪中送炭"。各级教育评估部门往往把相当大的精力放在评优上,而对各级学校应达到的最基本、最起码的基准问题则没有兴趣去很好地研究与解决。特别是对于在现阶段还相对落后的农村基础教育、西部地区的基础教育,在目前全球化与教育技术数字化快速发展的趋势之下,如何使其发展得更快,改变得更好,而不至于产生更深的"数字鸿沟"?本书作者能够鲜明地提出这些问题并予以深入的探讨,是很有见地的。研究和解决这些问题,对于我们基础教育的发展是有极其重大的现实意义的。

《基础教育再把脉》一书在全球化、数字化的广阔背景下观照中国基础教育问题,视野开阔,高屋建瓴,对于许多问题的探讨都给人以耳目一新之感。值得强调指出的是,书中还收录了在"教育在线"网站上部分内容的跟帖,让人们了解到不少真实而有分量的见解,领略到人人关注基础教育改革的和声。这种对话者在场的参与、互补和碰撞的特点,为别种教育类书籍中所未见。

原载《光明日报》2003年1月2日。《基础教育再把脉》由苏州大学出版社出版。

我们如何面对知识经济

——读《知识经济概要》

仿佛与人类即将走向新的一千年的历史进程同步,一个知识经济的新时代正在悄然降临。它到来的步伐是那样地神速、敏捷,似乎使人们对其光临未能立即做出反应。太平洋彼岸"比尔·盖茨"这个名字好似一阵旋风似的响遍了我们这个世界,而那个仅有数十名员工而并无多少传统意义上的固定资产的网景公司,也好像在一夜之间就震惊了我们这个世界。世界正在走向知识经济,知识经济也即将改变整个世界。站在新时代的门槛上,人们不得不思考这样一个问题:我们如何面对知识经济?

早在几百年前,一位哲人就曾发出过"知识就是力量"的呼声。随着对知识的不断积累和运用,人类社会已经取得了日新月异的长足进步。物质财富的涌流与知识的增长,一直呈现着十分明显之正相关关系。但是,知识之于经济的密切联系,从来没有像即将到来的知识经济时代那样如此地须臾不可分离。人们说:农业经济渴望土地,工业经济渴望资金,随着知识经济的到来,人们则更加渴望知识与技术。这种说法并不为过。这样说,也并不意味着我们原来就不需要或不重视知识,而是说知识的意义已经超越了原先理解的范围,在新的时代条件下产生了质的飞跃。相对于"知识"在传统经济中的作用来说,它在知识经济时代中被赋予了全新的意义和更高的使命。人类进入了以知识的投入促进经济增长的时代,对于"知识就是力量"的哲理,我们应当在更深的含义上对其重新加以领悟。

什么是知识经济?随着经济社会的发展和人类对知识探索的深

化,曾先后出现过"后工业经济"、"信息经济"和"高技术经济"等提法,直到1990年才逐步明确地提出"知识经济"的概念。知识经济就是建立在知识和信息的生产、分配与使用之上的经济。其主要特征是:信息和通信技术在知识经济的发展过程中处于中心地位;服务业在知识经济中扮演了主要角色;人力的素质和技能成为知识经济的先决条件。

知识经济是一种更高的经济形态。这样说,当然并不是要否定农业经济文明和工业经济文明所取得的辉煌成就。知识经济正是人类在经过农业经济和工业经济的发展之后而建立起来的一种崭新的文明形态,是其历史发展行程中的必然产物。国外曾有人形象地用"无重量经济"的术语来描述当前经济发展的态势,即意指生产中所包含的物质成分将越来越少,而所包含的知识成分将越来越多。这种概括,凸显了在知识经济时代的生产中所消耗的能源、原材料将不断地下降,所用的物质材料将大幅度地减少,物质生产将出现某种非物质化的趋势。如果说,在工业经济时代中自然资源与资本是决定性的生产要素,那么,在知识经济时代中最基本的生产要素则是知识,而其落脚点则是掌握知识的人这个劳动主体。如果说,在工业经济时代中生产的是有形的物质产品,那么,在知识经济时代中,知识型这种软产品的比例则大大地提高,产品制造开始转向大量生产知识密集型产品,像微软公司生产的那种无形化、软性化的产品正标志着柔性制造时代的到来。在知识经济时代,知识的功能将得到最充分的体现,在产品的价值构成中,知识制造的价值将占有最大的比重。只要看一看美国微软公司的产值已经大于赫赫有名的美国三大汽车公司产值之和这个事实,看一看美国1996年新增产值的三分之二均由微软公司这样的知识密集型企业所创造的这个事实,我们就会十分清楚地得出这样的结论:"知识就是财富!"

知识经济到来的脚步声已经清晰可闻。它不在遥远的天际云端,而是脚踩着现实的大地向我们快速地走来。面对着在发达国家已蓬勃兴起的知识经济大潮,我们将如何做出自己的回应?

我们应当有清醒的认识,做好充分的思想准备。知识经济时代正在到来,或者说它已经到来。在这里,任何的犹豫和彷徨都将是一种过失。知识经济对于我们来说,既是一种历史的机遇,又是一种现实的挑战。之所以说它是机遇,是因为若能抓住新一轮全球产业结构的大调整之机会,加快发展知识经济,把产业结构调高、调新,就会为我们利用高新技术、发挥"后发效应"和追赶发达国家提供一次难得的历史机遇。之所以说它是挑战,是因为在知识经济时代,经济发展快、高新技术产业实力强的国家将会从中获得更大的效益,与发展中国家的差距将可能会进一步拉大;并且,由于知识经济在经济发展中的作用愈来愈大,也会使一些发展中国家原有的自然资源和廉价劳动力的比较优势大为降低;再有,知识结构与产业结构的变动,也会对发展中国家的就业率产生不可低估之影响,如此等等。总之,无论是机遇也好,还是挑战也好,我们都必须做好充分的准备。机遇垂青于有准备的头脑,而挑战也只有在积极的迎战姿态中才能找到出路。那种抱取"峰从天外飞来,坐山门老等"的坐等态度是不可取的,那种采取仅仅站在岸边观望知识经济海洋潮涨潮落的态度是没有出息的,那种怀着得过且过、寄希望于未来知识经济大潮之自然推动的态度是没有前途的,而那种闭目不视、置世界浩浩荡荡之发展潮流于不顾的态度更是危险的。我们应当顺应时代潮流,及时地扬起风帆,做一个搏击于知识经济浪头的弄潮儿!

  我们应当有清晰的发展思路,制定远大的战略规划。这些年,大家都在谈论可持续发展这个话题,都在寻求实现可持续发展的路子。从本质上说,知识经济就是一种可持续发展的经济,是人与自然协调发展的经济。罗马俱乐部当年曾提出过这样一个论点:地球资源的不足,将使经济增长在21世纪达到极限,而知识在经济领域中将会起到越来越重要的基础作用。当前,世界经济发展的现状与趋势已经证明并将继续证明这一富有洞察力的预言。如果说,在工业经济中自然资源日益枯竭是一个令人头痛的难题的话,那么,这一问题将会有望于在发展知识经济的进程中得以逐步解决,因为人的智力资源是可以无限开发的,知识可以低成本地不断复制,使经济增长方式不再是单纯地依赖于自然资源。知识经济致力于通过智力资源的开发来创造新的财富,从而极大地替代了工业经济倚为命脉的、日益短缺的自然资源。发展知识经济的战略与可持续发展的战略,两者之间有着深刻的内在关联性,前者是实现后者的有效方式与可用途径,而后者则是前者的充分展现与必然结果。一些发达国家抢占知识经济制高点,对促进其经济的持续增长发挥了很好的作用。以美国为例,其1996年的经济增长中,约有三分之一是靠知识经济的核心产业即信息产业来带动的。要实现经济的持续增长,就必须大力发展知识经济,把加速科技进步放在经济社会发展的关键位置,使经济建设真正转到依靠科技进步和提高劳动者素质的轨道上来。实施"科教兴国",是我们必须始终坚持的一项根本性战略。坚持"科学技术是第一生产力",坚持以教育为本,这在走向知识经济的时代愈来愈显示出其巨大的意义。我们要比以往任何时候都更加重视科技与教育,更加加大对科技与教育投入的力度。如果我们不从现在起就十分重视并切实解决目前对科技与教育的投入仍然相对不足的问题,那么就会造成不可弥补的战略性失策。说到底,知识经济战略是以科技和教育的发展战略作为其支撑点的。只有到科技与教育这两翼坚实而有力地振翅之日,才是知识经济的大鹏真正地跃起与腾飞之时。

我们应当采取切实可行的措施,积极而稳妥地推动经济社会的发展进程。知识经济社会的到来,将会使我们越来越依靠积累与开发智力资源,建立越来越多的知识型企业,越来越强化知识管理。这些都是必然的。然而,我们也不可能做到一步登天。如果不顾现实客观条件的制约,希望在某个早晨一觉醒来就能看到知识经济形态的全面呈现,那么就会由于欲速则不达而不能很好地发展我们的知识经济。应该说,通过这么多年的发展,我们已经具备了一些发展知识经济的初步条件,在某些方面更有了较好一点的基础。不过,与先进的发达国家相比,我们的工业化经济阶段的路程尚未走完,我们还要发展自己的现代工业。因此,我们将同时面临来自两个方面的挑战:既要加快工业化进程,又要不失时机地发展知识经济。如何处理好这两者之间的关系,将是每一位领导者面临的重大课题。实际上,我们也是完全可以妥善地处理好这两者之间的关系的。知识经济并非是对工业经济的简单否定,而是在其基础上进行的;而离开了高科技的含量,离开了科技进步,今日的工业化也将会举步维艰的。两者在很大程度上是可以互补而并非排斥的。如果说,丢掉了知识经济的机遇就是丢掉了明天,那么,在当前丢掉了工业经济,则会将今天和明天一起丢失。可以预料,在相当长的时间内,将会出现工业经济与信息经济相互并存发展的格局。在这种态势下,我们应当积极地探寻一种实现"工业化"与"信息化"两者相结合而发展的新模式,将现代化建设纳入或并入知识经济发展的轨道。这可能不失为在现阶段较为可行的一种办法。这里的关键在于,要着实解决当前经济社会发展中科技转化不快、科技储备不足、科技创新不够等问题,解决产业链与科技链之间脱节的问题。我们要围绕建立科技创新体系,在大力加强技术创新的基础上,直接在采用新技术的高起点上实现工业化,大力发展知识密集型产业,加大对产业结构调整的力度,全面促进产业升级。我们要充分利用信息技术和工具,通过广泛采用新的管理技术来推动企业再造工程,并不断实现对农业和传统产业的技术改造与技术提升。我们要抓住当前的有利时机,促进工业化与知识化的协调发展,逐步实现从以工业化为主到工业化与知识化并重,并进而向以知识化为主的知识经济阶段全面推进。

  知识经济作为一种刚兴起的经济形态,或许目前还不能准确而明白地说明它最终将会给我们带来什么,也很难精确地预料其未来发展的具体进程。不过,有一点是肯定无疑的,那就是:无论从多大的意义上估价其对于我们经济和社会发展进程的影响都不会过高。我们应该从现在起就做好足够的思想准备、领导者素质准备、人才准备和科教知识准备,不失时机地长入知识经济。面对知识经济时代的挑战,我们将如何处置,将采取何种行动,将如何做出自己的回答,这是值得每一个人深长思之的问题!

  原载《苏州日报》1998年6月2日,题目改为《面对知识经济大潮》,文字有删节。《知识经济概要》一书由苏州大学出版社出版。

吴经国的五环人生

——读《奥林匹克中华情》

《奥林匹克中华情》一书由中国台北的国际奥委会委员吴经国先生所著。吴先生是国际奥林匹克委员会的资深委员,是著名的体育活动家。对于他,每一个中国人都不会感到陌生,因为我们曾在电视镜头上看到过莫斯科会场北京申奥成功后他与何振梁相互拥抱、喜极而泣的历史性画面。那是令人永远难以忘怀的。由他来写成一本有关奥运的书,其意义和价值自不待言。吴先生祖籍苏州,出于浓浓的乡梓之情,他将其新著放在故乡的苏州大学出版社出版。国际奥委会主席罗格先生专门为本书提供了序文,这不但为本书增色,而且让我们从中看出吴经国先生之于国际奥林匹克运动的意义。

《奥林匹克中华情》是吴经国先生的一本回忆录,共25章。前3章回忆少年时代和求学经历。第4章叙述"步入奥林匹克殿堂"的经过。接着,以9章的篇幅集中讲述了积极开启海峡两岸体育交流、大力促成北京成功申办奥运会的详细情形。其余各章则分别记述了他亲身参与国际奥委会活动和国际交往的有关细节,以及自己工作之余的游历和家庭生活情趣等方面的内容。在书中,回顾两岸交流的章节是重点,其中透露了许多有关的重要内容,是本书的看点所在。譬如,在"两岸体育界的第一次接触"一章中,记下了他与何振梁这两位国际奥委会委员历史性会面时的紧张气氛与谨慎心情;在"1993年北京申奥的'一票之谜'"中,他向世人公开了自己投给北京一票的真相,澄清了人们种种失实的议论。而在"北京申奥圆梦莫斯科"中,他这样地写道:"只见萨马兰奇接到信封,撕开封口,拿出纸条念:'2008年奥运会主办城市为北京。'此话一出，全场欢声雷动，北京代表团成员从座位上跳起来，高兴得拥抱在一起。我也从座位上跳起来，并立刻冲向何振梁，因为我们两人的梦想就是希望看到奥运会有朝一日能在中国的土地上举办。这八年来，北京历经两次竞选，如今终能如愿，怎能不激动落泪！"这些文字，读来使人犹如身临其境。综观全书，作者回顾了结缘体育并步入国际奥林匹克委员会神圣殿堂的非凡历程，记录了他亲身参与一系列国际奥林匹克运动重大事件的辉煌瞬间，再现了国际体育运动中一个个动人心弦的场景。那些鲜为人知的内幕新闻，真实感人的人生故事，奥运场上的花絮，奥运场外的竞技，一经亲历者娓娓道来，无不令人或悠然神往，或怦然心动，使人产生强烈的兴趣。吴经国先生对奥林匹克运动的大力支持与推动，对奥林匹克文化精神的传播与弘扬，对海峡两岸体育交流的热忱与贡献，尤其是他胸中涌动的那种中华情怀，给人们留下了难忘的深刻印象。

《奥林匹克中华情》是一本可读之书，又是一本适时之作。值此第十届全国运动会在南京隆重举行之际，又逢2008年北京奥运盛会为世人所瞩目之时，推出吴经国先生的谈论奥运之作，可谓正逢其时，正逢其地，正逢其人，占尽了天时、地利、人和。我们相信，读者会从本书中了解到奥林匹克运动的许多知识，并获得有益的人生启示。

原载《扬子晚报》2005年10月12日。

《做人与做事》编辑感言

了解福元同志的人,都称他为"朴实书记"。他的《做人与做事》一书,书名也很质朴平实,就像其为人做事一样。当读者跟随着作者的笔端文字走进这本书里,聆听作者娓娓道来其人生故事,重温其40年的从政历程,分享其40年从政中的人生感悟,从这些普普通通的叙事之中,就不由得感受到一种深沉厚重的力度。看似平常最奇崛,成如容易却艰辛。掩卷之余,书中的那些记述和言说,仍令人感动,令人回味,更令人深长思之。

全书共分七章,分别记述从一位乡村青年如何当上村官、乡官、县官直到主政一个地区或一个部门的主管,结构分明,脉络清楚,且每一章截取在不同地方工作的某个侧面,主题突出,详略有当。例如,第一章回顾从一位农村知识青年到当上耕读老师,再到做上村官的过程,体现了"土"这一"土生土长"的特点。这在作者的为官历程中具有关键的内在意义,不但是其从政之始,而且是其40年从政生涯中反复萦绕心头而挥之不去的乡土情结。诗人艾青咏唱道:"为什么我的眼里常含泪水,因为我对这土地爱得深沉!"作为一个农民的儿子,怀有对这片土地和对这片土地上的人民的朴素而真挚的情感,这对于其以后执政的心路历程有着全篇笼罩的意义,也是我们理解作者人生价值追求与体现出来之从政风格的一把钥匙。第六章则主要写主政南通期间以思想观念的变革推动工业创新的历程,围绕如何冲破思想上的"长江天堑",着力解决"南通南不通"的问题,从而形成开拓进取、政通人和、崛起苏中的新局面。本章的特点则在写一个"创新"的"新"字。全书采用这样的写法,写出了其各个从政阶段的特点,避免了一般回忆类书籍中工作大事记那种平铺直叙的方式,给人留下清晰而深刻的印象。

《做人与做事》这本书,写的是作者对 40 年来工作的回忆与思考,当然离不开对其主要工作经历的书写,但它不仅仅是对过去工作的总结,也是对其以往人生的总结与思考。它对人们的启迪是多方面的,这正是此书的价值之所在。

首先,它富有重要的认识价值。作者写的是他个人的从政过程,但这 40 年,正是我国政治、经济、文化和社会等各方面均发生了翻天覆地变化的 40 年。作者以亲历者的身份,领着读者一起回顾了那段历史。从时间上说,作者经历了"文革"十年动乱的风雨,参与了改革开放的实践,经受了市场经济的洗礼。从地域来讲,作者从江苏的苏南到苏北、苏中再到苏南,可以说是转战大江南北。这种时空视角的切换,仿佛也使读者一起身临其境地感受到时代的变迁,真切地把握到时代跳动的脉搏。作者在书中记录的是他个人的经历,同时,也是记录了一个地区的历史,记录了一个时代的轨迹。作者从时代的大背景中写其人生,读者则从其人生的私人书写中读出了那个时代的历史。因而,它对于我们而言具有了认识功能。

其次,由于福元同志的人生经历比较丰富而独特,可以说,他是江苏省乃至全国范围而言为数甚少的从村支书逐级走上地市级主要领导岗位的干部,这样的特殊人生经历的书写,内在地给这本书赋予了典型意义。作者从一名地方领导干部如何扎根基层,扎实有效地开展工作的侧面,反映了数十年来江苏苏南、苏中、苏北经济社会发展中发生的许多有影响的事情。他在常熟市工作期间,如何处理好农业与全局的关系,如何处理好农业现代化与农村建设的关系,如何在农村发展商品经济,从根本上解决工业化与城市化的问题,在当时是作为全国农村改革试验区之一的崭新课题,在今日新农村建设中仍然具有典范意义。由于作者勤于实践,善于思考,他的很多做法与心得依然可以给人以启发和耳目一新之感。

最后,也是最为重要的是,作者在书中所揭示出来的许多做人与做事的道理,初看似乎平凡,细细品味却给人以深刻的教育意义。作者反复申明并且以自己的人生实践表明一个主题,即"做人与做事"是所有人一生中都必须面对与处理好的一个共同课题;要做好事情,就必须先做好人,只有做好了人,才能去做好事情。作者饱含深情地写道:"必须先想怎么做'人',以高标准的'人'的要求来指导自己做'事'","绝不能把做'官'放在第一位","这三者关系理顺了,'人'就堂堂正正,'事'则清清爽爽,'官'亦清清白白。这是一位老共产党员领导干部的心声,联系到当前开展的"八荣八耻"教育活动,我们感到这种从政者的心言是多么可贵,多么亲切,多么发人深省!

《做人与做事》这本书,作者谈的是其40年的从政感受,可信而又可读,读者可以从中读出其认识意义、典型意义和教育意义。我与朱坤泉同志有幸担任本书的责任编辑,也真切地经受了一次次被感动和受教育的过程,相信读过这本书的人,也会同样地产生这样的阅读体验。在此,我愿意写下这样几句,也算是一点编辑感言吧:大江南北四十春,为民执政见真淳。从来做人系官本,留取心传寄后昆!

原载《苏州日报》2007年7月25日。《做人与做事》由苏州大学出版社出版。

编辑看书展　感悟自不同

年年看书展，今朝到中原。春光明媚，万紫千红，打点起好心情，与编辑们到河南看全国书展去。

办书展，对于一个城市而言，自是打造其一张亮丽的文化名片，而就参加书展的人来说，则是出版人的盛会，读书人的节日。这参加书展，犹如乡村赶集市，只不过看的是书，而其热闹程度则全无不同。虽说曾有人揶揄在书展上是卖书的王婆卖瓜，订货的走马看花，嫌其不免有些浮光掠影，但人潮涌动，熙熙攘攘总让人陶醉于书香世界而其乐融融。书展具有订货、展览、销售多重功能，是出版业的平台，更是文化交流的窗口。这书展，是人人的书展，大家一起参加书展；更是每一个人的书展，写书的、出书的、买书的，各自怀有不同的期待，不可一概而论。而走进书展的展场，呈现的总是琳琅满目的气象，这里可淘书、可会友、可看人、可订货、可游逛、可观赏、可匆匆走过、可驻足细观，总之，芸芸众生，拥抱书城，可看热闹，可看门道，至于游观所得，则人人随其深浅了。

作为一名编辑人，我也参加过不少书展。自感以编辑的眼光来看书展，又总有一些不同的感受，在心态上亦与他人有相异之处。在我看来，出于专业习惯，编辑在书展上看什么与不太看什么，留心什么与不太留心什么，多留心什么与少留心什么，自是与别人有相同之处而更有其不同之处。首先，编辑在书展的摊位上流连，更多地翻前言、后记、目录，品味版式编排、装帧设计，细心体察与领会策划者的用心与编辑者的匠意。这大约与营销人员、订货商家是稍有不同的。其次，与商家们带走一大批订单不同，编辑们往往收集起一大叠图书目录，以供细细研究。他们感受到的是书海中风起云涌下的静水深流，带走的是五光十色市场上最新的有价值之信息。编辑们常是书展热闹场上的冷观者。他们袖手旁观于前,更冷眼深思于后,默默谋划着在波涛汹涌之书海中自身一叶小舟的今后走向。

而揣摩编辑们在书展上的心态,亦是颇值得玩味的。写书的不是编辑而是作者,但编辑是以"书"来写人生的,从而实现其人生的价值与文化追求。因而,其编的书在书展上的命运如何,能不能得到社会的初步认可,"鸳鸯绣出从人看",但"画眉深浅入时无",费一番心血编出来的图书终于走出闺阁,能否吸引住他人的眼球?这总是让人怀着忐忑不安的焦虑心情的。有好书在握,自己社里的书摊上人头攒动,自可小小陶醉一番;倘若门庭冷落遭遗弃,个中滋味有不可为外人道者也。再看到别人家的好书,顿生羡慕向往之情,虽无嫉妒之意,总有自愧不如之思。编辑逛书展,看似闲庭信步,其实是并不轻松的。但是,这种差距感与紧迫感倒也可以催人做奋进状。这自然又是看书展的另一重功能了。又想到,数次到国外参展,从早期的展台无人问津,到如今的初有识者,自可见得中华出版的初长成了。这看看书展,不坐井观天,亦不望洋兴叹,闻鸡起舞,击楫中流,还是可以有一番作为的。

郑州古都,中州胜地,华夏人文渊薮之区,中华儿女向往之地。在这块文化沃土上举办的书展,承载着当代中国出版人的光荣与梦想。我们编辑人是有理由做这样的热切期待的!

原载《中国新闻出版报》2008 年 4 月 28 日。

地名的文化意蕴

——"地名文化丛书"总序

不难想象,在一个没有地名的世界里,人类将处于何等的混乱之中。而在日常生活里,谁又能没有与地名产生着联系呢?家乡的地名,时时散发着泥土和生命的芳香,犹如一束情感纽带,总会勾发起浪迹江湖之离乡游子的无尽情思;别处的地名,也会包裹着淡淡的异乡情调,引起人们的悠然神往和些许遐想。不过,我们或许都有过这样的体验,当偶然被问起某一地名的含义之时,即便是那些非常熟悉或者每日置身于其地的地名,常常会说不出个所以然来。此即所谓"熟视无睹"罢。这样看来,稍稍关注一下小小的地名问题,似乎就并不是一件可有可无的事情了。

地名是一种社会文化现象。作为表称地点的文化符号,地名之中积淀了丰富的历史文化内容,它从一个特定的侧面记录了人们的社会实践活动。打开一幅区域、城市或乡村聚落的地图,那一个个地名,犹如满天繁星般地散落其上,呈现为耀眼的亮点。地名是活跃跃的文化细胞,之中透发着生命的气息,特别是那些蕴涵丰富的重要地名,正代表了中国文化经络上的关键穴位,组成一道道文化脉络,传达出中国文化之深处的信息。地名之所以重要,是因为它包藏了太多的历史文化信息。一个地名常常对应着许多传说和故事,在这种叠加式的层累之中,曲折地反映出该地生活面貌的本真。小小地名,有着这样深厚的积淀,它才得以用高度浓缩的形式,显露出一个地方之自然生态和人文生态状况。毫无疑问,地名之命名,并非是随心所欲的产物,在其生命的起点上,它就被深深地打上了出生地之自然的和文化的胎记,体现了自然与人文的交融。一地之名，赋予具有特定方位和地域范围的地理实体以名称，保存了其所代表的土地之地形面貌，反映了自然地理环境，从而成为其自然生态的档案，同时，它又记录了各民族独特的生活内容，包含了人们对地理实体的精神寄托，反映出该地民众的生存状态、活动轨迹和风俗习惯等社会文化特征。总之，地名是在长期实践之中人地关系的一种反映，具有高度概括性的一地之名，浓缩了该地的文化信息，解读其内在的蕴涵，就仿佛寻找到了打开其文化奥秘的一把钥匙。

地名是一种文化遗产。诚如学者们所言，一切历史必定与某些地点有关，因而都是地理的历史。从人文地理学上来说，民族文化变迁的内容以语言的形式而在地名上之残留，使其打上了深深的历史烙印。地名作为世世代代流传下来而反映一地之品格的特殊信息系统，留存着人们对特定自然和人文环境的独到认识，是人类宝贵的文化财富。联合国通过的决议明确指出，"地名是民族文化遗产"；"地名有重要的文化和历史意义，随意改变地名将造成继承文化和历史传统方面的损失"。地名作为反映人类社会历史的活化石，作为储存了大量文化基因密码的有机体，为我们提供了寻根问祖之良好的精神文化平台。人类不应该忘了自己的来路。我们对地名之时时触摸，就是对自身历史文化的追寻与怀念。

重视地名，是人类激活历史文化记忆的一种努力。作为写在大地上的历史，古人对地名之价值是有充分认识的。先人们用心地记载了大量的地名，从地名的音形义、历代沿革、命名规律诸多角度，也就是从语言学、历史学、地理学、文化学、民俗学和民族学等层面做了很多的工作，留下了宝贵的资料文献。在当下，充分而有效地运用那些有意味的地名，利用具有丰富历史文化内涵的地名遗产，以之作为乡土教材，能够成为一种鲜活的爱家乡教育的生动形式，这对于唤起人们的民族自信心和自豪感，也可以起到潜移默化的积极作用。

在当前学术界、出版界十分重视对于中国传统文化的内容进行深入挖掘之情形下，一大批关于地方文化的图书纷纷被投向市场。而对于承载了丰富历史文化内涵的地名，似乎尚未能给予应有的足够重视，虽亦有零星的书籍对某些地方的地名做了介绍,但往往流于或者仅仅满足于一长串地名的简单堆积和分类罗列,对于地名的文化内涵之挖掘尚远为不够,更有待深入。因此,推出一套"地名文化丛书",既显得必要,又适逢其时。这套"地名文化丛书"是开放性的大型文化丛书,本着"反映当地特点,富有文化蕴涵,格调清新高雅,写来别有风味"的主旨,以城市为单元,筛选出一批有意义的地名,写其历史沿革,写其文化变迁,着笔于人的活动,凸显其文化意蕴;以流畅之文笔,写精要之地名,辅之以图,图文并茂,互为生发,相得益彰。我们有理由相信,这套丛书的出版,无论是就提升人们对于地名文化的自觉意识、深化地名文化的研究和利用而言,还是对于加强地方文化建设来说,都将会是一个有力的推动。如此看来,作者和出版者所付出的辛勤努力,虽然算不上是从事什么藏之名山的伟业,但毕竟做了一项值得去做并且是颇有意义的工作。

原载《光明日报》2009年7月29日,文字有删节。"地名文化丛书"由陆军、陈长荣主编,南京师范大学出版社出版。

无怨亦无悔　编辑三十年

——后　记

虽然不敢说是"为了书的一生",但与书打交道也有不少年头。岁逢甲午,我当编辑三十年,为此写了一首小诗以志纪念。诗云:"金陵学步练文章,籍寄姑苏江北郎。卅载韶华成底事?为渠作得嫁衣妆。"岁月流水,自是青春不再;喜结书缘,尚有乐事可记。此生为编辑,以"书"写人生。编辑三十年,岂少苦辣?无怨亦无悔,更多甘甜!

人们常常谈论职业性格,意指某一职业与其从业人员性格之间的某种关联性。我不知道世上有没有一种所谓"编辑性格"。或许,编辑行业之特点对其从业人员的角色、对其行为规范有某种约束性,能从中形成编辑工作者的某种性格特征,那么这样的"编辑性格"似乎又是存在的。而在"我"与"编辑"之间,在我的个性性格与所谓的"编辑性格"之间,不知道是我的个性使我适合于当一名编辑,从而选择了"编辑"这一职业,还是编辑职业塑造了"我",又因而潜移默化地改变了我的某种个性?其实,以我对自身的自我认识,在我的身上,既有适合于做编辑的因子,又有不太适宜于当编辑的成分。之所以说可以干这一行,是因为不少人说编辑是个杂家,而在"杂"这一点上自以为还说得上是够格的。涉足文史,知识面稍宽,且兴趣广泛,但往往大而无当。譬如,不谙吴语,偏喜评弹;研习国学,尤爱英文;如此等等,自己则常以不求甚解而自嘲。以陶潜之高古,其不求甚解的读书态度体现出深邃之哲学精神,于其为一种"魏晋风度",于吾等则流为朝三暮四、浅尝辄止了。自甘其杂,失之粗疏;专而不透,于事无成。不过,依我今日之认识,就编辑职业而言,一位编辑人的编辑才能,其知识系统为广博抑或为精深,倒是在其次,首要的是要有一腔热忱的编辑情怀。这所谓"编辑情怀"，就是对"书"的热爱与执着，是一副学人面目，是一抹书生本色。大概亦是慷慨抒怀吧，几年前我曾经写过这样一首诗自述胸臆：

　　　　无端已过五十春，犹有豪情与意真。
　　　　每遇高朋究世物，常从醉眼看乾坤。
　　　　闲来驰骋围棋戏，兴至挥毫寄趣文。
　　　　纸上谈兵君莫笑，书生本色是吾身。

就对于"书"的痴迷和对于书业的执着而言，我很欣慰，自己作为一名编辑人尚不失有这样的情怀。

　　一为编辑三十载，岂无体会与感慨？金针度人，为书作嫁，自是编辑人之本分。而如今要将自己往日一些旧作结集出版，则是这"编辑三十年"之又一重含义了。

　　这本文录里的30篇文章均发表过，在收录进本书时，除个别地方有一些文字上的改动而外，率由旧章，以存其时原貌。并非敝帚自珍，敢以旧我换新我？总是鸿爪雪泥，记取当年一时心。文录分为三辑。第一辑"文史杂论"，收录文史论文4篇。这几篇论文的写作时间稍早一点，其中，《中国谋士论》一文多次被转载，产生过一些影响。第二辑"苏州评说"，收文12篇，是关于苏州文化方面的论文和评论，其中，《苏州人：人文风貌与文化底蕴》一文曾为人所关注；古苏州、新苏州和洋苏州"三个苏州"观点的提出，也引起过一些讨论。第三辑"出版漫谈"，收文14篇，是关于出版方面的论文和书评。这一辑中的文字，更是与我的日常编辑工作息息相关了。

　　将我这些旧日写的文字编辑成册，也大体上是对我这三十年之编辑工作做一个简单的梳理和回顾。却顾所来径，得失存心知。在此，由衷地感谢那些关心过、鼓励过、支持过和帮助过我的师友和同事们，他们的情谊将使我永志难忘。我还要特别地感谢我的爱人韩晓梅，没有她对家务的辛勤操劳，我将难以顺利地进行这些文字的写作。

　　寄籍苏州，卜居于阳澄湖畔，周围之路名中多有"澄"字。《增韵》曰："澄，水静而清也。"吾甚爱其意，故取室名曰"澄舍"。因而，将这个集子取名为《澄舍文录》。岁月不居，桑榆未晚，澄怀观道，正其时矣！

　　　　　　　　　　　　　　　　　　　　甲午岁末，陈长荣记于澄舍